U0620690

朱瑞熙 著

朱 瑞 熙 文 集

第八册

上海古籍出版社

序跋书评

目　　录

宋人传记的佳作

——评《文天祥传》

在民族矛盾尖锐激烈的南宋时期,涌现了中国历史上两位杰出的民族英雄,一位是岳飞,一位是文天祥。两人所处的具体历史环境、身份和经历颇为不同,岳飞是武将,主要活动在南宋初期,最后为内奸所害;文天祥是文臣,生活于南宋后期直到亡国,最后为外敌所杀。但两人也有一些共同点,即自己的国家处于敌人的蹂躏之下,人民遭受苦难;他们对祖国的热爱,对敌人的仇恨;他们可歌可泣的英雄事迹传诵后世,成为中华民族共同的弥足珍贵的精神财富,激发后人的爱国主义思想,等等。近年来,中国史学界对于岳飞的研究较前深入了一大步,取得了可喜的成绩。但是,对于文天祥的研究还欠深入和系统。不久前,万绳楠同志的新作《文天祥传》①问世,终于弥补了这一不足。

万绳楠同志在《文天祥传》中,以生动形象而又简洁的文字介绍了文天祥的生平事迹,并对文天祥的哲学思想、政治思想、文学创作等作了详尽的论述。与同类著作相比,万绳楠同志的著作别开生面,具有一些新的特色。

一般论述文天祥历史的著作,其篇幅局限在数万字,最多的也不超过十三万字(如上海人民出版社出版的《文天祥》一书)。万绳楠同志则不惜笔墨,用近三十万字的篇幅,介绍了文天祥的一生,内容包括文

---

① 河南人民出版社 1985 年 3 月版。

天祥的诞生与成长、出任地方官、入朝任经筵官等、两次起兵抗元、被俘殉国的经过情况,同时,又介绍了文天祥的各方面的思想,提出了自己独特的见解。这是与同类著作相异的特色之一。

作者采用了纪传、评论和考证三者相互结合的方法,对文天祥的生平事迹,做了较为全面的介绍,又对有关史实进行了一些必要的考证。以史实的考证而言,同类著作认为文天祥诞生于南宋江西吉州庐陵县(今江西吉安县)淳化乡富田村①,或者认为出生于江西吉州庐陵县淳化乡富田里②。作者发现在文天祥的文集中只有"富川",而无富田,根据文天祥所撰数篇墓志铭、《纪年录》以及宋后学者的记述,宋时没有"富日","川"字被"田"字代替是元朝以后的事。因此,作者肯定文天祥是吉州庐陵县富川镇人(第 6 页)。以论述而言,作者不赞成南宋必亡论。他认为,文天祥所处的时代,"并非南宋注定要灭亡、元朝必定要统治全中国的时代"。他分析宋、蒙双方的形势,指出南宋在"黑暗中有光明",只要南宋政府改革导致社会危机和民族危机的守内虚外之法,"就不会是元兵南进,而是宋旗北指"(第 18 页)。作者进一步指出,直到元世祖决定兴兵伐宋时,蒙方新旧军总共不到二十万人,而宋方兵力达到七十余万人(第 69—70 页),在数量上宋比蒙军多两倍半。对于蒙古,作者还指出,不能只看到蒙古兵南犯时所取得的局部胜利及其不可一世的嚣张气焰,实际上"蒙古胜利中也有困难",这种困难在乃马真、蒙哥统治时期都出现过。看到了南宋本来不会灭亡的道理,就更可以理解文天祥所进行的斗争其意义之重大(第 18 页)。这一深刻的见释发前人之所未发,是颇有价值的。作者由此还对南宋后期的历史做了一些必要的清理工作。这是此书的特色之二。

作者对文天祥的哲学思想、政治思想和文学成就等作了比较深入的研究,援引该博,分析细致。指出:"七百年来,都以为文天祥爱国是受儒家思想乃至理学熏陶的结果。"其实,文天祥的爱国思想"扎根于

---

① 《文天祥》,上海人民出版社 1982 年版。
② 《文天祥诗选》,人民文学出版社 1979 年版。

他的生气勃勃的唯物思想中”，“含有强烈的反理学意义”（第266页）。文天祥提出“所谓道者，一不息而已矣”，是指物质的运、转、流、行，即物质的运动法则（第270页）。以文天祥的唯物论和无神论为基础，“引申到政治上，就必然要得出‘法天地之不息’的结论”。“法天不息”就是“自强不息”，自强不息也就是变通不息或改革不息（第276页）。文天祥主张“从祖宗守内虚外之法入手”进行“不息”的改革。通过地方、三省六部、用人等“三个具体的、带根本性的问题”，对宋朝祖宗之制进行改革。文天祥的改革不息论的归宗，是实行“直道”与“公道”之政。直道是指通言路，“‘从众谋’，含有后世‘民主政治’的意思”，公道是指“‘天下为公’，‘万物之各得其所’”（第277—279页）。作者还指出，文天祥在抗元斗争中所表现的爱国思想，“是与他的哲学唯物主义思想特别是与他的‘法天不息’思想联系在一起的，而非与儒家的忠孝仁义相联系”，也“非单与地主阶级、赵家王朝的利益相联系”（第282页）。文天祥心目中的“忠”字，是“忠于国家，不是‘臣事君以忠’，跟着皇帝投降”（第285页）。此外，作者对文天祥的文学作品也作了详尽的研究。他高度评价文天祥在文学上的成就，认为“比之唐、宋各大名家，毫无逊色”（第290页）。文天祥在诗歌方面提出了与“自鸣”相结合的“共鸣论”，“不赞成有意为诗”（第291页），这是文天祥“对文学理论尤其是现实主义文学理论的一大贡献”（第293页）。文天祥早期的诗歌“充满春意，充满战斗激情”。在中期，从《指南录》开始，文天祥的诗“进入了自传式的史诗时代”，“以诗的形式，写当代和个人的斗争历史”（第301、303页），成为“最佳的英雄史诗之一”（第306页）。就艺术水平而论，“已赶上唐代第一流诗歌水平”（第320页）。作者认为，在“南宋一代，文体、诗体破碎、卑弱，朱熹以后，神头鬼面之论，泛滥成灾”，只是到了文天祥，才“振起过一代之风”（第290、336页）。文天祥的诗文“揭开了我国文学史的新的一页”，不应当忘记“他是我国古典作家中，现实主义文学巨匠之一”（第346、336页）。作者的以上这些独特的见解是否恰当，有待文、史学界的专家们根据史实加以判断，但是，他的研究成果确实弥补了前人的不足,甚至可以说是填补了某些空白。这是此书的特色之三。

　　毋庸讳言,作者对文天祥生平史实的考证和有关学术的论述上,也存在一些缺点。比如认定文天祥是南宋吉州庐陵县富川镇人。可是,宋代是否设置过富川镇呢? 这查无实据。宋神宗时王存撰《元丰九域志》卷6,宋宁宗时王象之撰《舆地纪胜》卷31,吉州庐陵县仅有永和一镇,而没有"富川镇"。作者把富川定为镇的根据有三条,但很不充分,最多能说明富川曾有"古城"。可是凡有古城处,不一定要设置镇,这是显而易见的。作者的逻辑是曾有古城,必成"城镇",必定设"镇",未免不够严密。又如作者认为文天祥之父文仪"不幸病逝于临安客寓期集所"(第32页)。据文天祥所撰《纪年录》,"时革斋先生(即文仪)卧病客邸",文天祥正考中状元,"自期集所请朝假,侍汤药"①。文天祥撰文仪《事实》也有类似记载②。这说明文仪父子居住在客寓,而不是期集所。期集所作为登第士人举行庆祝活动的场所,不可能允许士人家属居住③。再如认定文天祥是一个唯物论者,但作者没有列出必要的论据,同时又忽略了一些重要的资料和事实。文天祥在《御试策》中提出过一个不容忽视的命题:"未有物之先,而道具焉,道之体也;既有物之后,而道行焉,道之用也。"表明文天祥在物与道的关系上,主张道存在于物之先,这是一种典型的唯心主义本体论。作者又认为"一不息"就是文天祥的"道"的内容,但这也只是指道处于一种不停顿的运动状态,并非道的内容本身。此外,作者认为文天祥反对理学,但在论述中根据仍不充分,相反地,作者引用的文天祥的有些所谓反理学的观点,实际也不是文天祥本人的独创,而只是重复了理学家朱熹的一些语句。

(本文刊载于《中州学刊》1986年第3期

和《宋史研究通讯》1986年第1期)

---

① 《文山先生全集》卷17。

② 《文山先生全集》卷11。

③ 见赵昇:《朝野类要》卷5《余纪·期集》。

宋史研究的佳作
——《岳飞新传》

中国社会科学院历史研究所王曾瑜同志的新作《岳飞新传》,不久前由上海人民出版社出版,从而为宋史学界增添了一项新的科研成果,这是一桩令人十分欣喜的事情。

王曾瑜同志潜心研究宋代历史二十多年,硕果累累,《岳飞新传》正是他多年研究宋代重要人物之一岳飞生平的佳作。他在吸取前人研究成果的基础上,搜辑有关岳飞的大量史料,经过认真的鉴别,剔伪存真,并进行细致的分析,提出了一系列独到的见解。

首先,他对有关岳飞生平的历史资料,进行了比较科学的辨析考证。指出"倘若对有关资料不加认真稽考,进行去粗取精,去伪存真的整理工作,就不足以真实地反映岳飞的生平"(第338—339页)。他认为,《高宗日历》成于秦桧之子秦熺及秦桧党羽之手,除了给宋高宗和秦桧的降金乞和粉饰外,还竭力诋毁岳飞,抹煞岳家军的功绩。受此影响,现存有关岳飞事迹的文献,如《宋史》《三朝北盟会编》《建炎以来系年要录》等都在不同程度上承受了秦桧父子篡改历史的恶果。前三书在岳飞主要事迹方面,都有一些错讹或疏漏。后一书出自岳飞的子孙岳霖和岳珂之手,虽然恢复了部分的历史真相,但有意回避高宗和岳飞的矛盾,为高宗开脱罪责,致使后世戏剧、小说塑造出岳飞的"愚忠"形象;同时,此书对某些史实考核粗疏,对岳飞的事功有所夸张等等,"不免有难资凭信的成分"(第338页)。尽管王曾瑜同志将有关岳飞生平史实资料的考订放在本书的"附录"部分,但实际上已贯穿于全书的字里行间,由此可见他在研究宋史上功力的精深。

基于对有关岳飞史料的细致分析,他详细地叙述了岳飞的一生,并且按照历史唯物主义的观点对岳飞的功过作出了恰如其分的评价。在岳飞的事迹方面,他剔除了一些属于后人传说和虚谬失真的内容。如传说岳飞呱呱坠地时,恰有一只大鸟从屋顶飞鸣而过,因此取名"飞"和字"鹏举"。又如传说岳飞幼时,黄河决口,岳母带着岳飞坐在水缸中漂流,最后获救。这些无从取证的东西都为他所不取。再如岳飞之孙岳珂在《金陀粹编》中,极力证明岳飞不曾奏请高宗立储,绍兴七年岳飞对高宗阻止其领兵北伐也毫无怨言,等等。他以确凿的史料证明,岳飞为了击破敌人可能利用钦宗父子当傀儡的阴谋,曾经建议高宗立储;对高宗不准其北伐,也极为愤慨,以擅离职守作为抗议。他还从抗金战争的正义性、南宋初年的社会矛盾来评价岳飞的功过,指出岳飞毕生事业的主要方面是从事抗金斗争,虽然镇压过一些地区性的农民起义,有不少过错和弱点,但总的看来,是"功大于过的"(第 323—324页),"不愧是我国历史上一位伟大的民族英雄"(第 324 页),这一精辟的见解是颇有说服力的。

对于杀害岳飞的元凶,至晚到明代有两种说法,一种说法认为岳飞之死,宋高宗应负其咎,秦桧不过是主要帮凶;另一种说法认为秦桧矫诏杀害岳飞,宋高宗是受蒙蔽的(见近人李汉魂撰《岳武穆年谱》)。王曾瑜同志采用了前一种说法。当然,他是依据了可靠的史料得出这一结论的。岳飞和宋高宗之间长期存在着矛盾,这种矛盾实际上反映了抗战派和投降派之间的斗争。宋高宗为了苟安江南,执意降金,反对抗战以收复中原,而岳飞一心抗敌,主张直捣金朝巢穴,就必然与高宗发生矛盾。这一矛盾激化于绍兴七年(1137 年)淮西易帅事,原来高宗已经委派岳飞统率淮西宋军,岳飞也想实现北向用兵的计划。但很快遭到张浚的反对和秦桧的破坏,岳飞一气之下,不经高宗许可,便回庐山替亡母守孝。高宗大为震惊。后来岳飞虽然复职视事,但"君臣之间的裂痕已无可弥合"，岳飞"成了皇帝最猜忌的武将"（第 221 页）。同年，岳飞又朝见高宗，而请早立太子，这益发加重了高宗的疑忌，高宗于是决意严加防范武将，实行第二次"杯酒释兵权"。此后，岳飞接二连三地上章反对与金议和，就更加触怒了正在加紧投降活动的高宗。在迫害岳飞的整个过程中，经过精心策划，先指使王俊诬告张宪，此事有《王俊首状大理寺案敕》为证，全文保存在李心传《建炎以来系年要录》（卷 142）等书中。与此同时，胁迫王贵、拷打张宪，以便牵连岳飞父子。然后高宗传下"圣旨"，命刑部、大理寺设诏狱审理此案，岳飞等人被捕入狱。刑部、大理寺议定判处岳飞斩刑、张宪绞刑、岳云徒刑，高宗连岳云也不放过，决定将岳飞三人全部处死。此事全过程也有《刑部大理寺状》等文书为证。王明清曾经在宁国府（宣州）王俊家获得其诬告状，又在临安看到了诏狱的全部案卷，此事也载于其笔记《挥麈录余话》卷 2。王曾瑜同志完全依据这些可靠的资料，来证明宋高宗在杀害岳飞事件中的作用。还有一点，秦桧死后，高宗对于受秦桧迫害的官员，一般都予宽贷，唯独岳飞例外，直到孝宗初年，才给岳飞平反昭雪。这也足以证明高宗对岳飞一案的态度。不难看出，王曾瑜同志的这些见解完全是作为学术观点而提出的比较科学的结论，并非应景之作。

有关岳家军的兵力和编制，他也做了细致的考订，说明其成军和发展过程。这是与他对宋代兵制做了深入研究分不开的。有关岳飞的四次北伐，他更是详细地叙述其过程，分析每次战役的形势，搞清宋、金双方的兵力，甚至如岳家军将领之一杨再兴的军职估计是"正将"而不是统制官，又如岳家军使用的武器之一麻扎刀等，也进行了有益的探讨。难能可贵的是，他对金朝许多将官的姓名未予忽视，而尽量使之准确无误。如宋人记载金将"龙虎大王"，经考订名为突合速；金将"盖天大王赛里"，经考订即完颜宗贤；金将"忔查千户"，经考订即为合札千户。这些都是充分利用金人记载的结果，从而弥补了宋人记载的不足。

总之，《岳飞新传》是一部学术价值较高的传记性著作，它把岳飞问题的研究发展到了一定新的水平。因此，在它问世后，获得宋史学界的好评也是理所当然的。

　　遗憾的是,该书事前没有征求王曾瑜同志的意见,采用了《岳氏宗谱》作为封面,这一宗谱在许多宋史学者看来是难以凭信的,不免使读者产生美中不足之叹。

　　　　　　　　　（本文原题为《宋史研究傲视群雄的佳作——〈岳飞新传〉》,

　　　　　　　　　刊载于《上海出版工作》1985 年第 10 期,后以本题

　　　　　　　　　目刊载于《宋史研究通讯》1986 年 3 月第 1 期）

评《宋元语言词典》宋代部分

宋代随着农业、手工业尤其是商业的发展和社会阶级结构的变动，整个上层建筑包括职官、铨选、科举、教育、军事、法律等制度，乃至哲学、宗教、艺术、文学、学术等意识形态以及风俗习惯都出现了相应的变革。远较前代丰富的物质生活和精神生活，促使人们的交往工具——语言变得更加丰富起来。虽然语言具有自身的规律和相对的独立性，但宋代的社会条件决定人们的语言具有不同于前代的一些特点。有些旧的词语自然地被人们所遗忘而消失了，有些词语改变了原有的涵义，有些词语增添了新的内容，还有一些词语应运而生。如此丰富的语言，因为至今相隔少则七百年、多则一千年，很多已经难以弄懂了，因而给我们阅读宋代文献带来了不少困难。但是，近几十年来，中国学术界较多地注意元曲或戏曲、小说的词语研究，而极少有人对宋代的语言做过专门的系统的整理和研究。有关辞书、汉语史或古代汉语的著作和论文，也只是少量著录宋代的词语。这不能不使人深以为憾。

最近，我们怀着欣喜的心情，读到了龙潜庵同志编著的《宋元语言词典》（上海辞书出版社 1985 年 12 月版）。这是中国第一部纵贯两代的语言词典。正如该书《序言》所说，作者经过长时间的积累，以宋、元两代为经，以戏曲、小说、诗词、笔记、语录等为纬，对宋、元语言进行较为全面的搜集整理，征引书籍，子目数近千种，共得条目 15 000 条，再经删汰，选存 11 000 条左右。不难看出，作者为编撰该书花了艰巨的劳动，而这些艰巨的劳动终于取得了丰硕的成果：该书成为一部具有较高学术价值的历史语言工具书,填补了我国词典学和古代汉语史研究的空白,因而必将受到国内外学术界的重视。

毋庸讳言,这样一部洋洋百万言的著作,也不可避免地会出现这样或那样的缺点和错误。首先,该书收录词目的范围以戏曲、小说为主,旁及诗、词、笔记、语录和杂著(见该书《凡例》)。这就使该书的收词范围受到很大的局限,有很多原该收录的词语皆未被收录入内。比如"官"字一类,虽然收入了"官人"、"官务"、"官司"、"官奴"、"官名"、"官里"等17条,但缺漏了宋代官府和民间常用的词语"官户"和"官家"。我们知道,唐代"官户"是指一种属于封建国家直接控制的依附性最强的农奴,《唐律疏议》卷3《名例三》记载,官户是"前代以来配隶相生,或有今朝配没,州县无贯,唯属本司"者。到宋代,官户成为品官之家的法定名称,在有关史籍中屡见不鲜,是当时常用的词语。唐、宋两代"官户"涵义的迥然不同,鲜明地反映了这一时期社会阶级关系的重大变化。"官家"一词,宋代官员和百姓都用此称呼当代皇帝。赵彦卫《云麓漫钞》卷3记载:"蔡邕《独断》,汉百户小吏称天子曰大家,晋曰天,唐人多曰天家,又云官。今人曰官家,禁中又相语曰官里,官家之义,盖取'五帝官天下,三王家天下'。"虽然该书收录"官里"一词,并引用了《武林旧事》一例,指出其第二义可以释作皇帝,但没有明确说明仅宫中之人"相语"可称皇帝为"官里"。又如"定"字一族,缺收"定婚"条。在宋代民间婚姻礼仪方面,男女婚配过程中普遍采用定婚或定亲的仪式。朱熹《朱子家礼》指出,古代的纳采之礼,"即今世俗所谓言定也"。王洋《东牟集》卷12收有"为昌祖定婚启"。定婚书当时也可简称"定书",廖行之《省斋集》卷6,录有"代回定书"和"谦子定刘氏书"。再如,该书漏收了"介绍"、"别宅子"、"翻异""吹毛求失"、"回回"、"么么"、"色目"、"隔手"等词。"介绍"一词,宋末元初人刘埙在《隐居通议》卷25《经史二·绍介》说:"今人未相识而求以引导之者,率曰'介绍',非也。按:平原君谓鲁仲连曰:'胜请为绍介。'注引郭璞曰:'绍介,盖相佑助者。'又引索隐曰:'绍介,犹媒介也。古礼,宾至,

必因介以传辞。绍者,继也,介非一人,故《礼》云,介绍而传命。'又乡
饮酒必立介。"说明了从"绍介"演变而为"介绍"的过程。"别宅子"一
词,据《名公书判清明集》云:"诸别宅之子,其父死而无证据者,官司不
许受理。"规定私生子在继承其父遗产时,必须持有充分的证据。"翻
异"一词,又称"翻覆异同"①,意为犯人推翻原来的口供,也即翻供。
"吹毛求失"一词,李焘《续资治通鉴长编》卷 287 元丰元年闰正月条
云:"刑房吏日取旧案,吹毛以求其失。""吹毛求失"当是现代汉语中
"吹毛求疵"的滥觞。"回回"一词,最早见于北宋中期沈括所撰的《梦
溪笔谈》,此书卷 5《乐律一》记述,沈括自己在鄜延时,曾制几十首凯
歌,命令边兵抗声高唱,其四为"旗队浑如锦绣堆,银装背嵬打回回。
先教净扫安西路,待向河源饮马来。"这里的"回回"乃指回鹘(宋人有
时写作回纥)。南宋后期人刘克庄《后村先生大全集》卷 141《杜尚书
(杲)神道碑》云:"有回回来降云,虏(虏)初用女真、汉军不胜,用回回
又不胜,乃用真鞑,亦折三十余人。"周密《癸辛杂识》续集卷上《盗马踏
浅》云:"甲戌透渡之事,其先乃因淮阃遣无鼻孔回回潜渡江北盗马,或
多至二三百匹,其后遂为所获。"这里的"回回"似乎指中亚一带的人。
"幺么"一词,宋人谓地位低下的小人物之意。宋孝宗时人蔡勘《定斋
集》卷 1《乞代纳上供银奏状》云:"臣一介幺么,误蒙陛下使令,猥当一
路之寄。"宋宁宗、理宗时人王迈《臞轩集》卷 6《谢省试参详林员外启》
云:"提携天下之孤寒,有大厦千万间之庇,致今幺(幺)么,辱在品题,
某敢不尊其所闻。"该书虽然收录了"幺么"条,释义为"见'幺末'",但
"幺末"条释作"元杂剧的别称",并未提及宋代的"幺么"的这一涵义。
"色目"一词,是各种名目之意。《开庆临汀志》记载汀州的"赋色目亦
重"②。孟元老《东京梦华录》卷 5《民俗》记载:"其士农工商诸行百户
衣装,各有本色,不敢越外……街市行人,便认得是何色目。"元代社会
上,"色目"一词更成为常用的词语,还引申出"色目人"这一名词。"色

---

① 《宋会要辑稿》职官 15 之 45。
② 《永乐大典》卷 7890《汀字·供贡》。

目人"该书也未著录。"隔手"一词,意为辗转。洪迈《夷坚支志》戊卷5《刘元八郎》记载,明州富民林氏的八名干人,与夏姓主簿打官司,刘元八郎为夏主簿打抱不平,"八人者,浸浸闻其语,惧彰泄为害,推两人饶口舌者,隔手邀刘,与饮于旗亭……"此外,还有许多宋人常用的词语,如莫须、莫须有、不则剧、巴揽、趁养、做脚手、斩钉截铁、略绰、剔拔、不数料、好杀合、趁不得、不相、重难、强陪奉、饶口舌、排办、推排、一锅面、呼扬、求趁、管当、半死半活、花男子、犯手、重戴、称提、打聚、入易、粘皮带骨等,都未予收录。当然,其中个别词语因受资料的限制,至今尚未找到准确的解释。

其次,有些条目词义的解释不够完善,不免有以偏概全之嫌。如"上"一词,该书仅有两个意思,一是时间副词,指某一时间。二是指原因,缘由。其实,宋人还习惯于称皇帝为"上"。高承《事物纪原》卷1《呼上》指出,臣下呼皇帝为上。具体事例极多。《续通鉴长编》卷1建隆元年八月戊子条:"上以长春节在二月,故每岁止设秋宴。"这里的"上"是指宋太祖。《建炎以来系年要录》卷41绍兴元年正月己亥朔条:"上有越州,平旦……"这一"上"是指宋高宗。又如"官人"条,该书释义有三,一为对男子的尊称、泛称,二为称丈夫,三为婢仆称主人。我们认为,除此以外,还应有百姓称官员一义。王明清《挥麈后录》卷5《村人所畏者尉曹》记载,宋真宗至泰山下,数万百姓聚观,道路为之阻塞。真宗询问左右,有的官员答道:"村民所畏者尉曹也,俾弹压之。"立即召唤而来。"少焉,一绿衣少年跃马疾驰而前,群氓大呼:'官人来矣!'奔走辟易而散。上笑云:'我不是官人邪?'"《夷坚志补》卷2《吴任钧》记载:"(任)钧被贡入京,因适市,遇道人……书'善相字',迎谓曰'秀才勉旃,行作官人矣!'钧心喜之。"表明在当时百姓看来,所有官员都属"官人"之列。再如"干人"条,该书释义为"官府的小吏",仅引《水浒传》为例。但宋代的干人是指官僚和富民私家的管事或办事人,又称"干者"、"干办人"。袁采《袁氏世范》卷3《治家》记载:"干人有管库者,须常谨其簿书,审其见存。干人有管谷米者,须常严其簿书,谨其管钥,兼择谨畏之人使之看守。干人有贷财本兴贩者,须择其淳厚,爱惜家累,方可付托。"有些干人的身份是主人的奴仆,便称"干仆"。宋孝宗时,有些官僚和豪右之家,也收罗停职的吏胥做干人,为非作歹①。宁宗时,法律规定凡罢役或现役吏人充当官户或民户干人者,判两年徒刑②。有关干人、干仆的记载甚多,不难找到一个确切的涵义。再如"提控"一词,该书释为"对管事吏役之称",以金、元的例子为证。实际上,宋代已经使用"提控"此词。朱熹《朱子语类》卷62《中庸一·第一章》云:"又如骑马,自家常常提掇,及至遇险处,便加些提控。"可见"提控"还有提防、留神之意。再如对"管"词的解释。该书列举了三点,为"估量之词,大概";"肯定之词,保管";"包管,包下来"。但在宋代,"管"字至少还有另外两个涵义,一是管辖,一是州县城外地方基层政权的名称之一。王栐《燕翼诒谋录》卷4《诉水旱立限日》记载:"太宗淳化二年正月丁酉,诏荆湖、江淮、二浙、四川、岭南管内州县,诉水旱,夏以四月三十日……"宋代路、州级长官都还兼管内劝农使或副使、劝农事的差遣,这里的"管内"乃指管辖范围以内。宋太祖开宝七年(974年)还废除"乡"的建制而改为"管",设户长主管催纳赋税,耆长主管盗贼和处理词讼③。"上户"一词,该书释义有二:为富户、财主和上等的、高级的店铺。但宋代的"上户"有更确切的涵义,它包括坊郭上户和乡村上户,坊郭上户是城镇里的富裕商人和手工业主,乡村上户是乡村五等户里的第一、二等户,有时也包括第三等户。"上户"此词在宋代文献中屡见不鲜。"上舍"一词,该书释为"对贵家子弟的称呼",这也不符合宋人的原意,宋代太学实行三舍法后,民间对上舍生一般在姓氏后加"上舍"两字,称为"某上舍"。该书所引《清平山堂话本·阴骘积善》"~名及弟,位及三公"一例,其中"上舍"当指太学中的上舍。据《阴骘积善》故事,主人公林积在京师太学读书,外人可到"京师上庠贯道斋"

---

① 《宋会要辑稿》刑法2之119。
② 《庆元条法事类》卷80《杂记》。
③ 《宋会要辑稿》官职48之25。

寻他，便是最好的证明。当然宋代后来也可能有称贵家子弟为上舍的，但至今尚未找到例证。"上手"一词，该书提出两条释义，一是先例、范例，二是入手、得手，并且都以元曲为例证。但是，"上手"此词，南宋已经出现了。宋孝宗时，在官府的判词中屡次使用"上手"。如《名公书判清明集》记载："范廓赏出数重干照，历历可考……丁逸家人丁叔显等，于嘉泰末、开禧初年，两次计钱182贯足，交上手转典与丁伯威管业……最是范佽上手契，出于丁元珍之手。"另一宋宁宗时的判词也记载："其间声载批破祖关，去失上手，不在行用，无不分明。"当时"上手"与干照或契书相联，组成"上手干照"、"上手老契"或"上手契"，参照其他记载，可知是指民间土地买卖过程中卖主最初所立卖田契，所以又称"老契"。可见这里的"上手"有第一手之意。最后，如"平章"一词，该书仅释为品评、评论一义。其实，在宋代也至少另有两个涵义，一是宰相"同平章事"的简称，一是商量、商谈。

第三，该书在有些资料的引用和条目的定名、释义上出现一些疏误。如"书铺"一词，引用南宋赵昇《朝野类要》卷5《余纪》云："凡举子预试并仕宦前部参，堂随，该节次文书，并有～承干。"这里的"部参"、"堂随"颇令人费解。据查，这是作者依据了《丛书集成初编》本的结果。假使对照《朝野类要》的《知不足斋丛书》本（见第十三集），就不难发现"书铺"条下"仕宦前部"的"前"字实为"到"字之讹，"随"字则是"应"字之讹。比较准确的断句应该是这样的："凡举子预试并仕宦到部参堂，应该节次文书，并有书铺承干。"所谓到部，是赴吏部报到；所谓堂参，是到都堂参见当朝宰执。又如"半闲不界"一词，其词目本身就有错误。该书引《朱子语类辑略》卷7（《丛书集成初编本》）云："今公等思量这一件道理，思量到～便掉了。少闲，又看那一件，那一件看不得又掉了，又看那一件。"这里的"半闲不界"，如果与《朱子语类》原文对照，就会发现应该是"半间不界"。《朱子语类辑略》误把"间"字排成了"閒"字，于是该书又把"閒"字变为"闲"字了。其实，"半间不界"就是现代汉语中"半尴不尬"的原型。宋人有时还把此词写作"半间半界"。据《陈亮集》卷20《又乙巳春书之一》记载,知婺州丘崇"亦受群儿谤伤之言,半间半界"即是。又如"一班半点"一词,其中的"班"字当是"斑"字之误。《朱子语类》中有好几处都写作"一斑半点"再如"不唧溜底"一词,该书释为"说话不停"之意,据所举例辑本《张文举》戏文,似尚可通。但据宋代文献,这一解释颇成问题。洪迈《夷坚丁志》卷10《建康头陀》记载,宋徽宗时,一名头陀道人在建康府学养正斋前说:"异事,异事!八座贵人都着一屋关了,两府直如许多,便没兴不唧溜底,也是从官。"这里,"没兴"者自然不会把话说个不停。《朱子语类》也记载"此文乃不唧溜底禅、唧溜底修养法、不唧溜底日时法"。也没有说话不停的意思。宋祁《宋景文公笔记》卷上说:"孙炎作反切语,本出于俚俗常言,尚数百种,故谓'就'为鲫溜。凡人不慧者,即曰不鲫溜。"鲫溜又可写作"唧溜"。可见"不唧溜"有不聪明、不利落之意。

　　第四,该书所收词目以戏曲、小说为主,这是该书的一个特点。但是,这也正是它的一个缺点。因为除了戏曲、小说以外,还有大量的公文用语、俗语、俚语等值得收录,而该书收录较少。同时,在这些词目及其释义中,宋代的内容所占比例甚小。作为一部通贯宋、元两代的语言词典,宋代的词语自然不容忽略,而况宋代的语言在中国汉语史上起着承前启后的重要作用。此外,我们在该书所引例句中发现,作者有的资料并不是第一手,最突出的是引用了《朱子语类辑略》一书。我们知道,此书只是《朱子语类》的节本,篇幅较小,而《朱子语类》原本有着更为丰富的宋代语言资料。所以,作者未曾查阅《朱子语类》原本,这不能不是很大的缺憾。

　　以上只是一些不成熟的看法,目的在于充分肯定该书成绩的同时,指出其不足,衷心期望作者在日后修订时加以补充和订正,使之更加完善。

(本文刊载于《辞书研究》1987年第3期)

读《赵普评传》

　　有关宋代初年历史人物的传记,最早有已故宋史专家张家驹教授所撰《赵匡胤传》(江苏人民出版社1959年版)。相隔32年后,才又有张其凡同志所著《赵普评传》问世(北京出版社1991年版)。后者此书还是第一部全面评述北宋初年著名政治家赵普的研究著作。

　　赵普(922—992年),是辅佐宋太祖和太宗立国兴邦的主要谋臣,一生三次入相,在宋初的政治舞台上叱咤风云,其政治才能发挥得淋漓尽致。张其凡同志穷多年之精力,搜寻有关史料,吸取前贤时秀的研究成果,终于撰成此书,使学术界对于赵普乃至宋初历史的研究达到了一个新的高度,为宋初人物研究奠立了一块基石。

　　纵览该书,至少有以下几个特色:

　　第一,作者在占有丰富材料的基础上,从总体上把握五代后期至宋初复杂的社会矛盾发展变化的大趋势,对置身于社会政治动荡中的赵普这一历史人物的复杂社会关系和全部活动,包括他的成长过程,主要事迹,与宋太祖、太宗的关系,学识和为人,性格、爱好、机遇等等,一一进行了详尽的立体式的考察,从而得出赵普是宋初最重要的政治家的结论,并进一步判定赵普的功过和历史地位。

　　第二,作者在广泛吸取前人研究成果的前提下,立意拓新,提出了许多精辟的见解。诸如在《"陈桥兵变"的指挥者》一节,指出赵匡胤官至后司节度使,统帅着禁军中最精锐的殿前诸班,文有赵普等一班谋士,武有义社十兄弟一班武将,"其滋生野心,觊觎帝位,是很自然的事"。但在一切准备就序,发动兵变之时,赵匡胤本人"却佯作一无所知","幕府谋主"赵普则担当起直接指挥兵变的责任。在陈桥兵变中,赵普"运筹帷幄,筹划周密,指挥得力,迅速而成功地完成了夺权之举,立下了'佐命巨勋',初次显露出他出色的政治才干"。又如指出,赵匡胤建国后,虽然仍以后周的旧相范质和王溥、魏仁浦为宰相,魏仁浦还兼枢密使,枢密使吴廷祚加同中书门下二品,但赵普则以枢密直学士实际处理枢密院的事务,执掌枢密大权。表面上"三相二枢皆未易任,但实际上已不掌大权"。直到赵普在乾德二年(964 年)出任首相,中央事权才"从枢密院又转移到了中书"。从此,"中书威权大振"。再如在第三章《投身改革事业》中指出,赵普向宋太祖提出加强中央集权的"稍夺其权,制其钱谷,收其精兵"的"三大纲领",以消除藩镇之患。"三大纲领的实施,主要是在建隆、乾德年间"。此后,"节度使的权力所剩无几",所以在"开宝以后,罢免节度使,代以文臣,就易如反掌了"。再如分析太祖时对贪赃之吏处罚很严,但其中很少有中枢大臣,太祖在收兵权时,鼓励将帅买田置业,以文臣分治大藩时,又有"纵皆贪浊"之语,说明他"并不打算真正彻底地根治贪赃行为"。赵普接受江南和吴越的贵重礼物,并经营邸店规利,宋太祖没有因此罢免赵普的相职。直到开宝六年(973 年),宋太祖开始怀疑赵普专权,首先是扩大参知政事的权力,命参知政事薛居正和吕余庆升都堂与赵普同议政事,以分赵普之权。随后,又命薛和吕与赵普轮流知印、押班、奏事,进一步分割赵普的权力。两个月后,宋太祖正式罢免赵普的宰相职务。"皇权与相权的矛盾及其发展,就是太祖与赵普关系变化的实质,也是赵普罢相的根本原因"。由此还揭示了宋太祖所设置的参知政事之职权逐步扩大的过程及其原因。再如指出赵普在宋太宗时再相,宋太宗迫害秦王廷美,"赵普只是帮凶而已"。但"封建史家都认为,廷美死,赵普要负主要责任。这是由于他们要为皇帝避讳,不敢指斥,所以归罪赵普"。分析赵普和卢多逊之争的实质是"宋初两大权臣的权力之争,并不关乎国家大计","卢多逊攻倒赵普,主要是为了自己获取更高权位。同样,赵普打到多逊，流放崖州，也是出于个人恩怨"。在这场斗争中，赵普虽受挫一时，而终获胜利，"其根本原因，是赵普的根基和影响，远非卢多逊能比的"。诸如此类的议论和分析，都有根有据，恰中肯綮，决非人云亦云。

第三，作者尊重前人的研究成果，凡前人已经解决的重要问题和发明的重要观点，都特加详说，决不掠人之美。比如周世宗北征时，忽于土户掘得题有"点检做"的三尺之木，作者推测"更有可能是赵匡胤派系干的"，赵匡胤为要摆脱殿前都点检张永德的控制，便"以谶语之嫌挤掉张永德，不仅可取而代之，而且制造了'天意'，做了夺权的舆论准备"。作者特地以边注写明这一观点并非自己最早发明，实际1954年已有学者在《大陆杂志》上提出此见。又如有关宋太宗时出现的"金匮之盟"，即杜太后要太祖传位与弟即宋太宗的遗命，作者引述张荫麟先生的考证，"指出金匮之盟有五大破绽，断为伪造"，并且指出"作伪的人，从种种迹象看，就是赵普"，其目的是"向太宗表示效忠，为太宗找到一个合法的继位根据，借机恢复自己的权位"。等等。作者这种朴实无华的学风是值得称道和学习的。

总之，这是一部文笔优美、史实征信的中国古代人物的研究性著作，其优点尚多，难以枚举。诚然，该书也有一些美中不足之处，如许多已经简化的汉字，作者仍然使用繁体字，致使繁简不一。又如认为"东头供奉官是内侍官，由奏荐而除者，也有因荫补而为者"（第7页），就不很准确。其实，东头供奉官是武官的官阶之一，系三班小使臣，根本不是内侍官。内侍官的官阶中，在宋徽宗政和二年（1112年）前有"内东头供奉官"，政和二年改称"供奉官"①。宋代官制以其复杂多变为特点，为治宋史者的一大难题，即使专家也难免出错，笔者愿与作者共勉。

（本文刊载于《历史研究》1993年第4期）

---

① 《宋史》卷169《职官九》。

评《北方移民与南宋社会变迁》

在我国历史上，西晋永嘉之乱、唐天宝安史之乱和北宋靖康之乱以后北方人民的大批南迁，曾极大地促进南方地区的发展。其中，又以靖康乱后的南迁规模最大，对后世影响最为深远。研究这一课题，对于宋史、中国移民史和南方各区域历史的研究无疑具有重要意义。但是，由于史料零散所造成的难度，长期以来只有已故的张家驹先生等极少数学者作过一些研究，许多基本问题有待深入甚至缺乏研究。

吴松弟同志穷数年之力，对此课题进行了全面深入的研究，著成《北方移民与南宋社会变迁》，不仅研究移民的迁移过程、分布状况、迁出地、迁移路线和入籍过程，还详细论述对南宋政治、经济、文化的影响，从而将一幅波澜壮阔的历史画卷展示在人们面前。

以可靠而丰富的文献资料作为依据，是史学著作取得成功的必要前提。该书共征引了正史、文集、方志、笔记小说、诗词等各类文献近300种。还从宋元文集的墓志铭、神道碑和《宋史》列传中搜集了1 702个移民的迁移资料，包括迁出地、迁入地、迁移时间及后裔的定居情况，制成《移民档案》，据此得出移民在不同阶段和地区分布的百分比，使论证更为周全。

在研究过程中，作者交叉使用文献资料和定量分析的方法。例如，在研究迁入临安府和平江府的北方移民时，首先据《移民档案》制作的附表，表明两府是江南移民数量最多的府州；接着，引用若干条描述移民规模和作用的文献记载；继而依据两宋之际的户口数据和南宋初期当地人口的损失程度,推算出临安府和平江府在孝宗时北方移民及其后裔分别在 18.9 万户和 9 万户左右;最后又引用凌景夏所说临安府西北人"数倍土著"之言和韩淲"莫道吴中非乐土,南人多是北人来"诗句 进一步论证二地人民多迁自北方。类似这样的研究,无疑是具有说服力的。

关于移民运动的研究,论及南宋一个半世纪的移民浪潮的各个方面。以往对北方移民在各地区的分布相当暗昧,仅知道今江、浙、赣、闽一带移民较多,但不清楚各府州究竟有多少,其他地区差不多只是推测。该书以正文部分三分之一的篇幅,对大多数地区几乎是分府州进行考察。在此基础上,总结移民的分布状况:南宋绝大部分府州都有移民分布,秦岭—淮河以南、四川盆地以东至长江南岸平原(包括该平原)之间的广大地区是移民密集分布区,当地人口的主要部分都来自北方;此区域以南、南岭以北的地区是移民点状分布区,在一些府州北方移民在人口中占有一定的比重;南岭以南为移民稀疏分布区,移民在各府州都有分布但人数不多。

在移民运动的研究方面,不仅全面深入,并有许多新见解。试举两例。

今天的汉族的南方部分,是历史上南迁的北方汉族人民同南方土著人民长期融合的结果。近年来,赵桐茂、陈琦等学者依据对我国 24 个民族近万人免疫球蛋白同种异型的调查,提出中华民族起源于古代南北两大群体的假说[①]。依此说,南北两大群体大致以北纬 30 度线为界,此线以南的汉族与同区的少数民族同在一个群体,差异较小,而与此线以北的汉族有较大差异。该书作者将研究南宋移民分布得出的结论与上述假说相对照,得出我国南方当代人群分布的基本格局是在南宋最后奠定的说法,提出:今天长江南岸地区的人民之所以同于北方汉族而不同于南方汉族,说明这里是北方移民的主要分布区并且迁入时

---

① 《中国人免疫球蛋白同种异型的研究:中华民族起源的一个假设》,《遗传学报》18 卷第 2 期。

在当地人口中占了优势,而其南地区移民数量要少一些,尤其是迁入时均未能占当地人口的多数。这种将历史研究和科学调查相印证得出的看法,有一定说服力,对解释中华民族的形成和区域文化差异具有重要意义。

客家人是南方汉族中一个颇具特色的民系,关于客家人的形成有多种说法。通过对南宋时期汀、赣二州的北方移民、区域环境和客家家谱的分析,作者认为只有直接从北方迁入汀、赣或虽不直接迁入但在其他地区停留时间不长的移民,才能保存自己独特的语言和文化;由于二地在唐末以前经济文化非常落后,相当部分土著是非汉民族,少量迁入的北方移民甚至有丧失自己的语言和文化的可能。因此,作者提出,靖康乱后大批迁入的北方移民是客家先民的主要组成部分、客家人是北方移民组成而后加入了大量南方土著人民。这一观点为研究客家人形成提供了新的思路,具有一定的学术价值。

关于移民对南宋政治、经济、文化等方面的影响,该书主要讨论南宋初期时局、政治特点、地区开发、麦粟种植面积和畜牧业、手工业和商业、思想文化、文学艺术、饮食文化、社会风尚、方言及地区文化水平的提高等问题。作者以移民活动为线索,采用考证为主议论为辅、考证在先议论在后的办法,深入具体地讨论移民影响。这种选择无疑是有见地的,因为移民是生产技术和文化的载体,只有通过研究移民的活动和作用,才能避免空泛议论,从而得出全面而可靠的结论。有关论述颇多精彩之处。在讨论移民对南宋政治的影响时,作者没有忽略一些移民活动的负面影响。指出百万北方流民武装在各地攻城掠地是当时江淮经济残破、局势动荡的主要原因之一,刚刚建立的南宋政权因之腹背受敌,不得不分散还比较弱小的军事力量,从而对宋金和战造成重大影响。此外,南宋时军人主要来自北方移民,朝廷中高官和地方上路一级的长官则主要是南方人,北人主军、南人主政成为南宋政治的一个特点。上述两种提法显然有助于理解南宋政治的诸现象。作者分区考察了移民在各地区经济开发中的作用,指出在秦岭—淮河以南、四川盆地以东和长江南岸以北地区,人口增长主要是北方移民迁入所致,移民是经济开发的基本力量;在此区域以南、南岭以北地区,移民及时补充了南宋初期因战争大量减少的人口,使地区经济较快得到恢复,中后期移民的迁入则加剧了一些地区人多地少的矛盾,促使向生产的广度和深度进军;岭南地区虽然数量较少,但移民对当地人口数量的增长和经济面貌的改变也发挥了作用。

还需要指出,作者对移民影响的研究并不仅仅停留在具体事物的考证上,还注意放在我国历史文化发展的大格局中考察。关于我国经济重心的南迁,作者指出:北宋时南方经济已超过北方,并形成较北方更快的发展势头,如果没有靖康乱后的移民南迁,南方经济也将进一步超过北方;靖康乱后的移民南迁加速了南方经济的发展步伐,发生在北方的战争和灾害也进一步扩大南北差距,因而在南宋时彻底完成了经济重心的南迁过程。关于移民对南方文化发展的促进作用,主要体现在两个方面:第一,使南方的文化水平进一步提高,而北方由于战争影响和经济衰落等原因,文化趋于衰落,从而在完成经济重心南移的同时也完成了文化重心的南移。第二,北方的思想文化、文学和艺术形式、饮食文化、社会风俗,通过移民大规模注入南方,形成历史上又一次南北文化交流的高潮,在此基础上形成新的南方文化。由于朝廷宰执和地方大员多出自南方,南方也已成为全国政治上最为重要的区域。上述论述,应当说都是富于启发性的。

综上所述,该书研究内容比较全面和系统,取材广博,考证详实,论述多精辟,其所取得的成果是中国移民史研究和宋史研究的重要收获,对南方区域经济史和文化史研究也具有重要意义。

该书的不足之处,主要在于:1.某些问题的论述仍有待于深入,特别是关于客家人的源流,要将"南宋说"建立起来,仅研究南宋时汀州和赣州的北方移民仍嫌不够,尚需要分析更多的客家家谱并结合语言学方面的研究成果。2.关于移民对南宋社会的影响研究范围虽已较前人有了极大的拓展,但仍有一些方面,例如政治制度、法律,未能提及。

还有一些问题，特别是关于移民对手工业和商业的影响，研究仍嫌单薄。3.书中既使用自然地理区域名称，又使用当代行政区域名称，有时容易给读者造成理解上的错误。

《北方移民与南宋社会变迁》，吴松弟著。25万字。台湾文津出版社1993年版。

（本文刊载于《历史研究》1995年第2期）

宋代人物与学术流派
综合研究的新途径
——读《陈亮与南宋浙东学派研究》

在方如金主持、指导下,由方如金、方同义、陈国灿合著的《陈亮与南宋浙东学派研究》一书,最近由人民出版社正式出版(1996年9月第1版)。

笔者以喜悦的心情读完了这部三十万字的著作,发现经过该书作者全面系统的研究和深入细致的论述,陈亮这位南宋充满爱国情操的思想家、令人肃然起敬的文学家、史学家、教育家和军事谋略家的风采跃然纸上。同时,该书作者还比较透彻地探讨了南宋浙东学派的形成、发展和学术思想渊源,剖析了陈亮与南宋浙东学派的关系以及陈亮在南宋浙东学派中的地位。应该说,注意到陈亮与南宋浙东学派的结合点,对两者进行综合的研究,这就比某些单纯研究陈亮或者南宋浙东学派的论文或著作更能反映历史实际。进一步说,无论是该书的研究角度的选择,主题的深化,史料的选择、运用,均比其他同类著作更富有特色,显示作者的匠心独运。

值得注意的是,该书作者在广泛吸取前贤时秀研究成果的基础上,提出了许多创新见解。

诸如对于陈亮的评价,一般学者都加给两顶桂冠,即思想家和文学家,而该书又增加了三顶桂冠,即史学家、教育家和军事谋略家。作者给予陈亮这样的高度评价,并非出于偏爱,也非随心所欲,而是有充分的史实为依据。该书第八章《陈亮的军事思想》、第十章《陈亮的史学思想》、第十一章《陈亮的教育思想》都做了淋漓尽致的论述,都有实实在在的内容,而不是虚语。

又如南宋浙东学派的主要特点和基本精神,作者做了较好的概括,指出它的主要特点是"讲究事功、研究实学";"注重史学研究,寻求救世良方";"研究内容广泛,理论体系单薄";"派中有派,学中有学,学派缺乏统一性"。还指出:该学派就整体的状况而言,"缺乏一般学派的统一性"。具体表现为该派由永嘉、永康、金华三派构成,这三派"学术虽彼此交往甚密,互相影响颇深,在重事功、求实学等方面表现出明显的一致性。但它们又都是独立的学派,有着各自的师承关系和形成发展过程,在研究内容和思想体系上也有所不同"。关于它的基本精神,作者提出爱国主义是其"精神的核心","强烈的变革意识是爱国主义精神的进一步延伸",而这些"反映在学术研究中,便为以'致用'为核心的求实精神"。

再如对于南宋浙东学派的评价,主要是在中国古代教育史和古代浙东学术发展史上应该占有何种地位。作者逐个探讨吕祖谦、叶适、陈亮等代表人物的教育活动和主张、思想,指出南宋浙东学者"十分重视教育,积极开展教育活动,不少人为此倾注了毕生精力",他们堪称"我国古代著名的教育家"。在古代浙东学术发展史上,他们"起了承上启下的作用,占有举足轻重的地位"。这体现在南宋浙东学派在全国学术界的地位及其学术思想对后代浙东学术的影响。作者将视野从浙东地区扩大到全国范围,指出南宋浙东学派的崛起,"标志着浙东学术开始以自己的风格和内涵走向全国",他们中有许多学者"在全国学术界均有一定影响,而吕祖谦、陈亮、叶适等人更是当时叱咤南宋学术界的领袖人物";同时,显示浙东学派"达到了真正全面的繁荣","为随后明、清时期浙东学术的鼎盛,并在许多方面成为全国学术的领导奠定了基础"。至于南宋浙东学派的学术思想,则充分发展了汉、唐以来的"求实致用、广论博议的倾向",使这套理论"渗透于哲学、政治、经济、史学研究等方面的思想中,从而形成了系统的'事功之学',这对后世的浙东学术产生了巨大而深远的影响"。这些见解皆持之有故,言之成理,是为不易之论。

作者在搜罗史料方面,几乎翻检了所有关于陈亮和南宋浙东学派的史籍,还搜集、挖掘了一些家谱、地方志、《诗渊》等,堪称爬罗剔抉,搜求详尽。

尤其需要提到的,一是作者收集到了陈亮的佚著《永康陈氏遗谱》抄本,其中确有一些颇有价值的资料。如据作者考订,《锡(赐)姓》、《名宦》、《忠臣》、《隐逸》等类的文字,《陈氏墓志铭》和《书家谱后序》,确出自陈亮之手,后两篇虽已收入《陈亮集》(中华书局 1978 年版)中,但仍可补正《陈亮集》的漏字和错字。此外,前一篇最后题为"乾道岁癸巳仲春吉旦,亮重录"。后一篇最后题为"皇宋淳熙改元春三月吉旦,八世孙亮谨书"。为进一步研究陈亮的生平提供了第一手材料。二是作者找到了明代人刘钎撰《龙川书院记》。正如作者所说,该记"揭开了南宋永康学派发源地之一的龙川书院之谜",纠正了有些学者的误断。三是作者从《(嘉庆)武义县志》、宋代刘过《刘龙洲词》、《永乐大典》辑录了陈亮的一些佚词、佚诗,以及《讯神父》、《祭郭伯山母夫人文》、《作文之法》、《乾道中首上书》、《与宰相虞允文书》、《淳熙戊戌上书》等佚文,这些都是弥足珍贵的史料。

(本文原署名为"施宗璜",刊载于《史学史研究》1997 年第 4 期)

究百家书，成一家言

——评《宋夏关系史》

　　10至13世纪是两宋和辽朝、西夏、金朝等政权对峙的时代。也是中国各民族进一融合的时期，在各民族融合的过程中，汉族和北方的契丹、女真、西北的党项等族彼此接触，相互了解、相互影响。他们的接触，既有人民之间的平等和友好的往来，又有战争与杀戮。宋初和西夏前后有一个半世纪的直接接触，期间大部分时间处于敌对和交战状态，和平共处、友好往来的时间较短，正是这样，双方剑拔弩张的对峙、刀光剑影的厮杀，充满人情味的人民间友好往来等，构成了复杂而悲壮的宋和西夏关系的历史篇章。

　　作为宋代和西夏两个断代史的结合点，宋、夏关系史是中国古代史领域的一个重要课题。这一课题难度很大，要求研究者既要精通宋史，掌握宋代各朝最高决策者对外政策演变的脉络，熟悉宋代的统兵体制、兵力配置、装备等，同时又要谙熟西夏史，洞察西夏各朝最高决策者的对宋政策，了解西夏的统兵体制、兵力配置等。最近，我们高兴地看到，河北大学李华瑞教授以扎实的史学功力，卓越的史识，以近乎"十年磨一剑"的功夫辛勤笔耕，终于写成《宋夏关系史》一书。笔者在拜读该书后，深感该书有以下一些特色值得介绍给广大读者。

　　首先，该书是本世纪第一部系统、深入探讨宋与西夏关系的专著，作者不囿于军事一隅，阐述问题能够涵盖全面，研究视野相当开阔。该书的内容涉及两宋的对夏政策，宋、夏的统兵体制、兵力配置、装备、给养,宋、夏的历次重要战役,宋、夏战争的阶段划分及各阶段的特点,宋、夏贸易与双方战争的关系,宋、夏与辽朝的三角关系,宋、夏对西部吐蕃、党项等族的争夺,北宋和西夏的交聘情况,以及双方的国信使制度、"外交"文书等,几乎穷尽了这一专题的方方面面,所以说,该书内容之广,论述之详尽,体系之完整,是前所未有的。

其次,该书在广泛吸取海内外已有研究成果的基础上,提出许多精辟的独到的见解。诸如在论述宋初统一战略及其西部边境政策时,提出"既然北宋统治者不能承担起统一西部边疆的重任,那么李继迁叛宋后,为了生存抗争,党项族向西部扩展,经过数十年的兼并战争,使得河西走廊和朔方地区重新统一在党项西夏的旗帜下,党项西夏对西部统一的历史意义绝不亚于北宋对南方的统一"。从而证明"李继迁的叛宋活动在客观上顺应了统一进步的潮流,由此李继迁的历史作用将得到新的评价"。在此,作者能够不囿陈说,而遵循现代的民族论,从将西夏置于与两宋平等的历史地位出发,全面而公允地评价西夏统一中国西部的历史意义和李继迁本人的历史作用,颇能使人信服。又如在论述"元昊的偏霸策略"部分,作者明确指出,元昊继承夏国王位,"是夏国发展史上的一个重大转折",元昊"自承袭其父的王位起,便有步骤、有目的开始了他的王霸事业","有意地突出党项民族的意识和特点"。对于元昊的功过,能够是其所是,非其所非。再如从宋、夏贸易的角度,探讨西夏侵宋的动机,指出在元昊建国初期,西夏"已不是单一的草原经济,而是半农半牧,又以畜牧业为首要生产部门的经济结构"。但是,由于"西夏社会生产力的技术构成较低",因此在经济上依然对宋朝有所"依赖","要求与宋进行贸易"。作者进而指出,"过去常把禁断互市贸易看作是宋对西夏不断扰边的制裁手段,其实并不完全如此……西夏几次大规模进攻北宋大都发生在北宋绝和市之后",以此证明元昊发动侵宋战争,是出于"为了达到扩大贸易的动机"。再如在论述宋、夏与辽朝的"三角关系"时,指出"西夏联辽抗宋是从夏太祖李继迁开始的"。辽朝在"充当夏宋之间矛盾'仲裁人'的角色时,其宗旨是维持已有'国际'秩序的现状。由于宋夏对抗中，西夏渐弱，故辽在斡旋中多偏袒西夏，或为西夏声援，具有扶弱抑强的特点"。作者还十分透彻地分析辽朝在宋初、宋仁宗时期、宋神宗时期、宋哲宗和徽宗时期的"制夏政策"的影响，最后加以归纳，认为辽对宋制夏政策的影响，"在不同阶段有不同的表现形式"，"如果以辽兴宗、宋英宗统治期划线，此前辽是通过扶弱抑强建立新的'国际'秩序，从而达到制衡北宋的目的"，此后辽则是从唇亡齿寒的利害关系出发，维持辽、夏、宋三国间已有的"国际"秩序。这些颇有价值的创见，给人以廓清迷雾、耳目一新之感。

第三，作者博览群书，广泛涉猎有关历史文献，所以该书的资料丰富而翔实。据该书最后附录的"参考文献"，可知共一百八十种，其中既有宋史方面的文献，又有西夏史方面的文献，如《西夏纪》、《天盛年改旧定新律令》、《蕃汉合时掌中珠》、《党项与西夏资料汇编》；还有辽、金、吐蕃方面的文献，如《大金国志》、《大金吊伐录》、《全辽文》、《宋代吐蕃史料集》、《藏族编年史料集》等。可以说，作者从浩如烟海的史籍中爬罗剔抉，搜求详尽，几无遗漏了。

第四，该书作者精心编制了《北宋陕西五路、麟府地区城、寨、堡垒建置一览表》，并编撰了《北宋与西夏交聘表稿》。前一《表》对北宋的鄜延、环庆、泾原、熙河路，麟、府州，以及秦凤路的全部城、寨、堡，考订其建置时间、废复时间、今地，并说明其资料出处以及上属的领辖机构等。所占篇幅近六十页。紧接此表之后，作者进一步探讨北宋和西夏沿边城、堡、寨的内部结构和军事功能、蕃部武装的招缉，从而与该表相得益彰。后《表稿》仿照《金史·交聘表》体例，对从宋太宗太平兴国八年（983年）到钦宗靖康二年（1127年）约一百五十年间，北宋与西夏聘使及相关问题作了详尽的考述。从以上两表，可以看出作者综考群书，勾沉索隐，用功之著。此外，作者还附录了马力所绘制的《绍圣、元符开边示意图》，以及《西夏地形图》、《辽北宋时期全图》、《西夏》图等，便于读者结合该书的内容查阅。

　　第五,该书作者对宋、夏关系方面的一些重要史事进行了详细的考订。如上述北宋陕西五路、麟府地区城、寨、堡垒的"建置一览表",即是对各个城、寨、堡垒的设置时间和废复时间,尤其是在今属何地("今地名")栏,经过辛勤爬梳和大量考证工作所获得的弥足珍贵的成果。又如"种世衡离间元昊君臣附考",虽然篇幅不多,但作者通过比较宋人的各种文献记载,对种世衡派遣王嵩离间元昊君臣一事,条分缕析,指出种世衡的离间计"利用了元昊与野利家族已露端倪的矛盾,而不是宋人记述所想象的因种世衡的离间,元昊君臣才有了矛盾"。还指出宋朝国史和沈括《梦溪笔谈》、魏泰《东轩笔录》等笔记,关于"离间过程的描述大致带有几分风闻和演绎的色彩",这些考订和分析都言之凿凿,令人信服。

　　总之,该书不愧是一部系统、深入研究宋夏关系史的专著和力作,作为中国宋史学界撰写的第一部宋夏关系史。不仅填补了空白,而且将这一方面的整体研究水平提到了一个前所未有的高度。该书的不足之处是排版疏误较多,希望作者在以后再版时加以订正。

　　　　　　　　　　　　　(本文刊载于《中国图书评论》1999 年第 9 期)

宋代官制研究的又一重要收获

——评李昌宪著《宋代安抚使考》

宋代官制复杂纷乱，累有更迭，以至修史时不免出现阙漏讹误。所以，历代一些大家都致力于对其修订补正。最近，读了南京大学历史系李昌宪教授的专著《宋代安抚使考》（齐鲁书社 1997 年版），感叹该书实为宋代官制研究工作的又一重要收获。

该书主要由《宋代安抚使制度》（代前言）、《北宋安抚使考》、《南宋安抚使考》三部分组成。在《宋代安抚使制度》（代前言）中，作者对宋代安抚使制度作了全方位的研究。研究所及，包括宋代安抚使制度的渊源、发展阶段、地区发展的差异性，安抚使的职权、权摄以及路的分合、隶属、治所的变动等问题，发表了一系列的新见解。诸如作者认为唐、五代时期的知州制度与都部署至都监、监押这样一个地方统兵体系的出现与发展是安抚使制度形成的两个重要的前提条件。从宋仁宗庆历年间开始，北宋与辽、西夏的对峙导致了两者的结合，出现了安抚使及安抚使路。作者认为，宋代安抚使制度的发展，大抵以宋仁宗庆历时期为分界线。庆历以前，宋朝区别不同的情况，在全国各地以都部署路、兵马都钤辖、提举兵甲司等三种不同的形式，统辖一路的军队。庆历以后，沿用隋、唐旧制，加以改造，通过安抚使或经略安抚使这样的形式，统辖陕西、河北、河东、京东西、广南东西、湖南等地区的军队。在东南与川峡地区，则仍然采用逐州知州兼兵马钤辖的形式统辖一路军队。南宋初年，安抚使制度推广到全国，而约略同时制置使或安抚制置使也出现了。宋宁宗开禧以后,随着战争的持续与发展,制置使、安抚制置使成为统辖一路或数路的方面大员。作者还深入细致地研究了安抚使的权限,从兵权、财权、人事权、行政权、监察权、司法权等方面进行剖析,并与唐代节度使加以比较,认为宋代安抚使基本上仅有一路的兵权,以及由兵权派生出来的若干权力,其权势是无法与唐节度使相提并论的。转运使、知州、知县的三级地方行政和监察体制是宋代地方行政和监察体制的主体。此外,作者还就四川、陕西、河东等路进行了个案研究。就四川而言,作者认为四川地区北宋时期的帅司路与转运使路不一致,长期以来基本分为益利(西川路)与梓夔(峡路)两路,南宋时期则分为益、利、梓、夔四路,而利州路又常分为东、西两路。在四路之上,宋又设四川安抚制置使,总齐一路军政。此为宋高宗绍兴五年(1135年)之事,因而"四川"一词的出现应在此时稍后一些,前此文献中出现的"四川"一词当是"西川"之讹。又如陕西的环庆、泾原两路的治所,与宋国内外政治形势的变化,特别是与宋、西夏势力的消长有着密切的关系。泾、豳州作为唐泾原渭武、豳宁庆衍两节度使的治所,入宋后随着消除方镇割据势力斗争的发展,其地位逐渐下降,而渭、庆二州则由于西夏势力崛起及灵夏地区的陷落而上升。

《北宋安抚使考》和《南宋安抚使考》(以下简称《考》)是作者在对安抚使制度进行充分研究及清人吴廷燮《北宋经抚年表》、《南宋制抚年表》(以下简称《表》)的基础上编制而成的,但无论从体制和材料上,或者在结构上都与吴《表》有很大的不同,质量也远出其上。首先,该书体例严谨,征引书目都列在史料之上,以明所本,非如吴氏书目或标或否,或前或后,既凌乱又易致误。同时,引文几乎都用第一手资料,并大量引用吴氏未及见的《宋会要辑稿》补充,取代了原引。其次,各路标题中安抚使的官衔以《宋会要辑稿》、《职官分纪》等书为据编制,各安抚使路所辖州、府、军、监、县、关则以《宋史·地理志》等书为据编制,剔除了吴《表》中有关官制、地理等方面的错误。如在北宋两浙西路条,吴氏题为"两浙西路安抚使、马步军都总管、知杭州、宁海军节度管内观察使、杭州刺史事",将唐制混入,《考》则将"宁海军节度"以下删去。第三,在各路中,增入了每路安抚使制度发展变化及治所变动的资料,剔除了无助于说明安抚使到罢的虚文,如颂扬德政的史料。第四,吴《表》北宋部分第一卷是太祖一朝各镇节度使的年表。该书作者则认为节度使是唐代旧制,宋初节度使多已不能支配镇内各州,而宋初已出现文臣知州制度,接着在统一战争过程中,南方各地及原北汉地区从攻克之始就采用知州制度,而且北方各镇亦多不用节度使莅镇等,如仍吴氏之旧,显然似方枘圆凿,龃龉难入。因此,作者将吴《表》第一卷的十七个节镇散入其他各卷各路之中,而非一路首州的节镇则不再收入。吴《表》限于体例未列入的,如太祖朝知广州等也检核史料,编入《考》中。第五,北宋时的帅司路,吴氏列为二十七路,川峡仅列"成都四路"一条。其实,北宋时,川峡地区作为转运司路,共四路;作为帅司路,长期分为西川、峡路两钤辖司,又称益利路和梓夔路,共两路。此外,吴氏仅列一路,显然不确。南宋的帅司路共十七路(利州路常分为东、西两路),吴氏仅列十五路,缺潼川府路和夔州路,作者均爬罗剔抉,搜求史料,予以补出。第六,北宋泾原、环庆路的治所,泾原路宋真宗咸平六年(1003 年)前以泾州为治所,六年后以渭州为治所;环庆路的治所,以宋仁宗庆历元年(1041 年)为界,以前在豳州,以后在庆州。

由于作者对宋代及唐、五代政治、军事等制度进行比较深入的研究,注意到宋代各地区和各时期发展的不平衡性,不主观强求整齐划一,因此,《考》避免了吴《表》为数众多的错误。(中华书局点校本对吴氏之误基本未做修改,且在整理过程中,点校者限于体例未检核原文,因而又出现了不少标点断句的错误。)该书较之吴《表》,在史料上更翔实,在体例上更严谨,在编排与内容上更切合历史。《考》所列安抚使与吴《表》相比也有较大的不同,删去了一些吴《表》误列的安抚使,同时增加了许多吴《表》的脱漏者。

宋代是我国地方行政建制史上的一个重要发展阶段。宋代的路是介于唐代的道与元代行省制度间的一个重要环节,了解两宋时期安抚使制度及安抚使的任免、迁转等情况,必将有助于地方行政建制史的研究,有助于对有宋一代政治、军事等制度的研究,有助于对宋王朝与周边少数民族政权关系的研究,因此该书是一部从事宋代文史哲研究的工作者必备的工具书,我们相信它能行之久远。

自然,该书也有不足之处,主要是史料的搜集难免挂万漏一。如《桂林石刻》收录了两宋时期的碑刻,其中有广西经略安抚使以及其他路安抚使的丰富资料。如该书《北宋安抚使考》卷2《熙河路》崇宁元年(1102年)熙河路经略安抚使为李□,而《桂林石刻》上册《钟传书"桂林静江军"五大字》摩崖石刻题记为崇宁元年十月二十七日"集贤殿修撰、熙河兰岷路经略安抚使兼知熙州波阳钟传书",显示崇宁元年十月熙河路经略安抚使是钟传。又如该书《南宋安抚使考》卷2《广南西路》绍兴二十三年至二十五年(1153—1155年)广西路经略安抚司长官为"吕愿中",而《桂林石刻》上册绍兴甲戌(绍兴二十四年,1154年)孟秋十一日《任续、吕愿忠还珠洞唱和诗二首》皆作"吕愿忠",当以此为是。再如该书《南宋安抚使考》卷1《两浙东路》绍兴元年(1131年)定陈汝锡为浙东安抚使,但据清人阮元《两浙金石志》(清光绪十六年浙江书局重刻本)卷8《宋越(州)显宁庙加封敕牒碑》记载,绍兴元年五月,孟忠厚为判绍兴军府事、充两浙东路安抚使。诸如此类,有待作者在日后再版时补正。

(本文与范平合作,刊载于《中国史研究》1999年第3期)

范文澜的《诸子略义》

  读王运熙先生《范文澜早期著作》(载本报8月11日第5版)一文,言及范文澜早期著有《诸子略义》一书。王先生根据蔡美彪所撰《范文澜》一文,知道此书于1928年由京师大学校文科出版科印行,"盖为大学的一种讲义"。王先生说:"此书在上海未能找到,故书的内容、体例分量均不详,颇感遗憾。"十分凑巧,笔者的藏书中恰有范老此书。现不揣浅陋,撰此短文,以为王文的补充。

  1965年5月,笔者担任范文澜的助手,协助范老编写《中国通史简编》辽宋西夏金史部分。约在当年七、八月间,在北京中国书店购得此书。此书为铅印线装本,封面上墨书"诸子文选"四字,估计系此书的最早主人所题。全书共102页,若按现代平装书的页码计算法,应为204页。正文的版口上端印有"诸子文选"四字,下端正面印有"京师大学校文科"七个小字,反面印有"京大文科出版课印"八个小字。由此可知,此书的正式名称为《诸子文选》。

  根据此书的"目录",可知共13章。序文题为"诸子略义序",故此书又名《诸子略义》。范老在书中全部使用文言文。据序文题款,知范老在民国十五年(1926年)写成此书。在编书时,范老已开始接触马克思主义,并且在此前不久参加了中国共产党。

  范老在序文中,对那些"承袭糟粕,遗落大义,阿谀暴主,苟取容悦,姝姝焉以孔孟之徒自喜"的"所谓儒学者",以及"好捃拾章句,肆志穿凿,强古人合我轨辙"的"治学之士",表示极大的鄙视,从而表明了自己的治学宗旨。

1982 年至 1984 年，笔者受刘大年之命，与徐曰彪合作编写范文澜传。在收集材料过程中，我发现自己所藏似乎成了"海内孤本"。究其原因，可能是此书的问世，仅仅作为一册大学的讲义，不受人们的重视；同时，讲义历来印数不多，估计只有数十百来册，加之经过半个多世纪的无妄之灾，遂变为稀有之物了。

不过，笔者所藏并非完本，即到第十章第六节《抱朴子上》，则仅有标题，以下第七节、第八节及第十一、十二、十三章皆付阙如。从此书装订得如此完整看，不像是残本。不知当初排印时到此为止，抑或另有下册，恳请读者留意，盼望有朝一日能够觅得完本，或者找到以上遗漏的部分章节。

（本文刊载于《文汇读书周报》2001 年 11 月 3 日）

画风独特　充满情趣

　　阿衡迈入绘画艺术殿堂已有半个世纪,所谓画如其人,她学养深广、品格高尚、胸襟旷达、情怀超逸,在艺术上始终保有一颗赤子之心,数十年如一日,孜孜不倦地进行新的探索。诗、书、画、印兼收并蓄,在艺术上日臻成熟。

　　阿衡的画,着重表现江南水乡的人物景色,充溢着生活情趣,尤擅画牛,老牛小孩,意趣十足。山水渲染自然,疏落有致,意境深远。

　　阿衡的画,独具其个人风格,如这个喧闹的世界中一缕雅致可喜的情意,淡雅恬静,生活气息浓烈。而且从中可以领略到她将生活经历抒于画面的强烈情感,这种情感是收束内敛的,又是撼人心弦的。

(本文为《朱秉衡画集》之"友情寄语",
新疆美术摄影出版社 2003 年版)

筚路蓝缕　初结硕果
——《全宋笔记》第一编评介

　　数月前,朱易安、傅璇琮、周常林、戴建国主编的《全宋笔记》第一编,由大象出版社出版(2003 年 10 月)。该编收入宋人的笔记自北宋初人孙光宪撰《北梦琐言》,到北宋中期人莫君陈撰《月河所闻集》,共 49 种。

　　众所周知,20 世纪末,北京大学中国古文献研究中心集体编纂了《全宋诗》,共 72 册,1999 年 12 月由北京大学出版社出版。稍前,四川大学古籍研究所也集体编纂了《全宋文》,1988 年后陆续由巴蜀书店出版了 50 册,尚余 100 多册待出。以上两种大型总集都曾获得国家教委(现教育部)全国高等院校古籍整理工作委员会的资助。同样,上海师范大学古籍研究所,从 1985 年起,在该委员会的支持和指导下,曾经运用电脑输入宋人笔记,并进行分类检索,但因种种原因,未能全始全终。10 多年后,大象出版社的领导慧眼识真金,充分肯定《全宋笔记》的学术价值,决定挑起中国学术界的又一部大型总集的重担。经过该所同仁的多年努力,终于编纂出该书的第一编。

　　综观该书第一编,笔者发现该书具有以下几个特点:首先,该书在科学地界定"笔记"含义的基础上,尽可能辑录宋人所撰的笔记,真正地体现全宋笔记的"全"的特点,避免出现挂一漏万和杂乱无章的现象。编纂者坚持"笔记"乃"随笔记事而非刻意著作之文",限于收录"宋人著述的笔记专集",而不包括"未成专集的、散见的单条笔记",也不包括"题材专一、体系结构坚密的专集",如"专门的诗话、语录、谱录类的茶经、画谱、名臣言行录、官箴等",当然更不包括逐条叙述故事之类的小说和传记。将该书与20年前台湾新兴书局有限公司出版的《笔记小说大观丛刊》(1984年6月)相比,后者虽然收录了许多宋人笔记,但缺点一是宋人笔记与小说、谱牒、通俗演义、诗话杂糅,二是有些版本不精。当然笔者只是从宋人笔记的角度评判此书,并不否定它的总体文献价值。将该书与河北教育出版社出版的《历代笔记小说集成·宋代笔记小说》(1995年2月)比较,后者的缺点:一是收录的宋人笔记仅188种,有些重要笔记不知何故没有纂入,如洪迈《容斋随笔》、周密《癸辛杂识》、周煇《清波杂志》、王观国《学林》、岳珂《桯史》、罗大经《鹤林玉露》、王辟之《渑水燕谈录》、欧阳修《归田录》、何薳《春渚纪闻》、彭乘《墨客挥犀》(已纂录《续墨客挥犀》十卷)、赵令畤《侯鲭录》、叶梦得《石林燕语》、陆游《老学庵笔记》、龚明之《中吴纪闻》等。缺少了这些笔记,便难以反映两宋笔记的全貌,令人深以为憾。同时,后者所编宋人笔记小说目录错讹颇多,如《燕翼诒谋录》的著者王栐误作"王泳",《丁晋公谈录》的著者丁谓误作"丁渭",《宋景文公笔记》的著者宋祁误作"宋祈",《萍洲可谈》的"洲"误作"州"字,《己酉避乱录》的"己"误作"已"字,《昼帘绪论》的"昼"误作"书"字,《鼠璞》的作者戴埴误作"戴植",《养疴漫笔》的著者赵溍误作"赵溍录",《负暄野录》的著者陈槱误作"陈",等等。

其次,该书大多数宋人笔记系首次经校勘和标点提供世人阅读,体现了"新"的特点。在该书第一编的49种笔记中,已经由中华书局、上海古籍出版社点校出版的有13种,而此次新点校出版的有36种,占总数的百分之七十三多。这些首次点校出版的宋人笔记中,比较重要的有张洎《贾氏谭录》、王曾《王文正公笔录》、宋祁《宋景文公笔记》、江休复《江邻几杂志》、曾布《曾公遗录》、苏轼《仇池笔记》、题苏轼《渔樵闲话录》、晁说之《晁氏客语》、王钦若《王氏谈录》等。这些笔记有的尽管篇幅不多,但其内容涉及当时的社会经济、政治、生活习俗等,为后人留下了颇有价值的史料,弥足珍贵。

再其次,该书与此前点校出版的宋人笔记相比,具有比较"准"即点校较为准确的特点。参加该书的整理点校者大都是在中国古代史和古代文学领域,尤其是唐、宋文学和史学方面研究成绩卓著者,虽然不敢过誉为极天下之选,但堪称一流人选。仍以第一编为例,其中尤以整理点校《东坡志林》、《仇池笔记》、《渔樵闲话录》、《龙川略志》、《龙川别志》等的孔凡礼先生,《涑水记闻》的整理点校者邓广铭和张希清教授,《南部新书》和《近事会元》、《钓矶立谈》、《丁晋公谈录》的整理点校者虞云国教授,《孙威敏征南录》等的整理点校者黄纯艳教授,等等,都是在宋代历史或宋代文献研究方面有口皆碑的专家。由此足以保证该书的整理和标点、校勘以较高的质量呈现在读者面前。比如此前出版的释文莹《湘山野录》(中华书局 1984 年版)存在一些标点错误,如卷中原作"仆射相国王公至道,丙申岁,为谯幕"(第 23 页),误将宋太宗的最后一个年号"至道"当作"仆射相国王公"的名讳。此次便加以纠正,改为"仆射相国王公,至道丙申岁,为谯幕"。又如宋敏求《春明退朝录》(中华书局 1980 年版)卷上原作:"开宝八年十一月,江南平留,汴水以待李国主舟行。"(第 5 页)此次也改正为"开宝八年十一月,江南平,留汴水以待李国主舟行"。这些进展都是有目共睹的,从而得以保证该书点校的质量有了进一步的提高。

总之,《全宋笔记》是中国宋代文史学界继《全宋诗》和《全宋文》后第三部大型总集,尽管目前初结硕果,只出版了第一编,且不可避免的存在一些错标、断句舛错等缺点,但按照编纂者的计划,全书约分 10 编,用五六年的时间全部完成这项工作,笔者相信,随着编纂者逐渐积累经验,点校者逐步提高水平,届时一定会将一部全新的高质量的文献总集奉献给广大读者。

（本文刊载于《中华读书报》2004 年 6 月 2 日）

简评《永嘉学派与温州区域文化崛起研究》

近读陈安金、王宇著《永嘉学派与温州区域文化崛起研究》（人民出版社 2008 年 5 月出版）一书，甚感欣喜。该书是一部具有较高学术价值的专著。

第一，该书把温州学派作为一个社会团体，从其学派的形成、结构、代际嬗递中进行研究。如探讨学派的奠基人薛季宣的游学、从政经历与温州士大夫集团的关系，提出薛季宣开创了一种考求"刑名度数"的"制度新学"，这标志永嘉学派作为一个独立的学派异军突起。作者认为，叶适才是永嘉学派"在理论上真正的集大成者"。叶适学术上的主要成就，在于建构了"内、外交相成之道"的"经制之学"，但他又"选择了留在儒家道统之内，对内圣缺乏自己的发明"，其结果"只能是永嘉学派被朱学轻易地统摄、同化"，叶适的门人即"水心后学"们都"背离了叶适思想中最具独创性的部分"。此外，永嘉学派不像朱熹道学，在书院教育方面缺乏建树，"它的衰亡在于它没有取得一个与现实政治保持相对独立的空间"。这些见解都很发人深省。

第二，比较深入地研究了永嘉学派与朱熹道学的关系，指出朱熹道学在温州传播的策略是对温州原有的地域文化传统进行清理和分疏，注入了朱学的核心精神。具体表现为对温州籍门人的学术转化，及树立"状元王十朋"这个典型，从而在当地重建了"理学道统"。所以，永嘉学派的"短命"及"衰落"不能完全"归咎于朱学的独尊"。由此进一步提出,在宋、元之际,主流思想与区域文化一直处于互动、互补之中,朱学作为一种主流文化,并未在传播中消解自己的全国性,历史上区域性朱学挺立并未导致全国性朱学的消解,相反,朱学成了强化各个区域与中央在意识形态上的粘合剂。这些都是比较新颖的见解。

第三,该书还注意到"永嘉学派的近代命运",指出永嘉学派思想的传承到元、明两代处于断裂状态,但到清代中、后期尤其是近代,由于特定的社会背景,促使了该学派思想的复兴,"近代温籍知识分子从永嘉学派的文献中汲取思想精华,在近代情景中进行了创造性的转化"。分析"强国与敬乡"是近代温籍知识分子"复兴永嘉学的两种动力",他们在汉学和宋学之间"独树一帜",在国学和西学之间"作新国学,躬行西学","率先在教育、实业等领域引入西方文明",使自己"在文化路线上采取了既有别国粹派,又有别于西化派",从而"超越了当时知识界的大多数流派"。

第四,该书在对永嘉学派的代表人物及相关文献资料进行认真梳理、考证、校注的同时,也站在当代温州、浙江乃至全国经济社会发展的高度,对温州传统文化主要是永嘉学派思想的得失优劣及其对当今社会发展的价值进行思考,概括、提炼出"永嘉学派文化新使命"的一些新观点。这又是该书的一个亮点。

(本文刊载于《光明日报》2008 年 11 月 15 日)

讲述宰相的历史

——王瑞来《宰相故事——士大夫政治下的权力场》评介

近日，获赠王瑞来教授的新著《宰相故事——士大夫政治下的权力场》一书。随即翻阅一遍，发现这是一册难得的佳作。

首先，该书虽然用"宰相故事"为题，其实这一"故事"并非作者单纯地给读者讲历史的故事，而是透彻地讲授宰相的历史。当然，与一般的讲宰相历史不同，该书是作者在深入细致地探讨宋朝政治制度的基础上，用生动、通俗易懂的语言叙述北宋前期数名宰相、翰林学士的执政和辅政史。如宋真宗朝"圣相"李沆，于"首蒙大用"后，成为太子之师、帝王之友，他"总文武大体"，"最得大臣体"。作者犹如绘画技法高超的画家所绘人物速写一样，紧抓这些千余年前曾叱咤风云的人物的主要特点，使这些人物的面貌跃然纸上，给读者深刻的印象。

其次，该书引用了自然科学的一些术语，如"权力场"，认为历史上的皇权是"一种主要的权力，但不是唯一的一种"，"在权力场中，纽结有各种各样的权力，皇权不过是其中比较重要的一种"。又使用了"紧箍咒"、"墙"等术语，提出士大夫制约皇权有"天"、"道"、"法"三道"紧箍咒"和"祖宗之法"、公议、留名青史三堵"墙"。从而使读者更能清楚理解宋朝士大夫是如何约束当时最高权力的。

再其次，该书细致地将皇帝划分成开国君主和后继君主两类，又将皇权分为实体性和象征性的两种，指出开国君主由其取得政权的方式决定,使之"大权在握,成为行政首脑","绝不可能成为仅具象征意义的礼仪性的虚位君主"。然而,后继君主因由皇位世袭制决定,"缺乏政治实践与政治经验,更缺乏政治威信",尤其是自幼接受严格的君道教育,多"具有一定的自律性","结果是皇权逐渐虚化",成为"象征性的"皇帝。作者还深刻地指出,皇权"象征化的趋势",在"客观意义上""反映政治的进化,国家管理由家长式的原始形态,走向制度化、科学化";在"道德意义上""反映了从专制走向民主的过程"。

(本文刊载于《光明日报》2010 年 6 月 23 日)

评《中国妇女通史·宋代卷》

由方建新、徐吉军所著《中国妇女通史·宋代卷》（杭州出版社2011年7月）是中国妇女史尤其宋代妇女史研究的一项最新研究成果。

该书开宗明义，在《绪论》中，首先从宋代妇女生活的社会背景即唐宋社会的变革、重文政策下宋代文化的高度发展与相对普及、宋代社会的发展变化对妇女的影响，指出宋代社会对妇女婚姻、家庭等观念的变化；妇女文化水平比前代有了很大提高；更多的妇女走出家庭而直接参与娱乐业、工商业、服务业活动，对宋代社会的经济尤其是城市与城市经济的发展作出了贡献；宋代社会崇尚享受、生活奢靡的风气，导致逐渐在上层社会流行妇女缠足的妆饰陋俗，使广大妇女受到了新的迫害；宋代士大夫等各阶层对妇女离婚、守节、寡妇改嫁都采取了比较宽容的态度；宋代妇女在家庭、社会上的地位，与前朝、后代（明、清）相比还是比较高的。这些见解从唐、宋社会的变革和宋代社会的发展变化角度来探讨宋代妇女的方方面面，取径独特，视野开阔。

作者探讨的对象，既包括社会地位最高的后妃、公主，又包括处于社会底层的官、私奴婢，尼和女冠，媒婆、乳母、妓女、乳医、女侩、女巫等，同时探讨各阶层妇女的来源、数量、处境、待遇、社会活动。此外，还系统地探讨妇女与婚姻、生育、教学、文化修养、服饰妆扮等。可以说，该书是近百年以来中国史家全面、系统探讨宋代妇女以上问题的第一部专著,具有开创性。

作者在掌握大量相关文献的基础上,经过潜心研究,提出了许多自己独到的见解。诸如认为私妓出现于唐朝中期,此前的妓女"作为主要提供精神(歌舞)与性服务而不直接进行物质生产的妇女中的特殊阶层","与妾、婢基本属于同一类型,有着明显的归属对象即主人"。中唐以后,"私妓则是社会生产力与社会经济尤其是城市与城市经济的发展达到一定高度的产物"。因为具备了物质基础,更多人可以离开农业,转而从事手工业、服务业及包括妓业在内的文化娱乐业。作者将"狎妓"归类为"精神性消费"中的一种"畸形消费",指出"随着私妓人数的快速增长,于妇女,已正式成为一职业;于社会,已围绕着妓女及与之相联系的诸如妓乐表演的社会化、商业化,妓馆、公私妓女的商品化,直接与经济挂钩,形成了一行业"①。又如提出宋代的女尼和女冠这一"妇女中的特殊群体"②,"在商品经济的发展影响下,随着她们中的不少人积极投身到带有商业性、娱乐性的社会活动","更趋职业化,成为谋生乃至聚财致富的一种职业"③。部分女尼与女冠"由于身上笼罩着神圣与神秘的宗教光环,故有超乎一般妇女的活动能量,也对宋代社会产生超过其人数数倍的社会能量,渗透、影响到社会的政治、经济、文化娱乐、社会风俗等各个方面"④。再如在"正常聘娶形式外的其他婚姻形态"一节,以较多的篇幅探讨"妾"的问题,论述宋代各阶层的纳妾风气、妾的来源、妾的地位,尤其深入探讨妾的法律地位与在家庭中的地位。指出宋代妾"作为家庭中的准成员,只身来到夫家,不像妻子有随嫁奁田资妆,故妾一般没有私人财产,更没有对家庭财产的支配权"。同时,妾"在一般情况下","在家庭中都没有财产继承权"⑤。还指出唐代的妾"只有在有子官五品以上、无嫡母的情况下",才能授予

① 方建新、徐吉军:《中国妇女通史·宋代卷》,杭州出版社2011年版,第161—162页。
②④ 方建新、徐吉军:《中国妇女通史·宋代卷》,杭州出版社2011年版,第199页。
③ 方建新、徐吉军:《中国妇女通史·宋代卷》,杭州出版社2011年版,第177页。
⑤ 方建新、徐吉军:《中国妇女通史·宋代卷》,杭州出版社2011年版,第290页。

封号。宋代则"突破前代做法,给诸王、宗子、大臣、武将及一般官僚之妾以封号,反映妾的社会地位比之前代有了提高"①。再如在宋代妇女的生育一章,列出一节探讨"优生优育的理念与实践",指出"宋人总结了历代生育的经验,认为要使生育的后代子孙身体健康,首先父母必须健康无病。故娶妻买妾生子,首要的是选择身体强健无病女性,而不应该追求外表的美貌"。其次,提出对结婚年龄要有一定限制,"为使后代身体健康,男女不当过早成婚交合"。再次,"为了达到优生的目的,宋人对于男女交合受精的季节、具体时间、方法有很多讲究,且有很多禁忌"。还注意到宋人在护胎、胎教、临产儿与初生儿的护育等方面,指出宋人有些"育儿之道符合婴儿生长规律,即使在现在也有一定的指导意义"②。再如有关宋代妇女的教学与文化修养方面,指出与前代相比,宋代妇女"生活在重知识、教学、科举十分发达,全社会文化相对普及"的大环境中,"尤其士大夫家庭的妇女","受浓厚的文化气息熏陶,在父兄身体力行刻苦读书的影响下","大多也能自觉主动地识字读书",因而"文化水平比之前代有了较大的提高,并出现了一批具有较高综合文化素质、较高文学艺术等多方面修养的妇女"③。

凡此种种,皆能别出机杼,提出新见,发前贤时彦所未发,且具有充分的史料依据,使人信服,读后颇有耳目一新之感。

除此以外,该书精选了许多图版,正如中国妇女研究会原副会长童芍素在《序二》中所说,这些"具有历史价值与时代特征的"精美图版,"更具体形象地展示"了宋代妇女的"历史面貌"。真正做到了图文并茂,增加了读者的感性认识,使人爱不释手。

总之,该书以 50 余万字的较大篇幅,比较详细、深入地描绘宋代妇女的各个方面,不愧为一部内容充实、行文平实的宋代妇女通史,真实再现了宋代妇女的历史轨迹。

---

① ②　方建新、徐吉军:《中国妇女通史·宋代卷》,杭州出版社 2011 年版,第 292—295 页,第 419—424 页。

③　方建新、徐吉军:《中国妇女通史·宋代卷》,杭州出版社 2011 年版,第 435 页。

　　当然,该书美中不足的是对宋代农村妇女以及参与各项手工业的女性工匠的生产活动注意不够,所以着墨不多。

　　　　　　　　　　（本文刊载于《中国史研究动态》2012 年第 4 期）

评杨渭生教授新编《沈括全集》

沈括是中国宋代文武兼备的政治家和多才多艺的学者。他一生著述宏富，据宋人记载，至少有 40 种以上，遍至经、史、子、集各部，惜多亡佚。如其著《长兴集》原有 41 卷，今存仅 19 卷。自南宋初年高布编刊《长兴集》以来 800 多年，除近人胡道静先生整理、校证过《梦溪笔谈》一书以外，未见有沈括著述的全面整理成果问世。此为多年来中外学者所期望的一件学术大事。

2011 年 5 月浙江大学出版社出版的《沈括全集》三册终于与读者见面。弥补沈括著述整理的空白。该书由浙江大学杨渭生教授积 30 多年对沈括著作进行尽可能全面搜集、辑佚、钩沉所得，整理、新编成 48 卷，共 110 万字。是为学术界的一大喜讯，具有重要的社会意义和很高的学术价值。这是迄今为止，海内外收集沈括著述最为齐全，校勘最为严谨、正确，带有总结性的沈括著述全集，对促进沈括研究，进一步深入开展宋史研究、科技史研究，以及辽史、西夏史等，都具有很重要的意义。同时，因为沈括是一位科技史上里程碑式的人物，其《梦溪笔谈》是中国科技史的一部名著，在国内外影响巨大，《沈括全集》的出版必会引起海内外学者的广泛关注和积极影响，具有重要的现实意义。

《沈括全集》与同类古籍相比，有以下一些特点：第一，该书是全面搜集、整理、辑佚编次而成的新成果。该书汇集自南宋高布所编《长兴集》以来 800 多年，清代吴允嘉《补编长兴集》以来 200 多年间有关资料及研究成果，有较高的史料价值和学术价值。第二，该书整理者杨渭生教授,长期从事以宋史为主的中国古代史、文化史研究,造诣深厚,对沈括及其著作又有长达 30 多年的研究积累,因此该书是一部较高水平的古籍整理研究成果,可谓集沈括著述研究之大成。第三,该书分上、中、下三编,编排合理,而且所作编辑说明,包括框架结构、每篇内容、版本源流等,都较为详细和精到。第四,该书整理、校勘、辑佚,所引文献较为丰富。如上编卷 9《浑仪鉴》一篇,辑引《宋文鉴》、《宋会要》等 8 种古文献,又校核《隋书》、《魏书》等多种古籍,考述严谨,颇见功力。第五、该书整理者为把中国古代学术推向世界,特撰《全集》英文和日文提要两篇,这在古籍整理研究出版方面是一项新的举措,较富创意。第六,《沈括全集·前言》比较全面评价沈括的生平事迹及其在自然科学技术和人文科学诸领域的杰出成就与贡献,持论公允,叙述深入,见解精辟,是一份具有较高水准的篇章。

（本文刊载于《中国史研究动态》2012 年第 4 期）

沈括:中国科技史上的里程碑

沈括(1032—1096年),字存中,钱塘(今浙江杭州)西溪人,我国北宋时期文武双全的政治活动家,又是中国科技史上里程碑式的杰出人物,多才多艺的大学者,为中国古代历史上,乃至世界历史上罕见的通才。《宋史》称他:"博学善文,于天文、方志、律历、音乐、医药、卜算无所不通,皆有所论著。"沈括一生著述宏富,仅《宋史·艺文志》所录就有二十二种一百五十五卷。据宋元诸家书目著录及沈括本人之所自志,至少有四十种以上,遍及经、史、子、集各部,惜多散佚。流传的多种著作亦多佚缺不全。如《长兴集》原有四十一卷,现存残本仅十九卷,即使被称为百科全书式的科技史巨著《梦溪笔谈》(包括《补笔谈》、《续笔谈》),条目内容也有缺失。其原因之一,就是自南宋高布编刻《长兴集》以来八百多年,没有一部搜罗全面的《沈括全集》。上世纪20年代,竺可桢先生最早倡导沈括研究,至今近百年间,除胡道静先生对《梦溪笔谈》作了整理校证外,在海内外尚未有沈括著述的全面整理成果问世,此为多年来中外学者所期望的一件学术大事。

最近,浙江大学出版社出版了浙江大学人文学院杨渭生教授点校、辑佚、新编的《沈括全集》。杨教授积30多年搜集、辑佚、钩沉所得,将沈括现存(今日能搜集到的)著述新编为《沈括全集》八十四卷(加上附录共八十五卷),堪称长篇巨著。这是南宋初年高布刊行沈括《长兴集》以来近九百年,清代吴允嘉《补编长兴集》以来二百多年间,第一部沈括著述全集,具有重要的社会意义和较高的学术价值。这部《沈括全集》是习近平总书记在任浙江省委书记期间倡导进行的浙江文化研究工程"浙江文献集成"丛书的一种,规格较高,质量较好,精装三大册,一百一十万字,排版印刷考究,装饰美观,是沈括第一部崭新的全集,颇富学术分量,为国内外学界关注。也是迄今为止,海内外收集沈括著作最齐全、校勘很认真,带有总结性的沈括著作全集,对促进沈括研究、科学技术史研究、宋史研究(包括辽史、西夏史研究)都有重要意义。同时,由于沈括在科技方面的杰出成就和他在世界科技史上的学术地位,《沈括全集》的出版发行在世界范围内都会有较大的影响,很有现实意义。

沈括出身仕宦之家。其母出自苏州许氏名门。沈括自八九岁起,跟随其父宦游州县,经风雨。其家境清寒。沈括一生的大部分时间从事政治活动(出仕为官),从初任县主簿(县级基层官员)到晋升为朝廷大臣、边关将帅,无论在县、州地方,路级临时差遣任上,或在中央机关工作,他都忠于职守,关心民瘼,重视农田水利,多所建言,政绩卓著。同时,沈括又以无比的勤奋致志于科学研究,清《四库全书总目》说他颇能"发明考证,洞悉源流",在自然科学技术领域以及人文科学众多学科领域都有很深的造诣和卓越的成就。

仅以他晚年身居逆境,"退处林下,深居绝过从"而作《梦溪笔谈》。据考证,《梦溪笔谈》约作于神宗元丰五年(1082年)十月随州安置以后,成书于哲宗元祐年间。现在所见《梦溪笔谈》的刻本都出自南宋乾道二年(1166年)汤修年校刻的扬州州学刊本。在州学刊本前,已有扬州公使库刊本,但只见有人引录,未见原本,故今见刊本以乾道本为最早。《梦溪笔谈》的内容极为广博,涉及古代阴阳五行学说、天文历法、数学、物理、地质、地理、生物、化学、医药、工程技术等自然科学技术领域以及文学、史学、考古、语言文字、音乐、绘画等人文科学众多学科领域,记录了沈括在科技上的许多新发现和学术创见,反映了他所处时代的科学成就及其最新水平。

胡道静《梦溪笔谈校证》将《笔谈》的内容分为六〇九条,夏鼐《考古学和科技史》将这六〇九条分类，认为自然科学占三分之一以上。笔者粗略统计，其中自然科学二百五十条，人文科学一百八十条以上。英国剑桥大学教授、科技史大家李约瑟称赞《梦溪笔谈》这一"里程碑"式的巨著是中国科技史上的"坐标"，沈括是"中国整部科学史最卓越的人物"，实非过誉。

沈括在自然科学技术方面的成就与贡献是多方面的，涉及广阔的领域，充分显示了他的博学多才。现举数例，以见其辉煌成就的一斑。

其一，天文历法。沈括自英宗治平三年（1066年）开始涉足天文研究，注意实际观测，多所创获。《梦溪笔谈》中有关这方面的记述有二十六条之多。他的突出贡献主要是：一是改进天文仪器。二是对历法的修订与发展。比如首倡《十二气历》。它是一个重大的创新，虽遭到世俗的攻击，未被采用，但在科技史上意义重大，比其后英国气象局所用的萧伯纳历要早八百多年。

其二，数学成就。日本数学史家三上义夫称沈括是"中国算学的模范人物"。其主要研究课题和贡献是首创"隙积术"和"会圆术"。这开辟了中国传统数学研究的新方向。

其三，物理工艺。在磁学研究方面，沈括对指南针装置的四种方式作了明确记述，发现了磁针"常微偏东，不全南也"。此为地球磁偏角的最早记载，比西方的记录早四百多年。

在光学方面，沈括进行了凹面成像焦点与成像的实验，得到了较《墨经》前进一步的结果。还对汉代就有的透光镜进行细心的观察与实验，这比西方类似的实验要早数百年。

在声学方面，沈括进行了声音共振实验，实验的结果也比西方早数百年。

此外，沈括对海市蜃楼、虹、雷电、乐律等方面，从声学角度做了观察研究。在《苏沈良方》、《梦溪忘怀录》等著述中，也有物理学知识的内容。

其四，地质地理。竺可桢先生《北宋沈括对于地学的贡献与记述》

对此有详述。如:发明"分层筑堰测量法",首创地形高程测量法。他还木刻立体地形图,这种立体地图比西方要早七百多年。编修天下州县图,历经十二年,完成《守令图》二十轴。

其五,生物化学。如《良方》中所记"秋石方"是现知最早提取荷尔蒙(性激素)的记载。

化学方面,《梦溪笔谈》最突出表现是对鄜延境内有石油的记载。沈括首次提出了"石油"这个科学命名,又做了以石油碳黑代替松烟制墨的实验,断言"此物必大行于世"。

其六,医药学。沈括其家先世与医药颇有渊源,《博济方》即其家传。

其七,工程技术。其突出贡献在三个方面:一是关于世界"文明之母"活字印刷术发明的记述。他详细记述了庆历年间布衣毕昇发明活泥字印刷术的全过程及字印的下落。这活泥字印刷术被誉为"沈存中法"。它比德国人戈登堡发明金属活字印刷早四百多年。二是关于能工巧匠喻皓高超建筑技术的记述。三是关于水工高超巧合龙门的三节压埽法,治好黄河水患的记述。

1979年7月1日,中国南京紫金山天文台把新发现的一颗行星命名为"沈括"。沈括的英名及其辉煌的科学业绩永远飞扬于宇宙间。

《沈括全集》集沈括著述之大成,是一部传世佳作。为把中国学术推向世界,《沈括全集》特作中、英、日提要,这在古籍整理出版方面是一项创新举措。

（本文刊载于《中华读书报》2013年6月12日）

造福后代　嘉惠后世

1960 年,我在复旦大学历史系写本科毕业论文时开始接触到《宋会要辑稿》,写的是《北宋初期的土地制度》,我 1961 年到川大读研究生时接触得更多了。后来我指导硕、博士论文时特别注意他们引用《宋会要》的原文,由于《宋会要》还是民国期间出的影印本,从中可看出他们古汉语的能力,是否断句准确无误,我把它称之为试金石。很多人引用《宋会要》的内容时,错误很多,标点、断句问题多。

《宋会要辑稿》和《续资治通鉴长编》、《宋史》为宋史研究三大不可缺少的史料。而三者之中尤以《宋会要辑稿》字数最多,达到 1 212 万字,以往出的影印本由于错误较多,也只是基本可读。近代有王云海先生做的相关研究很有用,我们上海师大古籍所装订了好多份,大家都在使用。中华书局后来出了影印本,包括台湾出的,我当时买了几套。上世纪 80 年代,中国社科院历史所编辑整理《宋会要》,《职官》部分确定由我点校,我当时带回上海存在我办公室,我点校了一部分,后来不了了之。我平时读《宋会要》喜欢随手加标点,注意名词、错别字。由四川大学古籍所最新点校的《宋会要辑稿》,不只是标点了一下,可以说是在科学地、深入地研究基础之上进行点校,质量较高,错误较少。

《宋会要》二百余年以来被学界公认为最难整理的古籍材料之一,正如刘琳先生所言,有断裂、散乱、重复、错简等现象,文字存在讹、脱、衍、倒的问题。我认为《宋会要辑稿》是一座丰富的矿藏,有待人们进一步发掘,各取所需。

对比旧本《会要》职官部分卷 68《中书门下省》、新版《宋会要辑稿》卷 2974《中书门下省》部分,旧本的错误在新本都得以改正。此外,新版在校勘方面也取得了很大的成绩,主要表现在四个方面:第一,纠正了时间的讹误;第二,鉴别非《宋会要》的文字;第三,指出错简的条目;第四,行款的改正,指出正文与注文分条的不当。

《宋会要》中的"生事房"与"主事房"很容易搞错,旧本的官院都改为了"宫院",新点校的《宋会要辑稿》都做得很好,新版保留了旧版每册编目的优点,16 册将各大门类分帝系、后妃、乐、礼等整理编目,远比阅读原版的小字方便,堪与《全宋文》、《全宋诗》、《全宋笔记》相媲美,为新世纪的重大工程,对学术的贡献无法估量,造福后代,嘉惠后世。

（本文刊载于《历史文献研究》第 37 期,

华东师范大学出版社 2016 年版）

《朱熹教育和中国文化》前言

　　1988 年 11 月中旬,庐山白鹿洞书院召开庆祝本书院重建大会暨首届顾问、教授座谈会,出席的顾问、教授有三十余人。与会者一致认为,为弘扬祖国优秀传统文化,应该努力把本书院办成一个群众性的文化学术活动中心;本书院的任务是:广泛联络各地有志之士,深入开展书院教育、朱陆学说、中国传统文化的研究和交流工作;举办哲学社会科学、自然科学和技术科学等各种形式的讲习班、研讨会;收集整理资料,编纂出版书刊等。会后,书院分别在江苏南京、上海、江西南昌以及本院召开各种研讨会或研讨班,开展学术活动。1990年 10 月下旬,又在本书院召开庆祝立学 1 050 周年大会暨学术研讨会,到会专家学者四十余人。在历次研讨会上,顾问、教授和各地专家学者提交了许多学术论文,以实际行动表达了对书院的热情关怀和有力支持。

　　顾问、教授和各地专家学者提交的论文如彼之多,而我们编印的论文集却只能以一册为限,且字数最多不能超过三十万。因此,我们不得不对所有论文进行认真的筛选。挑选的标准,一是符合书院的宗旨,二是质量较高。现在入选的论文和文章共二十七篇,按其内容大致分为四组:一是有关朱熹的学术思想和活动,二是专论义利之辨,三是经学和文学艺术,四是有关古今教育和书院。

　　陈慧星教授审阅了本书的部分论文,北京燕山出版社热情支持本书的出版,谨表示谢意。

朱瑞熙

一九九一年九月

（本文为朱瑞熙主编《朱熹教育和中国文化》的前言,

北京燕山出版社 1991 年版）

《白鹿洞书院古志五种》前言

一

本书是白鹿洞书院五种古志的汇集。

本书的价值在于比较完整地记录了白鹿洞书院一千余年的兴衰历史,是一部难得的中国古代书院的历史文献。同时,保留了中国古代教育史、思想史、文学史、科举制度史等方面的许多重要资料。有一些诗、文,不仅不见于其他古籍,而且为各诗文集所失收,足以弥补这些诗文集的不足。

二

白鹿洞书院位于江西庐山五老峰南,是中国历史上时间最为悠久、影响最大的一所学府。最早建立在南唐昇元年间(937—943年),称为"庐山国学",距今已一千余年。南唐政府委派国子监九经教授李善道担任洞主,执掌教授,还购置了学田数十顷。宋太祖建隆二年(961年),南唐元宗(嗣主)李璟途经庐山,专程到该学视察。入宋后,该学仍称"白鹿国庠"。宋太宗在太平兴国二年(977年),批准知江州(治今江西九江市)周述的请求,下令将国子监刻印的《九经》驿送到白鹿洞,供学生肄习。同时,由学者明起任洞主,学生数百人。不久,为"劝儒业,崇乡校",宋朝授给明起蔡州褒信县主簿的官阶。此后,屡经兴衰。南渡后，至孝宗淳熙六年(1179年)，理学大师朱熹知南康军，访求白鹿洞书院遗址，重建屋舍，并上疏请赐高宗手书《石经》和《九经》注疏；购置学田；招收生徒入学，延聘名师掌教；制订学规。还邀请另一位理学家陆九渊登坛讲学。白鹿洞书院复兴后，各地争相仿效，广建书院，蔚然成风。从此，各地书院都以白鹿洞书院为榜样，逐步形成一套完整、严密的书院教育制度，包括办学宗旨、教学内容、教学方式、校长和教师选聘、经费来源、组织管理、图书收藏等，皆有明确的规定。白鹿洞书院至此达到了鼎盛时期，成为全国四大书院中最为著名的一所书院。宋后，白鹿洞书院再度历经盛衰。至清末光绪二十九年(1903年)，白鹿洞书院停办。宣统二年(1910年)，书院旧址改建江西林业学堂。

中华人民共和国成立后，白鹿洞书院遗址被列为江西省文物保护单位，1979年成立庐山白鹿洞文物管理所，陆续修复或重建了书院的大部分建筑物，使书院基本恢复了原貌。这所曾在中国教育史上有重要影响的千年学府，再次以崭新的面貌出现在人们的面前。1987年，恢复白鹿洞书院建制，开始成为学术活动中心。1988年，被国务院定为全国重点文物保护单位。同年，为弘扬传统优秀文化，将白鹿洞书院作为全国性的、松散性的学术团体，聘请顾问、教授，设置院长、教务长、总务长，领导展开各种学术文化活动。1990年，成立庐山白鹿洞书院管理委员会，形成集文物管理、教学、学术研究、旅游接待、林园建设五位一体的综合行政管理体制。

在十个多世纪的历史长河中，作为一所著名的学府，白鹿洞书院造就了一批又一批适合时代需要的优秀人才，对中国的文化思想、学术、教育等起了很大的促进作用。无疑，白鹿洞书院的影响是十分深远的。同时，影响所及，不仅中国，而且还有亚洲的日本和韩国、朝鲜及东南亚各国。在有的国家，朱熹的"白鹿洞书院揭示"至今仍是有些学校的校训。

三

自明朝至清末,白鹿洞书院从第一部书院志编定、付梓后,几经增补、重刻,先后出现了十一种版本。

第一种,为明朝鲁铎撰《白鹿洞志》,共八卷。书成后,藏于其家,并未传世。南康知府郭瑠从铎子稷处取到书稿,刻印成册。明孝宗弘治七年(1494 年),鲁铎之友张元祯撰写序言。该本今已失传。

第二种,为明朝提学江西副使李梦阳撰《白鹿洞书院新志》,共八卷。明武宗正德六年(1511 年)李梦阳写序,八年成书。至明世宗嘉靖初年,书院学生缪建和、黄美"虑夫一时之嘉会无述",取李梦阳所修洞志"复校之以补其逸,以续其余"。又请福建按察使周广在嘉靖四年(1524 年)撰《续修洞志序》。缪、黄的校补稿,最后由南康府知府张愈严重刊。该书现存美国国会图书馆。一函六册,实际是嘉靖四年的补刻本。

第三种,为明朝江西按察副使郑廷鹄撰《白鹿洞志》,共十九卷。明世宗嘉靖三十三年(1554 年),郑自序。该书今存北京图书馆,一函四册。另存清华大学图书馆。

第四种,为明朝星子县司训、白鹿洞书院主洞周伟、洞生戴献策等撰《白鹿洞书院志》,共十二卷。明神宗万历二十年(1592 年),知南康府田琯写序。该书今存北京图书馆,二函八册。另存浙江省图书馆和江西省图书馆。

第五种,为明朝南康府司理、白鹿洞书院主洞李应昇撰《白鹿书院志》,共十七卷。明熹宗天启二年(1622 年)陆梦龙写序。夏伟刻。李应升自己亦曾写序,但不曾收入此本,仅见于其诗文集《落落斋遗集》卷 10 和《白鹿洞书院志〈康熙本〉》卷首。李应升初刻时即漏落一页,毛德琦估计其"既成书,或未再校"。该书今存故宫博物院图书馆,一函四册,另存台北"中央图书馆"、山东省图书馆。该书卷 17《沿革〈公移)》、《文翰(记)》等收录清世祖顺治十四年(1657年)稍前巡抚蔡士英、臬司李长春延聘熊维典为白鹿洞山长的一些书信等,表明此卷系清初所刻。由此推断,该书实为明刻和清初增刻清印本。

第六种,为清朝廖文英重订、钱正振增修《白鹿书院志》,共十六卷。卷首有清圣祖康熙十二年(1673年)廖文英自序。该书今存中国科学院图书馆,一函六册。另存上海图书馆、南京大学图书馆。

第七种,为清朝星子县知县毛德琦重订《白鹿书院志》,共十九卷。卷首有康熙五十九年(1720年)毛德琦自序和白潢、石文焯序,还有康熙五十七年许兆麟、蒋曰广、蒋国祥、龚嵘序。该书今存故宫博物院和中国人民大学图书馆、江西省图书馆。

第八种,为清朝署南康府周兆兰重修《白鹿书院志》,共十九卷。卷首有清高祖乾隆六十年(1795年)周兆兰所撰序。该书今存略多。

第九种,为清朝毛德琦原修、周兆兰重修《白鹿书院志》,共十九卷。清穆宗同治十年(1871年)重刻。该书今存较多。上海师范大学图书馆藏本,一函八册,卷6、11、12、19边栏均刻有"同治十年补刊"字样。中国科学院图书馆藏本,一函四册,仅存前十卷,后九卷缺,封面墨书:"南皮张之洞手得来湖广。"

第十种,为清德宗光绪九年(1882年)《白鹿书院志》补刊本,仍十九卷。除卷首第一篇列光绪九年权知南康府事刘锡鸿序外,其余均以原版重印。今存北京师范大学图书馆、日本东洋文库等。

第十一种,为清宣统二年(1910年)《白鹿书院志》补刊本,亦十九卷。该书今存中国科学院图书馆,一函八册。

四

白鹿洞书院院志整理委员会提供了五种书院志的复印件进行整理点校。这些复印件原是江西教育学院李才栋先生提供给书院的。但复印质量不高,缺页、错简较多,且其中两种明本系请人手抄,错漏之处时有发现。有鉴于此,我们决定另外搜集各种版本。经过多方联系,美国纽约市立大学(The City College, New York)历史系李弘祺教授(Prof. Thomas H. C. Lee),给我们寄来了美国国会图书馆所藏李梦阳《白鹿洞书院新志》的复印件,台湾"清华大学"历史系张元教授寄来了台湾"中央图书馆"所藏李应升《白鹿书院志》的复印件,香港中文大学历史系刘健明先生寄来了光绪九年补刊《白鹿书院志》的复印件(据李弘祺教授说,该复印件是他原在中文大学任教时搜集复印的,离港时留给中文大学图书馆)。在此,谨向李弘祺、张元、刘健明三位先生表示感谢。此外,我们还搜集了其他一些版本。

五

参加本书点校工作者,有吴以宁、顾吉辰、陈慧星、朱瑞熙、吴绍烈五位同志,分工如下:吴以宁负责《正德本》和《嘉靖本》、《万历本》卷首、卷1,《天启本》卷首、卷1至卷4及卷17,《康熙本》卷首、卷1至卷3。顾吉辰负责《正德本》卷2、卷3、卷8(部分),《嘉靖本》卷3、卷4、卷16(部分)、卷17、卷18,《万历本》卷3(部分)、卷4、卷11、卷12,《天启本》卷5、卷15(部分)、卷16,《康熙本》卷4、卷5、卷18、卷19。陈慧星负责《正德本》卷4、卷5,《嘉靖本》卷9至卷12,《万历本》卷7、卷8,《天启本》卷9至卷11,《康熙本》卷10至卷13。朱瑞熙负责《正德本》卷8(部分),《嘉靖本》卷5至卷8、卷16(部分),《万历本》卷3(部分)、卷5、卷6,《天启本》卷6至卷8、卷15(部分),《康熙本》卷6至卷9。吴绍烈负责《正德本》卷6、卷7,《嘉靖本》卷13至卷15、卷19,《万历本》卷9、卷10,《天启本》卷12至卷14,《康熙本》卷14至卷17。最后由朱瑞熙统一整理定稿。

各本原有的目录皆较简略,不便读者查阅,为保持各本原貌,决定不另编细目,请何润香、李晨光编成三种索引:一、《列传人名索引》;二、《诗、赋作者篇名索引》;三、《文、铭作者篇名索引》。

　　在整理校点过程中,曾得到上海师范大学古籍整理研究所徐光烈教授、程郁副研究员、吴家正馆员、瞿维弟主任等大力支持和热情帮助,谨致谢忱。

　　陈立夫先生为本书题签;北京图书馆善本室,故宫博物院朱家溍研究员和图书馆为本书的校勘提供了许多帮助;中国史学会东方历史研究中心董金秀同志为本书的排版做了大量的工作;白鹿洞书院李科友顾问等曾提供书院《碑刻资料》抄本,帮助我们解决了刻本的某些疑难,在此一并致谢。

白鹿洞书院院长　朱瑞熙
1994 年 3 月

　　(本文为白鹿洞书院古志整理委员会整理(朱瑞熙、孙家骅主编):
　　《白鹿洞书院古志五种》前言,中华书局 1995 年版)

《陈亮与南宋浙东学派研究》序

　　中华民族是一个富有爱国情操和革新精神的伟大民族。在漫长的历史长河中,曾经涌现出难以计数的杰出的爱国主义者、思想家、政治家、文学家、艺术家、科学家等。

　　南宋时代,既是中国淮、汉以南地区广大人民多灾多难的时期,又是各种人才辈出的时期。名满天下的浙东学派,便是在这一时期逐渐形成的。由于历史传承的差异,浙东学派内部又分为几个流派,诸如以吕祖谦为首的金华学派,以叶适为首的永嘉学派,以陈亮为首的永康学派,还有一位似乎独树一帜而无所归属的唐仲友。这些分支学派尽管他们研究的方面有所不同,学术见解也有许多歧异之处,但他们又具有共同的特点,即高度的爱国精神和改革内政的主张。这些分支学派的出现,反映了南宋时代浙东地区社会经济的繁荣和学术文化的发展,是中国文化学术史上的一件大事。

　　60多年前,何炳松先生曾撰《浙东学派溯源》一书,收入商务印书馆的《万有文库》中。何先生提出,中国学术思想到北宋末年经过一番融贯以后,大起变化。儒、释、道三家思想至此皆"面目为之一新,各成为极有条理之派别"。他认为,儒家思想经儒家的陶冶成为陆、王一派的"心学";道家思想经儒家的陶冶成为朱子一派的"道学";儒家本身因程颐主张多识前言往行以蓄其德之故蔚成浙东的史学。所以,"吾国学术至南宋而后成为三大宗门,吾国史学亦至南宋而后始独树一帜,南宋之世实吾国文化史上最灿烂之时期也"。他主要从史学的角度考察,主张浙东学派实际渊源于程颐。"程氏学说本以妄与怀疑为主,此与史学之根本原理最为相近;加以程氏教人多读古书,多识前言往行,并实行所知,此实由经入史之枢纽。传其学者多为浙东人。"他认为浙东人继承程学的学者有永嘉的周行己、郑伯熊,金华的吕祖谦、陈亮等人,"实创浙东永嘉、金华两派之史学,即朱熹所目为'功利之学'者也"。何先生突破了历来学术界所主张的南宋学术思想只有程、朱和陆、王(应麟)两派的说法,提出南宋的学术思想上承北宋儒、道、释三家之旧,演化为程、朱、王三大派,程学到南宋成为儒家思想的正宗,而"浙东的学派就是程氏学说的主流,而程氏实为浙东学派的宗主"也就是浙东学派的开山始祖。

何著的问世,标志着中国学术界开始以"浙东学派"作为研究的课题,在学术研究上迈出了新的一步。但以后的研究却经历了曲折的道路。且不说解放以前的研究情况。解放以后,在"文化大革命"以前的十几年内,中国思想史研究者囿于截然对立的唯物主义和唯心主义两大阵营的划分,对于浙东学派的整体研究几乎等于空白,只有各个分支学派的个案研究,且有许多值得商榷的地方。在"文化大革命"中,南宋浙东学派的一些代表人物,有的形象被扭曲,有的被丑化,已经完全失去了学术上的价值。"文化大革命"以后,学术界冲破了长期"左"倾错误的严重束缚,为南宋浙东学派的正常研究创造了良好的政治环境。各方学者对陈亮和南宋浙东学派的研究,逐步形成共识,即尊重历史事实,全面、客观地分析陈亮、吕祖谦、叶适等人的思想、政绩等,给予恰如其分的评价。

方如金教授等专攻宋史和浙江地方史多年,并穷数年之力,撰成学术专著《陈亮与南宋浙东学派研究》。该书将陈亮和南宋浙东学派置于历史过程中进行全面的、实事求是的考察,首先是探讨南宋浙东学派的社会环境和学术背景,探讨浙东学派的学术思想渊源、学派特点、历史地位,以及浙东学派中三个分支学派的概况。其次是理清陈亮与金华学派、永嘉学派各学者的关系,陈亮在永康学派的地位等。再其次是全面探讨陈亮的生平经历和各种著作,陈亮的政治、哲学、经济、军事、教育、人才、史学等思想及英雄人格论。在附录部分,作者收集到了一些弥足珍贵的资料,如陈亮的佚著《永康陈氏遗谱》,并对它作了考证。此外,作者对现今流行的陈亮文集作了考订,还辑补了陈亮一些佚诗佚词佚文。

　　应该说,以方如金教授为首的这部学术专著是他们对近60多年来中国学术界关于陈亮和南宋浙东学派研究的一次很好的总结。同时,他们又提出了一些新的观点,在总体上取得了创造性、突破性的进展,从而把陈亮和南宋浙东学派的研究提高到一个新的水平。

1996 年 5 月 8 日

(本文为方如金《陈亮与南宋浙东学派研究》序,
人民出版社 1996 年版)

陈国灿等著《浙江古代
城镇史研究》序

　　迄今为止,海内外学术界尚未有人撰写出一部全面、系统地论述中国城镇的通史或中国古代城镇的通史,即使范围缩小至诸如现今某一省区的城镇史,似乎也是一个空白点。究其原因,无非是这类著作在内容上要求贯通自远古至近世的城镇发展和演变的过程,要把握各个历史时期城镇的特点,并尽可能占有大量的文献资料;在理论上要求依照历史唯物主义观点,运用现代的研究手段,结合中国以及各地区特定的历史和地理条件,从各个角度和各个层面深入剖析其特点。显然,这是一个广阔的研究领域,具有相当大的难度。

　　最近,我以欣喜的心情,读到了浙江师范大学陈国灿和奚建华同志的专著《浙江古代城镇史研究》书稿。该书无疑填补了我国区域城镇史研究的一项空白,同时,他们的研究视野、研究方法等也为我国其他区域城镇史研究提供了一种有价值的模式。

　　依我浅见,中国古代城镇史的研究对象应该是从中国远古到近世的城市和市镇由萌芽到产生,再到发展、繁荣、兴盛、停滞的演变过程,包括城镇形态的转变、城镇社会结构(与农村的社会结构不同)、城镇居民的行业和身份及人口流动情况、城镇的管理体制、城镇的市政建设(如道路、桥梁、房屋、水源、政府机构、文教设施、宗教设施、社会福利和公共卫生机构、市场、工场、休闲游乐场)等。此外,按照中国古代城镇的规模及其政治、经济、文化等方面的功能,我们还可将它们划分为两大类,一类是都城、郡县城,即有城廓的城市;另一类是城廓以外的市镇。城市,既是一国或某一地区的政治中心,又是商业、文化娱乐的中心,而市镇一般并非当地的政治中心,只是该地相对独立的商业中心。宋代是中国城镇由古代向近世转变的重要时期,当时社会经济的特点之一是城市加速发展,乡村里兴起了许多商业市镇。宋代商品经济的发展,促使旧有的坊市制度被突破,城市的商业功能得到充分发挥,城市的商业性质增强。由于城市人口的增加,使城市周围出现了许多新兴的市镇,这些市镇犹如群星点缀在城市之外。到明、清时期,正如该书所指出的,市镇出现了"城市化"的倾向。对于有关的研究著作,我们不可能要求它们千篇一律、面面俱到地加以论述,而是可以有所选择,从不同角度、不同层面进行研究,撰写出最有心得的一些内容。

众所周知,自古以来,生活在浙江地区的人民不断利用和改造该地区得天独厚的自然条件,发展社会经济,逐渐奠定了雄厚的经济基础。经济的发展,物质财富的增加,促使城镇不断地发展,使这一地区的城镇在全国越来越占有重要的地位。所以,该书不仅是我国第一部区域城镇通史的研究著作,在学术上具有开拓性,而且由于城镇在浙江社会发展过程中所起的举足轻重的作用,该书的研究成果还将对今天浙江地区甚至全国的现代化建设起到重要启示作用,因此又具有现实意义。

最后顺便要说明一下,以上我正面评价该书的学术价值和现实意义,并不意味着我完全赞同该书的一些观点。比如元明清时期的浙江城市,我认为仍在继续发展之中,虽然这一时期比不上南宋,因为南宋时临安(杭州)成为实际的都城,杭州及其周围地带出现了城镇突飞猛进的发展景象,但反过来不能说到了元代整个浙江的城市皆处于"停滞"状态,而到了明、清两代则更是"逐步衰落"。我觉得,对于中国古代城镇的兴盛和衰落究竟应以何为标准,这是值得进一步探讨的问题。至于孰是孰非,尽可各抒己见,不必急于作出结论。对于该书的这一观点,我认为本着"百家争鸣"的方针,作为作者的一家之言,尽可保留,不必强求一致。

1999 年 7 月 19 日于上海

(本文为陈国灿等《浙江古代城镇史研究》序,
安徽师范大学出版社 2000 年版)

《胡瑗》序

史称"宋初三先生"之一的胡瑗,是与南宋思想家朱熹齐名的宋代最有成就的教育家。他创立的苏、湖教学法在当时备受推崇,被推广到太学和各地各类学校,影响深远,在中国古代教育史上占有重要的地位。

如所周知,中国传统社会的发展,到了宋代,进入了一个新的历史时期。社会阶级关系和经济制度、政治制度等的变化,需要一整套与之相适应的教育制度;同时,社会生产的发展,尤其是造纸业和雕版印刷业的发达,为新的教育制度的建立提供了必要的物质条件。此外,宋代形成了新的儒学即理学体系,为教育制度的改变奠定了思想基础。

时势造英雄。新的时代,需要一批又一批优秀的人才,包括政治家、军事家、思想家、教育家、文学家、艺术家、科学家等;新的时代,也为造就一批又一批新的人才准备了必要的环境。胡瑗作为一位杰出的教育家,就这样应运而生。

北宋开国数十年间,即宋太祖和太宗、真宗三朝,统治者尚未重视兴学,学校教育一片萧条。宋太祖和太宗时,主要集中精力进行统一战争,建立皇帝、官僚政治体制。真宗时,继续完善政治制度。这一时期,统治者颇为关注贡举制度,从科举考试中选拔自己需要的人才,壮大官僚队伍。所以当时朝廷只设一所官办学校即国子监(国子学),学生甚少,而且都是七品以上京朝官的子弟;各地州、县一级的学校也寥寥无几。这种不景气的状况不仅落后于唐代,甚至还比不上五代时期的有些地方政权。直到宋仁宗朝,社会上才逐渐有人注意到教育事业。这时担任一州之长的范仲淹和滕宗谅,慧眼识真金,都先后延聘"专意经学,兼通律吕之法"①并已有较高声望的胡瑗主持当地的州学。胡瑗也不负众望,倾注全力探讨合适当时需要的新的教育体制、教育理论、教学内容。他在湖州州学,特别注意理论与实际相结合,设置不同专业,因材施教。同时,"不惟讲论经旨、著撰词业,而常教以孝悌,习以礼法,人人向善,闾里叹伏"②。此外,还制定了学校的规章制度,"科条纤悉备具"③。经过近10年的教育实践,使湖州州学的"规模去古差近,弟子仵来常数百人,莫不先仁义礼乐为学,其出辞气、动容色,人忽遇之,不问可知,其师为翼之(胡瑗的字)也,磨礲灌溉之功多矣"④。所以在庆历四年(1044年)兴建太学时,有关官署建议朝廷派员至湖州,"取先生之法以为太学法,至今著为令"⑤。这时,胡瑗已第一次退休回家。

宋仁宗皇祐四年(1052年),胡瑗退休后复出,任光禄寺丞、国子监直讲,继续"同议大乐"。嘉祐元年(1056年)十二月,胡瑗受命任天章阁侍讲,为仁宗讲授经史;同时,继续"管勾太学"⑥。在此稍前,在朝廷决定任命胡瑗为天章阁侍讲时,欧阳修担心他就此离开太学,会使太学的"生徒无依,渐以分散",乃写奏状建议朝廷能任命他"同管勾国子监,或专管勾太学"⑦。从此,直到他逝世前5个月,他一直主管太学,太学也因此"其徒益众",原有校舍"至不能容,取旁官舍处之"⑧。胡瑗多年领导太学这所全国最高学府,而且培养出一批杰出的官员,给宋代以及后代的教育以深远的影响,出色地谱写了他一生的光辉篇章。

胡瑗不赞成贡举取士只以诗赋来考试举人,主张改革教育制度,在

---

① 蔡襄:《胡瑗墓志》。
② 范仲淹撰:《奏为荐胡瑗、李觏充学官状》。
③⑥ 李焘:《续资治通鉴长编》卷184。
④ 李焘:《新修四斋记》,载《全蜀艺文志》卷36上。
⑤ 欧阳修:《胡先生墓表》。
⑦ 欧阳修:《举留胡瑗管勾太学状》。
⑧ 李焘:《续资治通鉴长编》卷184、卷189。

学校中专讲"经义"和"时务"。他以教育领域中的改革活动有力地支持了以范仲淹为首的改革派发动的"庆历新政"。

在20世纪的100年中,中国学术界对胡瑗的研究获得了可喜的进展,但是依然存在一些不足之处。首先,由于宋代尤其胡瑗生活的时期官制十分复杂,研究者往往将胡瑗一生的官阶和实际职务相混。诸如胡瑗的官阶如试秘书省校书郎、保宁军节度推官、太子中舍人、大理评事、光禄寺丞、太子中允、殿中悉、大常博士等,这些官称又称寄禄官,是胡瑗当时领取俸禄的官阶,并非实际职务(宋代习惯称官员的实际职务为"差遣")。

其次,由于掌握的文献资料尚有欠缺,造成对胡瑗生平研究的不足。比如近人胡鸣盛撰《安定先生年谱》,是迄今内容最为详尽的胡瑗年谱,但因有的重要史籍尚未见到,所以不免出现了几处疏误。胡鸣盛认为在景祐二年"夏四月庚午,诏天下有深达钟律者,在所亟以名闻。(范)仲淹荐先生通知古乐。诏遣诣阙,对崇政殿。先生至自草泽……"这里,胡鸣盛将宋仁宗下诏征召深谙乐律之人与范仲淹推荐胡瑗,以及胡瑗应召到汴京等三件事,安排在同一天发生。其实,这三件事经历了10来个月的时间。据南宋史学家李焘《续资治通鉴长编》卷116记载,景祐二年四月庚午,"诏中外臣僚及草泽之士,有知雅乐音律得失、测候之法者,许所在荐闻,或自言官司,将校试之"。随后,便有知苏州范仲淹向朝廷推荐胡瑗之事。据同上书卷118记载,景祐三年二月丙辰,"诏翰林学士冯元,礼宾副使邓保信,与镇江节度推官阮逸、湖州乡贡进士胡瑗,校定旧钟律"。接着,又补充说明:"瑗,海陵人,以经术教授吴中。范仲淹前知苏州,荐瑗知音,白衣召对崇政殿,与逸俱命。"这说明直到景祐三年二月宋仁宗才下令胡瑗等人到汴京校定钟律,而这时胡瑗的身份是"湖州乡贡进士"。按照宋代贡举制度的规定,举人没有任何"功名",依旧是平民即"白衣"身份,"乡贡进士"只表明进士科乡试及格。再据曾巩编《隆平集》卷15《胡瑗传》说:"胡瑗,字翼之,泰州人,累举进士不中。"显示他早年多次参加科举考试,未获成功。同时,

"湖州乡贡进士"还证明他在湖州应举,已在湖州生活了相当长的一段时间。这一经历也都为历来胡瑗研究者所忽略。胡鸣盛在宝元元年条提出,是年胡瑗"先生与(范)仲淹书,已不得见。据仲淹与先生书云:'近改丹徒,并获雅问,岂君[子]之心不得弃而然耶? 其(某)念入朝以来,息报人主,言事太急,贬放非一。……"据范仲淹《范文正公奏议》卷下(四部丛刊初编本),范仲淹此信原题《谢安定屯田》。"谢安定"显然姓谢,字也称安定,但名不详,官阶为屯田郎中或员外郎。从姓氏和官阶、履历看,"谢安定"不是胡瑗。

再其次,胡瑗的湖州学法到底有哪些内容,庆历四年新建的太学是否以湖州学法为样板? 学术界也有不同意见。有的学者认为欧阳修在所撰《胡先生墓表》①中说范仲淹取湖州学法只是欧阳修的溢美之词,实无此事。袁征博士在《宋代教育》①一书中认为"这种说法值得商榷"。他提出有关取湖州学法用于太学,"宋代许多文献都有记载",宋孝宗乾道间,朱熹曾写信给知湖州薛季宣了解这件事,希望得到湖州政府当时档案的抄件。薛季宣复信说,由于失火,原有档案皆已焚毁。但他指出,当时朝廷确实为太学拿去了湖州州学的制度:"庆历所取,则今学规与夫作院制器之法。"②不过,袁征博士又认为庆历四年范仲淹兴建太学仅2个月,就离开朝廷,改革派的教育政策受到攻击,"朝廷很快就对学校制度进行了修改"。"在这样的情况下,胡瑗的湖州学法很可能来不及编入太学制度,或者编入了却来不及颁布。欧阳修在嘉祐六年(1061年)还说'至今为著令',这一点确实是溢美"。我很赞成袁博士的前一观点,对后一观点则不敢苟同。对于前一观点,笔者觉得还可以稍作补充。朱熹的弟子曾问:"安定平日所讲论,今有传否?"朱熹答道:"并无。薛士龙(按即薛季宣)在湖州,尝以书问之,回书云并无。如当初取湖州学法以为太学法,今此法无。今日法乃蔡京之法。"③又

---

①　广东高等教育出版社1991年版。

②　薛季宣:《浪语集》卷23《又与朱编修书》。

③　《朱子语类》卷129《本朝三·自国初至熙宁人物》。

说：“今之学规，非胡安定所撰者。仁宗置州县学，取湖州规矩颁行之。湖学之规，必有义理，不如是基陋也。如第一条'谤讪朝政'之类，其出于蔡京行舍法之时有所改易乎！”①说明到南宋时太学实行的是蔡京在宋徽宗时制定的制度，已不再是宋仁宗庆历年间的制度。对于后一观点，笔者以为袁博士忽视了胡瑗自宋仁宗皇祐四年（1052年）十月起担任国子监直讲以及自嘉祐元年（1056年）到嘉祐四年正月第二次退休前一直“管勾太学”这一事实，胡瑗作为太学的学官和长官必然会努力推行自己的教育理论和教学内容、管理办法，并且使之成为当时的学制。所以，到嘉祐六年欧阳修为胡瑗撰《墓表》说“至今为著令”，应该说是有事实为依据的，决非虚语。

最近，江苏如皋市政协组织对胡瑗颇有研究的学者们经过多年的努力，编写出《胡瑗》一书，笔者有幸早些时间拜读这部有一定学术价值的著作的样稿。欣喜之余，对该书作者搜罗之勤和钻研之深十分钦佩。应该说，这是一部较为全面、较为系统介绍和研究胡瑗的著作，它的问世，肯定会进一步推动胡瑗以及中国古代教育史的研究。

朱瑞熙

2000 年 5 月 28 日于上海

（本文为徐建平主编《胡瑗》序，中国文史出版社 2000 年版）

---

① 《朱子语类》卷 128《本朝二·法则》。

《宋代江南城市研究》序

 陈国灿同志曾跟随我学习,攻读博士学位,现在浙江师范大学人文学院历史系工作。几年前,他与该校奚建华同志合作,撰写了《浙江古代城镇史研究》一书,并由安徽大学出版社于 2001 年 1 月正式出版。在该书《序》中,我提出:"迄今为止,海内外学术界尚未有人撰写出一部全面、系统地论述中国城镇的通史或中国古代城镇的通史,即使范围缩小至诸如现今某一省区的城镇史,似乎也是一个空白点。"而该书"填补了我国区域城镇史研究的一项空白,同时,他们的研究视野、研究方法等也为我国其他区域城镇史研究提供了一种有价值的模式"。因为是一部前所未有的专著,在这一领域具有开创性,所以不免给予较高的评价。此后,陈国灿同志经过三年的潜心研究,又完成了他的博士论文《宋代江浙城市研究》,并且顺利地通过了答辩。在此基础上,他精益求精,充分考虑和吸收国内外有关专家学者所提出的宝贵意见,认真地进行修改补充,最后正式定稿,这就是读者现在手中的这部著作。如果读者注意到这部著作与前一著作的关系,便不难发现,这部著作正是他基于前一著作的研究,进一步深入探讨包括两浙东、西路和江南东、西路在内的宋代江南地区城市发展变化后获得的新成果。

 从中国古代城市发展的历史过程来看,宋代无疑是一个引人注目的转折点,其突出表现是:传统的郡县城市日益突破其政治、军事性质所构成的限制,向着真正意义上的社会中心转变;在城郊和广大农村地区,作为新型商业和经济中心的市镇大量涌现,不仅改变了郡县城市一统天下的城市发展格局,而且使城市活动越出城墙,向农村地区扩展和渗透,进而逐渐形成了较为系统的城镇等级网络体系。在古代城市发展的这一转变过程中,江南地区走在全国各地前列,其许多方面颇具典型性和代表性。从某种意义上讲,两宋时期(特别是南宋时期)全国城市发展重心的南移,主要表现为江南地区城市的兴盛和繁荣,并由此奠定了此后江南城市在全国的领先地位。因此,对宋代江南城市的研究,不仅有助于进一步揭示这一时期江南社会发展的特点,而且也是深入认识此期城市形态转变的一个重要方面。《宋代江南城市研究》一书,正就此作了有益的探索。

难能可贵的是,陈国灿同志在这部著作中尝试将历史学和经济学、社会学、文化学等学科的基本理论和研究方法有机地结合起来,对两宋时期江南地区城市的经济形态、人口状况、社会结构、街区布局与市政建设、社会管理、文化教育与社会生活等领域,作为较为系统、深刻地研究。如所周知,西方史学界多年前就已经推出了"新经济史"学,作为历史学的一个分支学科,受到了国际学术界的广泛关注。其实,这一学科的本质特征就是社会史和经济史的紧密结合,尤其重视对社会结构和社会生活的探索。近年来,我国史学界也开始注意到这门新兴学科,称之为"经济——社会史"学,或者"社会经济史"学,并就其学科定义和研究范围、理论、方法等展开讨论。同时,专家们在提出建立我国自己的"经济——社会史"学时,还注意到中国城市史的研究。他们指出:"我国近几年城市史研究较热,但由于照搬西方的研究模式,没有建立起自己的城市史理论和方法,因而问题不少。"①我不清楚这里所指"问题"的内容及其存在何处,但我想既然作为一门新兴的学科,大家都在努力探索,不足之处自然在所难免,大概这些不足之处就算是"问题"吧。回过来看陈国灿同志的这部著作,就其基本内容而言,可以说是"中国城市史"研究的一项新的成果;就其运用的研究方法和理

① 《光明日报》2001 年 12 月 11 日《史学前沿》载《众名家关注"经济——社会史"》。

论而言,则完全是属于"社会经济史"学科的一项新成果。我比较自信地认为,这部著作不仅填补了我国断代区域城市史研究方面的一项空白,而且全书的框架结构、研究方法等也可以为其他朝代或其他区域的城市史研究提供某种意义上的借鉴。由此,我联想到我们史学界同仁为什么不按此思路编撰一部新的多卷本中国城市通史呢?依我之见,依靠国内史学家的共同努力,经过三五年的工作,必定能编写出一部高质量的中国城市通史来。

这部著作的可圈可点之处甚多,从中还可以看出陈国灿同志的一些思路。诸如他将宋代江南城市细分为三级:第一级为州级城市,第二级为县级城市,第三级为市镇(镇市和草市)。到南宋时期,前两级城市的具体形态,又大致分为综合型、经济型、政治型、港口型等四类;第三级的发展形态,又大致分为环城、农业、手工业、商品转运、沿海港口、消费性、乡村墟市等七类。由此展开对各级城市的经济形态的研究,再逐步深入到城市的人口状况、社会结构、社会管理、社会生活等方面。应该说他的这些思路比较符合宋代社会的历史实际,所以是站得住脚的。

诚然,这部著作中有不少问题只是陈国灿同志自出机杼提纲挈领地加以论述,并没有进一步展开,所以不免使人感到有些美中不足。这可能与篇幅的限制有关,我自己曾也有过类似的切身体会。希望以后有朝一日,陈国灿同志能在客观条件允许的情况下,撰写出一部内容更加充实、全面的宋代城市史,以便全始全终,以奏肤功。

是为序。

2002 年元月于上海寓所

(本文为陈国灿《宋代江南城市研究》前言,中华书局 2002 年版)

《南翔镇志》前言

一

南翔镇,现属上海市嘉定区,地处上海市中心的西北、嘉定区东南。因其境内有上、中、下三道槎浦,而古称槎溪。南朝梁武帝天监四年(505年),在此建白鹤南翔寺,因寺成镇,并以寺得名。距今已近一千五百年,是中国历史上著名的古镇之一。

明、清时期,南翔的社会经济和文化已经十分发达。这里盛产一种刷线的棉布,称为"扣布",质地"光洁而厚","制衣被耐久,远方珍之"。镇里商铺林立,各种字号的布店专售此布,布商们"鉴择尤精",在国内颇有名气,清末曾获南洋劝业会银奖。清初,本镇居民石氏发明郁金香酒,"色、香、味俱佳,名驰京国"(《南翔镇志》卷1)。工商业的繁荣,必然促进文化的发展。明、清两代南翔人才辈出,涌现一批知名学者。如明代全镇有进士十人、举人十六人、贡生十四人,其中不乏名士名流:李流芳是著名的书法家和画家,其作品"俱入神品",至今仍为各地博物馆所珍藏。李流芳还是诗人,其"诗则信笔抒写,天真烂然",与其兄弟元芳和名芳"并名噪词坛"。再如王圻,是一位文史专家,其著作《三才图会》、《续文献通考》、《古今考》等至今传世,一再重印。李流芳的诗文集《檀园集》以及清代陆廷灿《续茶经》,王澍《竹云题跋》和《淳化秘阁法帖考正》等著作,皆收入《四库全书》。这些著作丰富了中国历史文献的宝藏,为中国文化的发展作出了贡献。

近代以来,南翔镇更为发展,成为全国尤其是华东地区一个著名的城镇。1932年初,日本侵略军袭击上海闸北,蔡廷锴将军率十九路军奋起抵抗,总指挥部便设在南翔。南翔人民积极协助驻军挖掘战壕,修筑公路,供应衣粮,救护伤员。1949年10月新中国成立后,南翔古镇更是发生巨变。1983年,南翔镇与南翔人民公社合并,实行以镇管村。合并后的南翔镇,总面积33.16平方公里,其中集镇面积1.3平方公里。1992年,被列为上海市历史文化名镇。2000年,南翔镇国内生产总值(增加值)246 764万元,其中三资产业占比:第一产业2 800万元,占1.1%;第二产业164 044万元,占66.5%;第三产业79 920万元,占32.4%;劳均收入8 482元,人均收入4 581元。同年,全镇总人口46 962人,人均国内生产总值(增加值)52 545.5元,合美元6 300多元。同年,南翔镇获国家卫生镇、上海市绿化示范镇、全国学校艺术教育工作先进单位等荣誉称号。此外,南翔还保留始建于五代的南翔寺塔,此塔是国内仅存的一对年代久远的仿木结构楼阁式砖塔。镇中还有颇具江南风格的明代古典园林古猗园,是上海市郊名园之一。

显而易见,现代的南翔镇有着深厚的历史文化积淀,这些积淀也反映在清代嘉庆间(1796—1820年)编纂成书的《南翔镇志》中。可以这样说,这部《南翔镇志》是南朝梁武帝时期到清代中叶南翔历史的一个总汇。

二

《南翔镇志》共十二卷,是清代乾隆、嘉庆年间南翔镇人张承先编纂、程攸熙增订的一部南翔镇镇志。

南翔镇志最初名《槎溪志》或《槎溪里志》,共三卷,南翔镇人杨志达编撰,康熙五十一年(1712年)完稿,未曾刊刻流传。约乾隆四十一年(1776年),张承先据此续编,仍称此名,也未刊印。至嘉庆十一年(1806年),程攸熙在张承先稿本的基础上,删繁订讹,并增补近三十年的史事,改名《南翔镇志》,于次年由寻乐草堂付梓。民国十二年(1923年);陈栩依据嘉庆木刻本和传钞本精心校勘,由凤翥楼铅印成书。该书设疆里和营建、小学、职官、选举、人物、艺文、杂志八门,卷首附《南翔镇图》和《三槎水利图》、《云翔寺图》,另有嘉庆十一年嘉定知县吴桓、嘉兴知府李赓芸、增订者程攸熙,及民国十三年(1924年)陈栩所撰序各一篇。

杨志达和张承先的《槎溪志》或《槎溪里志》的两种稿本,距今二百余年,已经失传。程攸熙的《南翔镇志》十二卷本,如今亦甚罕见,据《上海图书馆地方志目录》(1979年编印),上海图书馆藏有寻乐草堂本和钞本、民国十二年本各一套,日本东京内阁文库收藏寻乐草堂本一套。对照寻乐草堂本和民国十二年本,发现民国十二年本内容详备,校勘精当,确是较好的版本。今以民国十二年本为底本,校以寻乐草堂本,此外,参校明代万历《嘉定县志》和清代康熙《嘉定县志》、《嘉定县续志》,光绪《嘉定县志》,以及其他有关史籍。书中出现的少量异体字,为便于读者阅读,大都径改正体。其余个别明显的错字,则皆径改,不出校记。

三

本书的编纂者先后有三位,他们是杨志达和张承先、程攸熙。此外,还有一些助手,负责校订史实、绘图等。现简单介绍如下。

杨志达,字戴仁,号勷平,又号蒿庐。其父杨世平,国子生,"负才游秦中,佐某中丞幕",曾注杜甫诗集。杨志达入学读书后,"肆力于古,以著作自任"。《南翔镇志》(以下简称"镇志")说他性格怪僻,编写《槎溪志》时为集中精力,"离家寓僧舍"。著作除《槎溪志》外,有《太上感应篇翼训》、《艾深诗钞》、《画饼诗文集》若干卷,另有雍正六年(1728年)撰《重建云翔寺弥陀殿碑记》、《海会堂记》、《服膺堂记》以及《重修九品观记》、《鹤迹石诗》等(《光绪嘉定县志》卷29《金石》、镇志）。生卒年不详,仅知其康熙五十一年和雍正六年的学术活动。

张承先,字诵芬,号史亭。诸生。其父曾任官"仪部","主试楚闱"（镇志卷11）。张承先谙熟明代掌故,凡官员贤否、政事得失,"各有论断";所撰古文"清矫拔俗"。尤其留心乡土文献,继杨志达后完成《槎溪志文》（《光绪嘉定县志》卷19《文学》）。生平诗文编成《钓珊瑚庄诗文钞》六卷（同上,卷27《别集类》）。生卒年不详。据镇志载,所撰《云翔寺新建观音阁记》、《万寿寺心月楼铭》、《重建杨柳桥碑记》、《双庙捐田记》、《培香遗稿序》等,皆在乾隆三十年以后完成;续编《槎溪志》则在乾隆四十一年完稿。由此可知,他的主要活动是在乾隆三、四十年间。

程攸熙,初名廷俞,字宝辉,又字謇堂。生于乾隆十七年（1752年）,病逝于嘉庆十五年（1810年）,享年五十九岁。诸生。受业于王绅,"推演师说,著《四书尊闻编》"。嘉庆九年（1804年）夏,南翔水灾,米价腾踊,邻境闭籴,他投牒县衙,"详请给票赴籴,民赖以安"（《光绪嘉定县志》卷19《文学》）。其著作除《槎溪志》、《四书尊闻编》外,有《吹影编》四卷、笔记四卷（同上,卷26《杂家类》）。此处"笔记",疑即《移棺杂说》,其所居名"移棺草堂"（镇志卷11）。另有嘉庆元年（1796年）撰《重修云翔寺海会堂记》、《仙经堂记》等（镇志卷10）。

以上三位编纂者,都是清代的诸生,他们在科举考试中并不得志,或者根本没有参加过科考,所以从未涉足官场。但他们都是饱学之士,能诗能文。杨志达生活的年代稍早,张承先和程攸熙均活跃在乾隆和嘉庆时期。乾嘉学派严谨的学风自然会对他们的治学产生影响。同时,张、程（包括他们的前辈杨志达）都热衷于乡土历史的研究和著述,而张承先还对明代历史有较深入的了解。所以,在编写镇志时,注重资料的搜集和整理,如张承先"蒐罗采访,颇费苦心"（镇志卷首李赓芸《序》）,还派员实地调查所有河道和桥梁、道路、重要人物等,"综核无遗",而后"登之于简"（同上,吴桓《序》）。经过他们不懈的努力,终于编成镇志,为后人留下了一笔弥足珍贵的文化遗产。

在编纂镇志伊始，他们专门研究过体例，主要是为避免与嘉定县志内容重复。镇志凡"赋役、户口、保甲、乡约概不载"，赋役部分仅保留明代崇祯年间"嘉定漕粮永折"一事，因为此事"系里人张徵君鸿磐首功"。有关风俗、岁时、占候、方言，因"吴俗大略相同"，县志已载，镇志便从略。诗文一类，只收前人的作品，考虑到数量太多，所以"时贤概从割爱"（以上见张承先撰《凡例》）。程攸熙在《增订南翔镇志凡例》中指出，增订本的体例与张承先本有不同之处，如"沿革"部分，张志内容较简，程志则参照县志体例，增加了表，"似较详备"；选举部分，也依据县志体例，另立"科贡表"；有关诗文，张志另列《文艺门》收录，程志则取消此门，将诗文分散系在相关的"本事"即人物、官廨、书院、庙坛、书目、寺观、园亭等后；其余凡程志增补张志的内容，皆一一注明"熙增"云云。

为保证镇志成为一部信史，张承先、程攸熙都聘请了一些学者和官员协助编纂。接受张承先邀请的有陆镜和石藻、程本仁、蒋荣等四人。陆镜，字明照，乾隆三十二年（1767年）岁贡生，"诗古文词，清老有法"，此次协助张"殚心商榷，斟酌去取"。石藻，太学生，"承家学，著书颇夥"。程本仁，字瑶山，"候选州同"，"喜谈风雅"。石藻和程本仁协助张"博访前辈诗文"。蒋荣，字钧仲，太学生，"以书法称"，此次协助张"校雠亥豕"。程攸熙还聘请了朱抡英和李赓芸等八人"参订"，许国柄和范澄二人负责绘图。朱抡英，字舜邻，受学钱大昕，通经义，乾隆四十六年（1781年）中进士，历任太平府教授、翰林院典簿、实录馆分校官、内廷宫史收掌官等，主讲爱山、箬溪两书院。一生"引掖后进，成就甚众"。著有《纫兰书屋文集》二卷、《慎余斋诗》六卷、《三槎风雅》十六卷等（《光绪嘉定县志》卷19、27、28）。李赓芸，字生甫，又字许斋，受学钱大昕，"学有师法"，"通六书、《苍雅》、三礼，明于历代官制，文有根柢，诗有风骨"。乾隆五十五年（1790年）中进士。历任嘉兴知府、汀州知府等。著有《稻香馆诗文稿》六卷、《炳烛编》四卷等。陆逸，著有《寄傲轩诗稿》。叶长春，著有《邗游小草》四卷。沈金台，字崇辉，诸生，著有《惜芳居诗钞》。汪元桐,字切轩,著有《听雨楼诗钞》。诸玉衡,字星五,又字稼轩,嘉庆间恩贡,钱大昕门生,博通经史,"随笔札记","诗宗唐人"。著有《醉月西庐文稿》二卷、《诗稿》十二卷、《韵辨一隅》八卷、《经史札记》十六卷、《槎溪四子诗选》等。李士荣,字黼廷,贡生,著有《自怡山房稿》。李景董,字学醇,又字桂岩,诸生,"文踔厉风发,沈博绝丽;诗含英咀华,骎骎入古"。著有《桂岩诗稿》二卷和《李仲子诗稿》。范澄,字霖川,又字笠岩,书法近黄庭坚,"尤邃于画","兼通音律、医卜"(《光绪嘉定县志》卷19、28等)。张承先和程攸熙正是先后依靠南翔几乎两代十多位文坛精英的协助,才得以顺利完成这部镇志的,并且有力地保证书中的记事准确,文笔流丽,减少讹误。

民国十二年铅印本的校勘和出版者陈栴,字巽倩,清光绪二十一年(1895年)进士,选庶吉士、散馆授编修,因案革职。死于1928年。

四

《南翔镇志》是一部内容较为完备的乡镇史。记述了南翔的历史沿革、盛衰起伏、人文习俗,具有较高的价值,是研究上海人文历史的重要文献之一。

首先,镇志收录了宋代以后历朝有关南翔的文献,有许多诗文已经失佚,成为绝无仅有的史料。诸如宋代康复古《(南翔寺)建山门并桥记》、张商英《南翔寺诗》,元代僧宏济《南翔寺重兴记》、虞集《槎溪泰定万安寺碑记》、贯云石《大德万寿讲寺记》、杨维桢《齐师鹤诗》等,均可补《全宋文》、《全宋诗》及虞集、杨维桢等人诗文集的不足。甚至连清代著名学者钱大昕的《重修敕赐云翔寺大雄殿记》,既为清代嘉庆间编《潜研堂文集》遗漏,又为近年编印《嘉定钱大昕全集》(江苏古籍出版社1997年版)所无。

其次,镇志保存了明、清时期南翔地区社会经济的许多史料。镇志记载,明代初年嘉定"水利大兴",农作物呈现"十田五稻"状态。但后来"大江忽为平陆,支河遂已绝流,斥卤沙积",难以种植水稻,因而"仅种木棉一色"。但官府征收田赋只收粮食,百姓"力不能支,几议废县"。至成化(1465—1487年)、弘治(1488—1505年)间,"人民逃亡,逋赋廿万"。万历十一年(1583年),经徐学谟倡议,朝廷准予一半的粮食改纳白银。二十一年,进一步准予"永行改折"。至明末即崇祯十四年(1641年),因"军事繁亟",又改命"半兑本色",即一半纳粮,于是"百姓惶骇",导致嘉定境内"野无青草,市寡炊烟",城乡都极其凋敝。这时,南翔徵士张鸿磐奋不顾身,上京请愿,朝廷终于同意全部折纳白银,每米一石折银一两,"解往天津,就彼地买米输纳"。不久,明朝就寿终正寝了。至清代嘉庆十一年,即张承先编成镇志那一年,南翔的民田仍分为"科粮"三斗田、二斗五升田、二斗田、一斗五升田、一斗田共五等,其中绝大部分定为三斗田。由此仍可看出明代田赋的影子(镇志卷12)。

第三,镇志保存了明代末年南翔等地士人结社的情况。明末,江南士人自发结社,藉此结识知己,切磋时艺。天启四年(1624年),太仓张溥、张采、顾梦麟与常熟杨彝,嘉定朱之尚,南翔徐时勉等十一人组织"应社"。镇志所载应社《序》,据吴昌时《七录斋集》卷1《广应社序》记载,系出自吴昌时之手。吴后来觉得"应之为名,有龙德焉",组织应社的目的是发扬"龙德",但应社《序》文字"多恢愕怪宕,不可究诘之辞","及今视之,益杂而弗举矣"。所以,吴另撰一篇《广应社序》,以宣传应社的宗旨,扩大势力。应社后来发展成复社(谢国桢《明清之际党社运动考》)。此外,镇志卷7张子爱传还记载,张子爱从杭州致仕回南翔,"闭门避势,长吏惟读社一见"。所谓读社即杭州读书社,活动于崇祯年间(1628—1644年),曾盛极一时,崇祯末年,加入复社。镇志的这些记载虽然只是一鳞半爪,但仍能弥补其他文献的不足。

第四,镇志保存了明代末年"奴变"的史料。明代江南豪绅拥有众多奴仆,平时,奴仆受尽豪绅的欺压。明末,清军南下,农民起义军揭竿而起。崇祯十七年(1644年),嘉定县富绅的奴仆"皆起为乱,什什伍伍,白昼持兵,迫胁主父,使出券以献"(黄淳耀《陶菴集》卷2《送赵少府还郡诗序》)。南翔的富绅李氏,在这次"奴变"中几乎全家被杀。镇志卷6记载,李流芳之子杭之,"崇祯末,为乱民所害";李名芳之子宗之,"明末,撄触群小死"。李名芳的另一子宜之,在顺治"(甲)申、(乙)酉之际,乡兵构乱,三子被歼"。镇志卷12记载,李名芳的另一子绳之,也险遭家奴杀害。李先芳之孙李拱,因"难作","死于乱民之手"。还透露,李氏家族虽然"累世贵盛,文章誉望高天下",但"乡里传闻,谓其以势凌人,牵制官长,比诸土豪地棍"。这表达了普通百姓对于李氏家族的评价,较县志所载更为详细和接近实际。

第五,透过镇志,读者可以知道南翔是非常富有文化底蕴的千年古镇,从中可体悟其宗教文化、园林文化、饮食文化、商业文化等。市政规划者可以从中领略它的桥梁、园林、河道、楼亭等的来龙去脉,制订未来规划的蓝图。

必须指出,镇志的记载也有个别不够准确之处。卷9《书目》说,清初人王澍《南邨随笔》、释敏膺《香域内外集》、陆廷灿《艺菊志》、石球《性理提纲》和《有兰书屋诗稿》五种书皆"采入《四库全书》"。但据查,《四库全书》其实并没有收入这些书。据乾隆五十五年至五十九年(1790—1794年)刻印颁行的《四库全书总目》,《南邨随笔》、《香域内外集》、《艺菊志》、《有兰书屋诗稿》四种书仅列入"存目",而《性理提纲》连"存目"也未入。

鄙人承嘉定区地方志办公室热情相邀,负责整理点校本书。区志办张振德、倪所安、陈启宇先生还在百忙之中,多次光临寒舍,送来有关版本的复印件及多种参考文献,协助解决了一些疑难问题,谨此致谢。

镇志标点中的不妥之处,敬希读者不吝指正。

2002 年 6 月

(本文为朱瑞熙标点《南翔镇志》前言,
上海古籍出版社 2003 年版)

《安亭志》前言

一

安亭镇现属于上海市嘉定区,地处上海市中心的西北、嘉定区西南。早在六千多年前,安亭就已形成陆地。据考古发现,先人在新石器时代已在这块土地上渔猎和耕种。到汉代,聚合成村落,出现了"安亭"之称。东汉安帝建光元年(121年),汉军将领护羌校尉马贤率兵进攻羌人,因有功"玺书封贤安亭侯,食邑千户"[①]。原来,汉承秦制,大致十里设一亭,亭即停留,为行旅住宿之处。北宋时,在此设安亭乡,隶苏州昆山县。南宋宁宗嘉定十年(1217年),设立嘉定县,安亭乡划归嘉定,次年八月,改称服礼乡。清宣统二年(1910年),改称安亭乡。日军侵华该地沦陷期间,安亭镇划归昆山县,改称新亭乡。抗战胜利后,划归嘉定县,复称安亭乡。中华人民共和国成立后,先后隶嘉定县第六联合办事处、方泰区、黄渡区、黄渡人民公社管辖。1959年10月,建安亭人民公社。1983年7月,政社分设,改称安亭乡。1987年4月,安亭乡与安亭镇合并,仍称安亭镇。2000年9月,安亭镇与方泰镇合并,成立新安亭镇。同年11月,青浦区白鹤镇西元村等三村二组土地划入,至此,安亭镇的总面积达59.97平方公里。

历史悠久的安亭同样有着深厚的文化积淀,至今,还保存着创建于

---

① 《后汉书》卷87《西羌传》。

孙吴赤乌二年(239年)孙吴菩提教寺和创建于宋徽宗政和间(1111—1118年)的普贤教院两所佛寺的一些石刻记录,堪称吉光片羽,弥足珍贵。至元、明、清时期,安亭的文化教育事业尤其发达,著名文学家归有光在此读书课徒,声名远播,安亭于是成为江南地区的文化中心之一。据本志编者自跋说,安亭"当元、明之世,甲第连云,市廛隐畛,秀民畸士,项背相望,而高贤亦于焉讬处,称极盛焉"。至清代前期,据本志卷首嘉定知县吴桓所撰《序》说,安亭"其地参错乎昆山、嘉定两邑之交,饶物产而秀人才,地虽僻壤,而有通都之观焉"。明代和清代前期,安亭共考中进士九人、举人十四人。其中张氏家族数代为官,多人考中进士和举人,或者由贡生、例选、杂进等途径取得一官半职,他们在文学上都有一定的造诣,写作了许多诗文,为嘉定文化的发展做出了贡献。安亭的农田盛产棉花,农村妇女纺纱织布,棉布有浆布和棋花布、药斑布、高丽布及线毯等多种。建国后,尤其十一届三中全会以后,安亭的经济取得了突飞猛进的发展:1958年8月,被定为上海市工业区。次年,被定为上海市卫星城规划中的工业城。至20世纪80年代,上海汽车厂、中外合资大众汽车厂相继在此兴建,于是有了"汽车城"的美称。2000年11月,正式命名为"上海国际汽车城",次年九月全面建设启动。2001年,全镇增加值达人民币285 432万元,人均达53 956元,折合美金6 500元。同时,在精神文明建设方面也取得了骄人的成绩:1998年至2000年连续三年被评为上海市文明镇,2000年还被评为上海市绿化镇,同年8月被全国爱国卫生办公室命名为国家卫生镇,2001年,被评为上海市明星镇。

二

　　《安亭志》,二十卷,是清代乾隆、嘉庆间安亭人陈树德编纂的一部安亭乡镇志。该志成书于嘉庆十二年(1807年)七月。

　　据陈树德自跋,安亭志的编撰过程如下:早在清代康熙、雍正年间,夏澄(著有《濠梁诗草》)、卫楫曾经"有意著录",即编写安亭志,可惜"属草未竟,旋就散轶"。嗣后,陈树德的外甥孙岱"以留心文献为己任,搜存补亡",计划编写《安亭江志》。经过五年的努力,孙岱完成了《人物志》初稿四卷,但天不假年,孙岱突然病死。这份《人物志》后来也称《安亭人物志》。嘉庆十二年初,陈树德受著名金石学家瞿中溶之邀,负责编纂安亭志,经过近半年的努力,即告完稿,随即付梓。再据嘉定知县吴桓为该志撰《序》署时为嘉庆十三年五月,推断该志最后问世当在同年五月稍后。

该志分为沿革、缘起、坊巷、津梁、营汛、水道、风俗、田赋、小学、选举、艺文、古迹、祠庙、冢墓、人物、列女、杂识十七目。水道中又包括水利,风俗中附物产,田赋中附图圩,书目中分为书目和碑目,古迹中附第宅和园亭,祠庙中附寺观。

陈树德之所以能在较短时间里编成这部堪称佳作的乡里志,原因有三。其一是陈树德本人兼通文史,下笔成章,且在当地很有声望,能迅速组织起一批学者参加编纂工作。据《光绪嘉定县志》卷19《文学》等记载:陈树德,字以诵,又字槐江,自称槐江学人,国子生,居安亭镇。生卒年不详。其父陈启贤,生于康熙四十六年(1707年),卒于乾隆二十六年(1761年),生前曾为国子监生,"负干才,擅乡党誉"。陈树德除编撰《安亭志》外,还著有《黄忠节公年谱》(钱大昕撰序)、《三传蒙拾》两书,诗作有《重修张六泉先生墓》《悼金烈妇》等,文章有《谭节妇传》《殷贞女事略》等。所以,编撰《安亭志》对他而言,驾轻就熟,不须耗费过多的精力。

其二是已经有了一定的基础,陈树德之甥孙岱已经编成了一部《安亭人物志》,省去了许多临时收罗资料的功夫。据载,孙岱,字守中。生年不详,约卒于嘉庆十二年稍前。孙岱是一位多才多艺的饱学之士,著作除《安亭人物志》四卷(陈树德据此编入《安亭志》,合并为三卷,即第十六、十七、十八卷)外,还有《三潞斋集》十卷、《守斋类稿》四卷、《白于山人诗集》二卷、《安亭江杂事诗》一卷(黄钟撰序)、《笠泽秋篷集》二卷、《江上青峰集》四卷、《春帆集》一卷、《三潞斋审定金石拓本》二卷、《深竹闲园说印》四卷、《菩提寺文录》二卷、《江渚记闻》二卷等十三种著作,此外还有两种及《归震川先生年谱》一卷(钱大昕、王鸣盛撰序)和《长笛沧波集》六卷,至嘉庆十二年已刻版传世。孙岱的诗作流传至今,尚有《月夜由吴淞江抵顾浦舟中作》《东田晚步》《春暮过菩提寺四首》等十多首,文章有《投钥泉记》(载《安亭志》卷11、13)等。

其三是陈树德邀请到四十多位学者参加该志的编审工作。其中有四十位"参阅者",每卷各二位;六位"校字"。第1卷的"参阅者"之一为钱烈,字安绪,国子生,居安亭。第2卷为陈金华,国子生,居安亭,"精疡科,家藏《补化全书》,治法宗之,应手辄愈"。第3卷为钱继登,字於川,安亭人,陈树德之婿,撰有《中秋夜集含清晖池馆即席》《金贞妇事略》等诗文(载该志卷11、8)。第6卷为张为金,字粹刚,宝山人,撰有《黄孝子歌》。第7卷为张彦曾,字莹闻,嘉定人,嘉庆六年(1801年)优贡,钱大昕门生,"通经史、算术",曾预修《鄞县志》《太仓州志》,著有《邑献杂志》四卷,《更名考》《更氏考》各一卷,《农匜庵诗钞》四卷等。第8卷为张铿华和浦有成。张铿华,字碌亭,嘉定人,撰有《赠陈槐江》诗。浦有成,字瘦生,嘉定人,撰有《月夜过菩提寺》诗。第9卷为钱楷和钱钧。钱楷字范抡,居安亭,国子生,工书善诗,精于音韵,著有《和春居诗稿》。钱钧字毓华,诸生,居安亭,"诗文春容平淡,抒写性情,博涉经史",著有《艺兰吟草》二卷和《经史异同辨》。第10卷为钱元章,钱楷之子,字拜石,国子生,画家,所绘"山水花竹,清逸绝尘,尤工分隶篆刻","为世所珍"。著有《重修张六泉先生墓》文,该志卷首安亭图即出自其手。第12卷为金麠和金凤。金麠,一作金大麠,字菊如,国子生,"能诗,晓音律,花卉人物,绚染有法"。其弟金凤,一作金威凤,字竹君,"工山水"。第13卷为浦熙,字俨斋,嘉定人,撰有《寄陈槐江》诗①。参预"校字"的钱枞,字大木,一字芝舟,诸生,为陈树德之甥,"强

---

① 以上均据《光绪嘉定县志》卷18、19。

识博闻，诗文有根柢，工小篆，笔力古劲"，且熟谙《毛诗》，"于郑笺颇有辨正"。其余五位"校字"，陈世昌是陈树德之侄，陈昌寓和冬荣、夏重、冬槐皆是陈树德之子。综观这四十六位助手的身份，可知他们并非平庸之辈，而是各有专长的才俊之士，从而能够同心协力，以较高的工作效率编撰出这部质量上乘的乡里志。

三

《安亭志》是一部不可多得的取材得当、考订精审、内容详备的乡里志，它记述了安亭的历史沿革、经济发展状况、社会人文习俗等，具有较高的历史文献价值。

首先，他为后人保存了两宋至明、清历朝有关安亭的文献，有许多诗、文实际已经散失，因而即使断简残编，也弥足珍贵。诸如宋钦宗靖康元年（1126年）范浩撰永怀禅寺《诸天阁记》，宋理宗朝礼部颁给菩提禅寺的"指挥"，宋度宗咸淳二年（1266年）陈鉴撰《宋太安人徐氏墓志铭》，元顺帝至正七年（1347年）刘景元撰重修永怀禅寺记，至正九年正印撰《实际川禅师影堂逸事》，元末王原杰撰《平江路照磨王崿墓志铭》等，皆为其他各书失载，足以弥补今人所编《全宋文》和《全元文》之缺。

此外，明代文学家归有光原来已有诗文集传世，如上海古籍出版社1981年出版了《震川先生集》上、下两册（周本淳点校）。但该志所收归有光撰《沈才备墓志铭》（卷15）、《下第归安亭寄友人》诗（卷9），均为《震川先生集》所漏收。明代史学家严衍，精通《资治通鉴》，今存《通鉴补正略》等，但没有文集传世，该志则收录其所撰《张茂仁传》（卷8）。清代大学者钱大昕，近年已经有人为其整理出版全集，且专为辑补遗文，但失收仍多。该志收入其《募修圆元道院疏引》（卷8）、《浙江分巡宁绍台海防兵备道印宪曾墓志铭》、《国学生陈国祥墓志铭》（卷15）、《过家江村旧居》诗（卷11），皆为其诗文集所无。元人赵孟頫的诗，清代学者毕沅和王鸣盛、朱子素等人的诗、文,该志也都有收载,值得读者留意。

其次,该志较为详细的记录宋、元,尤其明代和清代前期安亭地区的水利兴修和农业、赋役等情况。在水利兴修方面,该志与明、清两代的《嘉定县志》详略不同,有些涉及安亭的内容明显较《县志》为详,足以弥补《县志》乃至正史的不足。该志《艺文》收录了明末矢子素《泛吴淞江》,清初马万《濬吴淞江纪事》、汪楷《起夫谣为濬吴淞江作》等诗篇。汪楷诗中生动描述了一项疏濬吴淞江出海口的工程,朝廷拨下十万两库银充经费,征调七万名河夫。河夫整日挖河砍芦根,挑担运泥,可是官府供应的口粮却时时中断,河夫们常常饥肠辘辘,被迫掘麦芽、草根果腹。归有光《与县令书》和《论三区田赋役水利书》,也反映了当时安亭的农业和农民生活状况。

第三,该志卷20《杂识》记载了明代和清代前期出现的一些饶有趣味的自然现象。诸如明代正统(1436—1449年)、正德(1506—1521年)、嘉靖初(1522年),安亭多次出现华南虎。贡士邱岑还掘地发现"坚如石"的"土龙","盘伏约长数丈","首尾、鳞甲都具"。清代康熙五十七年(1718年),人们看到"群蚁"从海中"团结丈余",随潮水飘进吴淞江,"风浪冲击不散"。嘉庆十二年六月二十九日中午,嘉定位字号浦家港遭受龙卷风袭击,记载具体生动,读时如身临其境。卷11《艺文》,则记载清代乾、嘉时期,画家孙漱庵擅长指画,张伯镛赋诗描述其所画扇"杀粉调脂写殿春","指头活泼妙无伦"。应该说。这是较早记载指画的一首史诗。时起荃《题陈槐江建炎遗印拓本》长诗,描述在治河时挖到南宋建炎年间(1127—1130年)的六枚铜铸官印,孙岱曾专门撰文加以考订。

第四,该志多处记载了明初江南富豪沈氏家族的活动情况。据卷5明代沈潞撰沈氏《族谱序》载,沈氏先祖为北宋人沈括。南宋初,沈括之子太常卿沈时昇,由汴邑(治今河南开封)迁至嘉兴。其后,子孙"分居昆山之安亭里"。沈潞的八十世祖沈黼朗"亦居安亭,生万一、万二、万三兄弟,富冠江南,而万三为尤著"。沈潞则系沈万二的子孙,"万二公后改真二,或云即功臣寿二"。沈潞在嘉靖庚子(1540年)"叨""乡荐"。稍后,"谒选云南南安州守"。其侄沈大化"以乙卯魁南闱"。卷17沈真二传,记载明初太祖征讨张士诚,"大军驻扎万二家,万二供助粮饷。事平,以功封朝奉大夫,世袭恩荫"。沈万二后来"以家资付干仆,泛游湖湘而去"。卷20更载在明太祖大吴元年(1367年),"里人沈万二,分宅于浙江湖州府乌程县四十一都二图之胡溇邨"。明军东征张士诚,沈万二"日献粮万石,俵散各营军士"。明太祖给予嘉奖,并"联诗以赐万二"。卷13记载,沈万二之孙沈璧(字廷珪)筑芸轩,用以藏书。以上文献有些专门研究沈万三籍里的学者尚未看到,殊为可惜。

　　第五,该志以较多的篇幅记述明、清时期安亭妇女的生活。诸如卷12《艺文·著述目》,收入清初阚选在之妻叶宏湘(字书成,别字晓庵)的诗集《绣余词草》二卷,且注明"已刻"。卷11《艺文·诗编·闺秀》,辑录了三首妇女诗,其中一首为嘉定人侯承恩《答叶宏湘见怀》,系与叶宏湘唱和之作。另二首为钱仲淑作,钱自号"墨林文史"。可见安亭曾经出现了两位女诗人,即叶宏湘和钱仲淑,她们活跃在当地的诗坛。此外,发生在明代嘉靖二十三年(1544年)安亭的一件十九岁的青年妇女受害致死的冤案,归有光等文人学士纷纷为之鸣不平。卷8《艺文四·事略》,载有归有光撰《书张贞女死事》,详述张贞女坚贞不屈以致被害,以及最后恶徒受惩的经过。卷9《艺文五·诗编》,更是辑入时人冯淮和杨伟、张荆、殷子义、尤徹等哀悼张贞女的诗编。卷15《冢墓》,也辑入林树声撰张贞女墓表,表达了人们对张贞女守身如玉、以死抗争的精神的钦佩之情。这与当时社会上流行的传统道德伦理体系中强迫妇女"从一而终"、"夫死守节"的规定完全是两回事。

　　以上仅是笔者在整理、点校该志过程中产生的初步想法,事实上仁者见仁,智者见智,有识者定会发现它更多的文献价值。

四

陈树德编《安亭志》,现存最早的版本就是清代嘉庆木刻本,卷首有是年五月嘉定知县吴桓所撰《序》,卷末有陈树德自跋。该本印刷精美,每页十行,每行二十一字。民国二十五年(1936 年)夏,安亭又有一些学者准备续编该志,他们"酌定条例,宽筹经费,纠合同志"。此事估计因为第二年十一月日军侵占安亭,大肆烧杀抢掠,被迫中辍。不过,他们为便于参考,决定重印旧志。于是经黄天白和朱起云精加校雠,于1937 年铅印传世。安亭人吴廷铨为此版写了《重印〈安亭志〉跋》,介绍重印的经过。该本每页十四行,每行三十四字。

该志嘉庆本至今存世极少,仅上海图书馆收藏。另,上海图书馆还珍藏陈树德《安亭志·艺文志》稿本两册,不分卷。孙岱的手稿《安亭江志稿》,现存《人物志》一册二卷,后有钱大昕跋,此稿也藏上海图书馆。以上数种均属海内孤本。民国铅印本,实际存世也不多,今仅知嘉定区博物馆犹有庋藏。

对照嘉庆本和民国本,可以知道,后者经过校勘,确已纠正了前者的少数误字,内容则一仍其旧,不过,嘉庆本和民国本个别地方依然有误。如卷 14《寺观》载菩提教寺《唐兴殿记》,定为"后唐"时所作。卷 12《艺文》更将此记石碑定为五代南唐清泰二年(935 年),但就其内容考察,可以肯定是宋太宗至道初年(995 年)以后所刻。

五

本书现以嘉庆本为底本,参校民国本和其他各种文献,如明、清两代的《嘉定县志》、《震川先生集》等。在点校中,发现嘉庆本和民国本均经编纂者或重印者精加雕琢,鲁鱼亥豕之处甚少,因此遇有个别错字,如"绍兴"误作"绍熙","巳"或"己"作"已",皆径予改正,不出校勘记。清代学者因为避讳,将明代的年号"万曆"和"弘治"一律改成"万歷"和"宏治",皆径予改正。

本书最后附上民国本吴廷铨撰《重印〈安亭志〉跋》,以便读者了解民国本的校印经过。

本书承嘉定区志办公室热情相邀,并提供有关版本的复印件,张振德、倪所安、陈启宇等三位先生还在百忙之中多次光临寒舍,提供多种参考文献,协助解决了一些疑难问题,在此一并致以谢意。

本书中难免有标点失误之处,恳切希望读者不吝指正。

2003 年 1 月

(本文为朱瑞熙标点《安亭志》前言,上海古籍出版社 2003 年版)

《南宋史及南宋都城临安研究》序

　　自从杭州市委市政府领导高瞻远瞩，决定在杭州市社会科学院成立南宋史研究中心，并组织国内志同道合的宋史研究专家，致力于对南宋一朝展开全面、系统、深入的研究，合作编写 50 卷《南宋史研究丛书》以来，时间已经过去数年了。

　　记得刚开始时，有个别学者对这一庞大的研究计划和研究形式抱有怀疑态度，甚至认为：即使编写出《南宋史研究丛书》，也不可能填补过去研究的空白，其中有些著作只能是重复抄袭前人的东西而已。

　　事实果真如此吗？回答当然是否定的。众所周知，"实践是检验真理的惟一标准"。数年的南宋史研究的"实践"，有力地证明这类意见并不高明。别人的著作尚未写出，你还没有过目，就先入为主地加以全盘否定，这不就是过去多次批判过的"唯心主义先验论"吗？如今，《南宋史研究丛书》已有 30 余卷问世，经我粗粗翻阅一通以后，觉得这些专著对南宋史的相关问题，确实作了相当深入的研究，创获颇多，它们不仅有助于我们从宏观角度准确地把握两宋时期社会演变的特征，而且在许多方面取得了关键的突破，加深了我们对于两宋历史诸多问题的理解和认识。

　　杭州市社会科学院南宋史研究中心，作为浙江省哲学社会科学重点研究基地之一，为我们全国宋史界提供了一个难得的学术研究和学术交流的平台。凡是研究南宋史的学者，不论地区和学校，也不论学术观点的同异，只要他对南宋史的某一个方面有比较深入的研究，都可从该中心认领到相应的课题,写成专著或论文后,由该中心负责送往相关出版社出版,或以内刊形式发表。近些年来,该中心还多次举办各种形式的学术会议,邀请国内外学者参加,共同对南宋史进行充分的学术交流。这些都令人感到欣喜。

2008 年 10 月,杭州市委市政府又在杭州组织召开了"中国南宋史国际学术研讨会暨南宋定都临安(杭州)870 周年纪念会",这是中国乃至世界上第一次专门进行南宋史研究的国际学术研讨会。我有幸参加了这次盛会,听取了一些精彩的学术报告,拜读了许多论文,并参加了分组讨论,获益匪浅。我十分赞同邓小南教授在代表中国宋史研究会致研讨会的《贺词》中所说,这次研讨会有"来自不同学术背景、具备不同观察视角的学界同仁济济一堂,切磋琢磨,必将对南宋史研究的进一步发展,起到积极的推动作用"。

事实也正是如此。不论日本、韩国、英、美等外国学者,还是大陆、中国台湾和中国香港学者,都本着真正探讨学术的精神,除提交论文外,还在大会或分组会上认真讨论,踊跃发言,学术空气十分浓厚。这次会议,我认为有以下几个特点:一是讨论内容的广泛性。学者们向会议提交的近 80 篇论文,涉及到南宋历史的方方面面,这是在以往有关宋史研究的学术会议上是没有见到的。二是与会学者不论国别、年龄和学术地位,本着学术面前人人平等的原则,都能互相尊重,平等、友好地进行讨论,既能虚心求教,也能大胆质疑;既向对方提出不同意见,又向对方提供史料,以利共同提高;三是在讨论中都能做到摆事实、讲道理,依据事实说话,不乱扣政治的或学术的帽子,真正以理服人;同时,也允许别人保留自己的意见。我想,这不就是我们梦寐以求的"百家争鸣,百花齐放"的学术氛围吗?

我认为这次研讨会所以取得很大成功,主要在于自始至终发扬了学术民主,所以说这是一次学术正气得以充分发扬的学术研讨会。当然,我今后还会十分乐意参加这种心情舒畅并对自己的学术研究有所裨益的研讨会。

欣闻这次研讨会的论文集已经定稿,并即将付印出版,这是一个好消息。我相信这部论文集的问世,必将进一步推动海内外学界对南宋史更加深入的研究。

是为序。

2009 年 5 月 6 日

(本文为《南宋史及南宋都城临安研究》序,

人民出版社 2009 年版)

《北宋宰辅政务决策与运作研究》序

　　展卷阅读本书的读者,立刻都会感觉到这是一部比较难读的专著,为什么比较难读呢? 因为本书探讨的对象本来就是一个具有相当难度的研究课题,不仅需要作者首先熟悉宋朝复杂多变的职官制度,而且需要厘清在北宋时期宰辅政务决策与运作过程中的很多史实。经过作者绝非一朝一夕的不懈努力,加上其卓然的悟性,终于"渡过难关",使本书成为一部具有较高学术价值的成熟的著作。

　　正如作者在《结论》中所说,宋代的宰辅"是一个复杂而庞大的系统,要想做到全而精、深而细的论证并非易事",所以在选题时,将论题"限定在宰辅的政务决策与运作方面"。十分明确地规定了本书的研究对象。同时,作者比较清晰地了解制度史与政治史"有各自不同的研究方法",制度史"偏重制度的前后演变情况,以及推动制度变化的内外在动力,制度形成的原因,施行后产生的影响";政治史则"注重政治演变的规律。政治事件、政治人物、政治环境三者在政治进程中的作用"。在此基础上,作者在探讨北宋宰辅的政务决策与运作时,使两者有机地"结合分析","其中既涉及到决策与运作的机制的演变过程,又涉及到政治事件、人物、背景在机制运作中的影响及所起作用"。作者又在《绪论》中说,本书运用了历史学、统计学、政治学理论,采取比较、统计和史论结合等多种研究方法。在论证方法上,严格秉循"有一分史料,说一分话"的朴学论证传统,做到"以史料为依据,以解决问题为导向,以还原史实为旨归"。由于理论、研究方法、史料运用得当,作者提出的许多新见皆有充分的史实依据,同时使用了著名历史学家范文澜同志主张的较为"持平"的文字,避免了出现一些带有"激情的"主观主义的、武断的结论,因而给人以耳目一新的感觉,更加有说服力。

对于海内外既往的研究成果与相关研究课题,作者力求在必要的学术分野中予以全面透视,由此方能高屋建瓴地立足理论高点梳理整体的研究脉络,不盲从前人,不发空谈泛论,提出自己独立的见解。诸如在第一章第一节《北宋前期宰相机构及相关问题考述》中,深入分析"中书门下"与"政事堂"、"都堂"的区分,指出"中书门下是一个兼具政务决策与执行的实体机构","政事堂仅为中央政府——中书门下的一个议事场所",二者"有着不同的内涵"。至于"都堂",则"在中书之内","作为中书门下办公议事之地的都堂与政事堂是同一场所"。还指出,"政事堂在某些场合中可以指代中书门下,而都堂在宋人典籍中罕有指代中书门下的说法"。在该章第二节《北宋前期宰相官衔的再探讨》中,从研究唐朝、五代到北宋的变化中,不赞成把侍中视为北宋前期"地位最高的宰相"的说法,认为只是此时"宰相之兼衔",并非宰相的差遣,而造成这一现象的原因是"承袭了自安史之乱以来,中书令、侍中逐渐成为功臣节帅加官进爵之阶衔的传统"。在该章第三节《元丰改制后的宰相机构与官吏设置》第二小节中,提出"改制后的中书省实权较大,继承了原来中书门下的大部分权力"。再如在第二章《元丰改制前的宰辅军事决策》中,作者难能可贵的注意到"考释"太祖朝宰相魏仁浦兼枢密使职权的情况,对此都被许多研究者所忽略。太宗朝"始终保持着中书、枢密院对掌文武大政的格局,凡军事决策,太宗独与枢密院计议,中书宰辅集团不得参与"。真宗朝在澶渊之盟前,为抵御辽军及与辽议和,"中书宰相发挥了较为突出的作用,但军国大政同议仍奉行不改";澶渊之盟后,逐步过渡到了"'在京掌事官有公事'二府'聚厅'商议、日常有关事务二府'互报'的新机制"。至仁宗朝,作者认为随着"皇帝军事指挥能力下降",一度实行"宰相兼枢密使制度",后来又实行"二府分理兵民之政"及"朔望南厅议政"制度,具体为二府"可以就朝廷中的重大政治、军事事务讨论协商",但这种"二府同议,并非合一,同议并不代表着二府意见就一致,甚至引起争执"。在第七章《元丰改制后三省决策与政务运作》中,作者认为"三省各自的职权相对独立,使决策权、覆审权、施行权一分为三,分别由中书省、门下省、尚书省负责"。同时,又对三省的职权轻重进行了比较,提出了"中书权重、门下权轻、尚书奉行的三省政务裁决机制一直维系到元丰八年"。此后,太皇太后高氏以左相王珪的去世,作为"调整中枢权力格局的突破口",一是使变法派的代表蔡确由右相升为左相,"从实权宰相降为'无权'(至少是权轻的)宰相",又使另一变法派首领章惇"由门下侍郎迁知枢密院事,虽为升迁,但是离开了政务处理的中心"。哲宗元祐四年(1089年)平章军国重事吕公著去世后,"三省决策机制又逐渐回到三省同班奏事、执政同进拟的状态,并且政令需三省执政同签书才能施行",同时也宣告"通掌三省枢密院事务的结束",等等。此类作者富有创意的思辨,在本书中竟达俯首可拾的程度。

　　作者能够最大限度地利用正史、文集、笔记、方志等的史料,发掘其研究价值,并为本书的论理、实证的展开奠定了坚实的基础。此外,作者绘制了多个图表,比较形象地说明问题。如为论证侍中侍郎仅是"宰相的兼衔",绘制了丁谓、冯拯以"同平章事"衔任相期间的本、兼官升迁过程表、韩琦任相期间官衔升迁表、三公和三师迁转次序图;为论证宰辅军事决策制度的演变,绘制了宋廷二府军事决策的程序图、二府军事决策机制变化图,等等。这些图表给读者带来了焕然一新的感觉,也为此类研究提供了一种全新的诠释方式。

　　当然,本书对北宋徽宗朝的宰辅政务决策与运作研究得还不够,仅在第七章第五节《蔡京时代与三省权力格局的破坏》和第八章第三节《权相主导下三省与枢密院协作机制的破坏》中,以不多的笔墨加以论述,尤其是对荒淫无道的徽宗动辄以"御笔"发号施令,破坏三省权力的格局和三省与枢密院协作的机制注意不够。这就为本书的持续深入研究提供了一个成长的空间。

　　笔者 2011 年初夏,有幸应邀赴南京大学主持作者的博士论文答辩,在参加答辩前已经通读过此作的初稿,在答辩会上,提出了一些供作者进一步修改补充的意见。嗣后,作者经过一年多的不断取舍、修改,尤其对于其中若干内容加以深入钻研,几经充实、完善,笔者重新通读,感到研究水平更上了一层楼。因此,十分乐意为本书撰序。

2012 年 7 月 28 日于上海师大新村

(本文为田志光《北宋宰辅政务决策与运作研究》序言,
人民出版社 2013 年版)

《朱瑞熙教授八秩寿庆文集》序言

人生七十古来稀。但在新的世纪里，人们生逢盛世，随着生活水平的日渐提高，身体素质不断增强，"七十岁是小弟弟，八十岁则多来兮"。这是几年前我在上海师大西部操场锻炼身体时，许多老教师的共同体会。为此，大家成立了上海师范大学中老年长跑队和老年器械健身体操队，选举出队长，制定章程等。其中，我也是一名积极参与者。由于坚持锻炼身体，至今自感快到大耄之年，精神和体质尚可，每天仍能操作电脑几个小时。

回忆过去，不胜感慨。从在江苏嘉定（现上海嘉定区）练西小学读书起，自己连读嘉定县中学、复旦大学历史系、四川大学历史系研究生，整整读书26年，1965年5月才分配至北京中国科学院近代史研究所（现属中国社会科学院）工作，担任范文澜、蔡美彪先生的助手，参加编写《中国通史》。

应该说，自己读书还是认真、刻苦的。当然在嘉定县立中学读初一时，因为家里交不起学费，情绪一度不高，读书也不用功。幸而遇到了几位优秀的老师，如胡淑兰、金仲达、朱育和、顾康、张乃敏等老师。在他（她）们的谆谆教育下，养成了学习的习惯：上课专心听讲，课间好好休息，晚上回家复习功课并预习明天的新课。在朱育和老师的教育下，有几年专攻绘画，画过素描、水彩、油画，去野外风景写生过，在室内画石膏像等。

1956年，我顺利考入复旦大学历史系。在复旦时，由于不会说普通话,平时不是上课听讲、记笔记,就是下课跑图书馆。毕业前一年,因为年纪小(大部分同学是"调干生",读大学前已工作几年)、出身好(中农)、读书用功,被系里安排到谭其骧先生领导的历史地理研究室,参加新《辞海》条目的编写和中国历史地图的绘制。当然,这些都是在老教师的指导下做的,最后不列入作者的名单。但就此学会了一些史料的收集、整理的知识,终身受用不浅。这时,还通读了《资治通鉴》、《宋史纪事本末》等书,为以后的宋史研究打下了基础。

对于当时的整风"反右"等运动,只是随大流,没有积极参加大鸣大放;在批斗同学时,因为自己知道的实在太少,还对被批斗者私下颇为同情,故发言不多。如一位宁波籍的茅姓同学,读书前是解放军副排级干部,大鸣大放时我与同房间几位同学多次劝阻他给校党委书记杨西光贴大字报,但他不管路上有冰雪,还摔了一大跤,坚持从第十宿舍走到教学大楼张贴;不久,"反右"斗争开始,他首当其冲,难逃厄运,被打成"极右分子"。在他被批斗得痛哭流涕时,已后悔莫及,我私下安慰他,劝他不要硬顶。后来他被分配到江西波阳一中教书,"文革"初因为接受1957年的教训,坚决反对学生造反,反而成了"保皇派",被学生整得很惨,最后投鄱阳湖自尽,十分可惜。"文革"结束前夕,我写信与他家里联系,让他弟弟与波阳一中联系,要求给他平反等等,后来不见回音。在毕业前,我写过入党申请报告,党支部书记胡维国回答说:"小朱,你太单纯了。"这句话令我终生难忘。胡维国在"文革"前夕,因为参加市委"罗思鼎"写作班子,"文革"初期,为了死保市委领导,最后受不了复旦造反派的乱整,跳楼自尽,也令人可惜。

1961年7月,我被分配到四川大学历史系。9月初,到川大报到时,系办公室领导建议不如留下当助教。我考虑四川比较"闭塞",交通不便,且正面临三年困难时期,师生首先要解决的是吃饱肚子的问题,所以决定先考研究生再说。于是办理报考手续。由于事先不知道应该考哪一专业,系里介绍几位教授招收几个专业,我因为早就知道蒙文通先生的大名,而他招收的是宋史专业方面,我过去读过一些宋人笔记、《宋史纪事本末》，有一点基础，所以决定报考蒙先生的宋史专业。但手头没有带什么参考书，只好临时找了几册《中国史稿》的征求意见稿，看了一下。一个星期后，即参加考试。好在英语、马列主义和专业课题目不难，英语就考《毛泽东选集》中《中国革命和中国共产党》"古代社会"一节。记得在复旦时，强调学习毛泽东著作，上述一节可以背出。马列主义考卷是跟我同一届的复旦哲学系同学出的题目，内容是经济基础、上层建筑等几个问题。专业课考题是蒙文通先生出的，题为宋代是否"积贫积弱"及其原因。考场设在历史系办公室二楼的一小间内，考生就我一人，监考老师把试卷给我后就离开了。三门课考题都比较简单，自己每门只用一个来小时就交卷，每次交卷时总找不到监考老师，只好托行政办公室老师代为转交。办公室老师见这么快交卷，起初以为我考不出来。

考试期间，我就住在川大望江楼招待所。考取后，搬到教工宿舍。

在川大读宋史研究生期间，前两年赶上三年困难时期，学校里第一次招收研究生，每月只发给助学金36元。按照高教部的规定和四川的地区差价，应发40元。直到快毕业了，有几位理科的研究生从成都工学院的同学处，才知道川大学生科擅自扣掉4元，于是研究生们一起去学生科交涉，要求补发。学生科答应下月起照发，但已扣的就算了，算是留作公积金。研究生们觉得没有道理，决定一起去找一位比较关心学生生活的许副校长，许在学生中威信较高。许答应当月就给大家补发。此事暂告一个段落。但1965年5月，历史系在我的毕业鉴定中旧事重提，还上纲上线说我"带头搞大民主"。其实，我只是跟在一些理科研究生之后，并没有"带头"；同时，所谓"搞大民主"，是1957年"反右"斗争时给所谓"右派分子"定的主要罪行。所以，我在毕业鉴定后，写了保留意见，说明自己只是跟在大家后面，并没有带头。这份材料后来肯定保存在我的档案袋里了。后来分配到近代史所工作，我还担心会造成影响，不过直到退休也没人提起。

当时生活比较艰苦，教师食堂只供应凭饭票定量的一种红油素面，连青菜也没有。后来出现了一种"藤藤菜"即空心菜,大家叫它"无缝钢管"。又有一种叫"牛皮菜",要用开水烫过后去掉部分毒素,人才可食用,据说这种菜在农村里农民本来是给猪吃的。这种面条我可以一顿吃六两(十两制),还要喝一碗面汤,才觉得有些饱。有一次,学校安排研究生去龙泉驿种树,这里是石头山,没有泥土,大家两人分为一组,一人掌扦,另一人抡锤,在石头上打洞,辛辛苦苦干了一天,两人才打了一个直径约半尺、深约半尺的洞,最后撒上油麻种子。还有一个洞打了一半,就收工了,没有打完。有一天晚上,领导派我独自一人去照看一片红苕地,我就坐在地里的一只小凳上,手拿电筒,周围万籁俱寂,始终没有见到一个人影,自己心里居然并不害怕。还有几天,安排大家在校园里挖地,种棉花,锄头挖下去,竟然挖出许多空心砖,砖的四周有花纹,搞考古的老师说这些全是汉砖,我抱了一块回宿舍。可惜后来分配到北京工作时,因为没有装砖的箱子,就把砖头留在房间了。

在这种环境下,自己仍能坚持按照蒙文通先生的要求读书,几乎达到了废寝忘食的境地。在此期间,自己养成了每天读书、做资料卡片、写读书日记的习惯。这种习惯使我终生受用。

由于认真读书,一开始历史系把我当作"好学生"的典型在系里宣传,蒙先生也比较喜欢我。有一次,带我和胡昭曦、贾大权师兄去昭觉寺参观。昭觉寺方丈拿出一些寺院珍藏的历代长老的画像和墨宝(已裱成长轴)给大家欣赏,又与蒙先生谈论佛经。吃饭时,也是红油素面。方丈比较客气,特地在面条中多加"海椒",把我辣得嗓子直打呃,蒙先生说添加些醋就会好些。有一次,我单独去水井街73号蒙先生家,他邀我一起坐三轮车去春熙路吃冷饮,蒙先生让我尽量享用。回学校后,我将此事私下透露给一名也是复旦历史系分配来的郑姓女老师,1964年10月,川大历史系搞运动时,她揭发我。此事成为当时"资产阶级专家拉拢腐蚀青年"的一个事例。在川大近四年,我没有问津过成都著名的食品"龙抄手"、"赖汤元"等,直到21世纪初我去川大讲学,蒙先生的哲嗣蒙默先生特地带我去春熙路一家饭店,才陪我享用成都的全套名点。在川大时，我只在星期六或星期日，偶尔去九眼桥下的饭店吃醪糟蛋，即酒酿滚鸡蛋，一角钱一只蛋，二角钱为"双蛋"。

1964年7月，按制度规定，我在川大历史系已经写好了研究生毕业论文，但系里迟迟不安排答辩。10月，学校开始进行社会主义教育运动即"四清"。当时学校里流行一种极"左"的说法，即教育部门已经完全被资产阶级知识专家占领，学生们接受的是一套"封、资、修"的教育，学生年级越高，中毒越深。我当时屈指一算，已经是大学八年级、九年级的学生了，当然是中毒最深。那么，中谁的"毒"呢？显然是指恩师蒙文通先生了。1961年9月，我考上蒙先生的研究生后，一开始在蒙先生家听他讲课，他顺便说些社会上的事情。对于他的这些话，我一般不记录，有的确实也没听懂（蒙先生只说四川话）。待到"四清"时，与别人相比，我揭发不出什么东西来，于是被认为中了蒙先生的"毒很深"，跟蒙先生不划清界限。毕业论文《论宋代的佃客》原是有一定新意的，自己也花了不少精力，虽然没有经过答辩，但在毕业鉴定时还是被论定为有"修正主义"的观点，差点成绩不及格，不能毕业。幸而蒙先生、系主任徐中舒先生等出面力争，我才勉强过关，算躲过了一劫。

回忆至此，我由衷地感谢恩师蒙先生，因为他招收了宋史专业的研究生，确定了我一辈子的研究方向，加上他指导的研究方法得当，由此奠定了一定的宋史研究的基础，所以使我终生受用不浅。另外，他潜移默化地教育我待人要真诚、眼光要远大，实际上是让我做一个正直善良的人。

1965年5月，川大历史系终于放行，突然召集几名毕业研究生开会，宣布我们分配的工作单位，要我到北京中国科学院近代史研究所中国通史编写组报到。当月，我依依不舍地告别蒙先主，坐火车到北京王府大街东厂胡同一号近代史研究所报到。这时，近代史研究所里大多数同志都不在北京，一批1964年毕业的大学毕业生都去山东黄县劳动锻炼，所里十分冷清。所长范文澜同志在他家里（王府大街金鱼胡同）接见我，告诉我：第一，帮他写通史不拿稿费，要稿费的话，自己去写；第

二,帮他整理出宋朝的相关史料,以便继续写通史简编。不过,还没有
等我看什么书,进入角色,当年9月即随一些同事去江西丰城县张巷公
社老洲大队参加农村"四清"运动,我担任一位老干部的助手,即工作
组组长的秘书,并负责老洲二队的"四清"工作。

1966年6月初,农村"四清"尚未结束,史无前例的"文化大革命"
开始,大家从江西匆匆回到北京时,近代史所已经被1964年分配来的
一批年轻同事夺了权。我原以为这次运动与农村"四清"一样,对老干
部在审查、教育后,应该照旧重用,所以对造反派"打倒一切"的极左做
法十分反感。于是与两位志同道合的青年联合,拉出一派,成立一个小
"兵团",与造反派唱对台戏,专挑他们的毛病,无形中成了一名铁杆保
守派。很快,给造反派作为所里的"小三家村"打了下来。不过,因为
自己家庭出身中农,1965年毕业,也属于"革命小将",只在组里作了一
次检讨,就没有事了。

随后,上面往学部派来"军、工宣队"后,学部立即开展清理阶级队
伍的运动,接着又开展清查所谓"五·一六"反革命集团的运动。宣传
队安排我参加清查"五·一六专案组",与一位中共党员的女同事,一
起负责所谓一套班子即老造反派"五·一六分子"的清查工作。这场
运动规模很大,几乎全国都掀起了又一场运动。在这次运动中,我从没
有到被审查的同事家去查抄,也没有在批斗会上动过手,只是整理被审
查者的交待材料,但自己思想深处也确实有极左的东西。1972年10
月,从河南信阳明港回北京后,见专案组只有被审查者的交代材料,没
有物证,且专案组成员也被列入怀疑对象(影影绰绰地知道另有一个
专案组在整理我们的"五·一六"材料),便立即退出专案组,回中国通
史编写组,找蔡美彪同志报到,从此重操旧业。最可笑的是,有一天外
地来了几个人,说是调查中国农民战争史编写组组长孙达人的"五·
一六"问题,说该编写组是一个"五·一六"支队,孙是支队长。1967年
初,我因为"逍遥",被近代史所"文革小组"派到建国门内历史所参加
中国农民战争史的编写工作,组长是孙达人,当时大家真是认认真真地

工作,最后写出了稿子,至今我还保留自己执笔的底稿和整个农战史的油印稿。我告诉他们:所谓"五·一六"是一个冤案,所有材料都已集中销毁了。说明直到1972年10月后,尽管北京已经结束这个运动,但外地的余波还未平息。

在通史组,我协助蔡美彪同志编写了中国通史第五、六、七册的工作(该书由人民出版社陆续出版)。1984年底,经近代史所沈自敏同志介绍,与上海师范大学历史系程应镠教授联系,全家调到上海,我进入该校古籍整理研究所,一度担任所长。不久发现,古籍所人员来自多个部门,分为中国古代史、古代文学、汉语词典、资料室四个研究室,学科关系较为复杂,自己也缺少领导经验,一度提出的"一碗水端平"主张根本行不通,所以立即向学校请辞。

调到上海师大前后,我参加了由邓广铭、程应镠先生主编《中国历史大辞典·宋史卷》的编写工作,是主要的编写者和审稿者之一。该书于1984年12月由上海辞书出版社出版。在该书中,我承担当时学界少人研究的宋代选举类条目,从此在官制、铨选、科举、学校、法制等方面做了初步研究,积累了许多知识。

随着研究的逐步深入,我主张应该对两宋近320年进行全面的探讨,不局限于北宋或南宋,或者某一制度、某一人物,所以后来就撰写了《宋代社会研究》(中州书画社1983年12月版;台北弘文馆出版社1986年4月版)。当然,此书对宋代社会只研究了一半,尚缺另外一半。21世纪初,我与程郁同志合作,编写《宋史研究》一书,作为"二十世纪中国人文科学学术研究史丛书·史学专辑"之一,2006年1月由福建人民出版社出版。

我认为,在中国历史发展的长河中,唐、五代以来随着社会生产的发展,从阶级关系到政治制度都发生了一系列的变化,大致到宋代定型。宋代处于中国相对稳定的发展时期,作为当时的世界大国,经济、文化诸方面的成就,在世界上居于领先的地位,对人类的文明做出了重大贡献,产生了深远的影响。南宋和蒙元都拥有世界级的军队,南宋坚持抵抗蒙元军队近半个世纪,与之多次决战。在北宋、辽、西夏与南宋、金、蒙元的关系上,从历史长远看,两国间的和平局面对广大百姓有利,避免了大批百姓在残酷战争中经受的生离死别,所以也要肯定双方的和议。宋朝不等于就是"中国",契丹族、党项族、女真族、蒙古族等都是古代中华民族的一部分,不是"外族",他们的存在具有正当性。10世纪到13世纪的中国,并立着辽、西夏、两宋、金、蒙元诸国,是中国历史上的又一次南北朝的并立时期。

从1992年起,我受中国历史文献研究会推荐,主编二十五史系列专书辞典之一的《宋史辞典》。该书在上海师大科研部门得到2 000元的经费,扣除管理费,实得1 800元。幸而又获得河北大学宋史研究中心和山东教育出版社各50 000元的资助。参加编写条目者有四十多人,都是宋史方面的专家。最后,为了按照词条的字数和笔画顺序编排稿子,聘请一些本科生,少数是教师和研究生。工作期间,中午从校食堂订客饭,每天还支付劳务费。最后经费不够,自己还贴进20 000元退休金。全书校样2015年、2016年陆续看完,除图版外,共4 059页,约共945.7万千字。为统一体例、文字,由自己一人审读校样。该书明年将由山东教育出版社出版。我相信该书是一部学术质量甚高的辞典,必将嘉惠学者。

顺便提及,我对待自己学生和同行的论著,始终主张与人为善,坚持从平等的学术角度,依据"批判从严,处理从宽"的原则,仔细认真地阅读,尽可能核对所引史料,肯定成功之处,同时又指出其中的不足,订正错讹,最后尽力帮助他们发表或出版。

（本文为戴建国、陈国灿编《朱瑞熙教授八秩寿庆文集》序言,
中国商务出版社2017年版）

《王韶研究丛书》总序

　　在宋朝近三百二十年的历史长河中,涌现了许多政治家、军事家、思想家等,他们都为中华文化的发展、繁荣做出了贡献。

　　北宋中期的官员王韶,因为"开熙河""断西夏右臂",在宋、夏史上留下了浓墨重彩的一笔。早在 20 世纪 70 年代笔者参加编写《中国通史》(人民出版社,1978 年 4 月版,第 157、162 页)第五册时,曾两次提及王韶。一次是记载他在宋神宗初期,以同管勾秦凤路经略司的机宜文字身份,在陇州古渭寨设置市易司,管理商贸,每年获利一二十万贯。熙宁五年(1072),神宗据此颁布市易法,成为王安石新法的主要措施之一。又一次是王安石任命王韶为秦凤路沿边安抚使,采纳其《平戎策》断西夏右臂的战略方案,发兵抗御西夏。是年八月,王韶战胜吐蕃。次年二月,再次出兵攻占河、洮、岷、宕等五州,取得了北宋王朝对外作战的胜利,王韶因此加官晋爵。20 世纪 80 年代初,在《中国历史大辞典·宋史卷》(上海辞书出版社,1984 年版,第 45—46 页)中,陈振先生首次概述王韶的一生。近年,笔者主编的《宋史辞典》(待出,山东教育出版社,校样第 148 页)中,自然也收入王韶条目,内容较陈振先生所写为详,文末还指出王韶曾著《敷阳子》等书。

　　应该说,王韶是一位值得肯定的官员。近年,王韶的历史引起他故乡专家学者的注意。江西省文化厅孙家骅先生首先写出《试论王韶出师熙河》一文,载笔者《八秩寿庆文集》(中国商务出版社,2017 年 10 月版)第 236—243 页。该文论述王韶一生的业绩之一,除引用了《宋史》

《宋会要辑稿》等宋代主要文献外,还发掘出未刊本《德安〈王氏重修宗谱〉》、江西省博物馆收藏王韶前妻《宋故华原郡夫人杨氏墓志铭》等,更显得珍贵,足以弥补正史的不足。如今,家骅先生经多年之力,编成"王韶研究丛书",将进一步为《全宋文》《宋代墓志铭》等已经付梓或待出的宋代文献总集增添新的内容,为宋代历史的研究做出新的贡献。

　　谨序。

（本文为孙家骅主编《王韶研究丛书》总序,
江西高校出版社 2018 年版）

杂　　著

目　　录

学生掘土觅砖发现一座宋墓

（本报讯）4月5日，嘉定县练西小学学生在该校大操场后掘土觅砖时，发现一座宋墓，掘得墓碑铭和碑盖二块，碑盖书篆文"宋姑苏孙府君墓志铭"，为北宋书法家韩正彦所写。碑铭为魏碑体，章粲所写，共五百多字。钱藻（惟演）起草。此外有隋唐宋各代铜钱八枚、青铜镜一面、五足铁香炉一只、青砚台两只等。

（本文发表时未署名，刊载于《新民晚报》1958年4月14日）

陈化成和吴淞炮台

　　一百多年前,在吴淞炮台曾经发生过一场惊心动魄的反对英国侵略者的殊死战,这就是被称为"上海鸦片之战"的吴淞血战,民族英雄陈化成就是在这次战斗中英勇殉国的。1840年英国侵略者发动鸦片战争,清朝以江南地重,遣调原厦门提督陈化成为江南提督,驻守吴淞,这时,他已是七十余岁的老将了。英军侵袭浙江沿海后,他在吴淞日夜训练军队,又仔细勘察地形,沿海塘建筑土堡二十六个,立志给侵略者以致命打击。陈化成,福建同安人,士兵出身,一向爱护士卒,得"陈老佛"的尊号。一次天气突然奇寒,大雪压帐,他竟整夜不眠,踏雪行营,巡视部下,凡是衣服单寒者都给以棉衣。士兵跟他相处犹似家人。他与当地人民的关系也很密切,军纪严明。

　　1842年,战争继续进行着,英国侵略者图谋进犯长江,以攻占南京,扼断江南漕运,进一步要挟清政府无条件地接受英国所提出的全部卖国条款。六月八日,英军以火轮船三只,于船的两舷立上九个木人,试图探察吴淞炮台的火力。陈化成识破其诡计,不动声色。十三日,英军聚集更多的战舰,封锁长江口岸,拦击往来商船。

　　十六日,英军舰队发动进攻。陈化成率师守御西炮台,身先士卒,手执红旗指挥发炮,接连击沉击伤大小英舰七艘;敌人不得不稍稍退却。战争原可以坚持下去,但江南总督与东炮台守将此时均畏敌遁逃。英军于是自宝山城南上岸,集中全力水陆夹攻西炮台。陈化成此时孤军绝援,仍然坚持抗战,虽然身上负伤七八处,还要亲自帮士兵点火发炮。士兵皆受感动,人人奋不顾身,最后因弹中胸部,陈化成倒地口喷鲜血而死。吴淞失陷后,长江大门已开,英军于是进一步进攻镇江、南京。

　　陈化成牺牲后,吴淞人民为褒扬他的英勇不屈爱国精神,特在吴淞建祠纪念。

（本文刊载于《解放日报》1959 年 7 月 19 日）

"红头"起义

　　一百多年前,上海郊区各县爆发了一次轰轰烈烈的农民起义。反对清朝封建统治者和土豪恶霸。起义军义旗一举,四方响应,声势雄壮,清廷震惊。

　　鸦片战争以后,清朝政府为了填补大宗鸦片赔款和鸦片贸易中的亏损,在全国范围内,特别在江南地区,增加了大量的苛捐杂税;人民生活处于水深火热之中。1852年,青浦县令竟追征道光三十年前豁免的钱粮,逼迫农民倾家荡产,卖儿鬻女。于是白鹤江里正周立春领导青浦二十多图农民数千人,聚众抗粮。清朝统治者虽然调集军队千余人前来镇压,但是,屡次被手拿锄头,铁搭的农民起义军击败。

　　1853年3月,太平天国克南京,下镇江,军队前锋直指苏州、常熟。上海郊区农民早已跃跃欲试,尤其是嘉定、青浦两县农民正积极准备更大规模的起义,以便同心合力推翻腐朽透顶的清王朝。

　　8月18日,嘉定农民五六百人,在罗汉党领袖之一余步率领下,自南翔攻占嘉定县城,捣毁县署,释放另一领袖徐耀。不久,起义军退回南翔,练兵置械。9月5日,徐耀联合周立春率领起义军三千余人,再度攻入嘉定县城。起义军一入县城,即出告示安民,宣布自己"专杀贪官污吏"。起义军纪律严明,仅向地主豪绅征收军饷钱粮,对百姓秋毫无犯;倘有粮草不足,即出现钱购买,决不硬赊。城内秩序井然,起义军命令各米店照常营业,不许随意抬高米价,因此城内城外开店如常,反而比以前更加热闹了。起义军还告谕百姓,如有抢掠奸淫,只要写小纸条一张,寄到仁义局,立即代为查明讯办。这时,嘉定城上高插尖角黑旗,旗上写着"顺天行道"、"反清复明"等等。

嘉定、青浦农民起义军攻克嘉定后两日,上海小刀会发动起义,占领上海县城。于是两地相互呼应,声势大振,不到半月,徐耀、周立春等连克宝山、南汇、青浦、川沙等地。各县农民也纷纷参加起义军,并支援粮食、灯烛等物。

这时候,清朝统治者匆匆忙忙由进攻太平军的前线,星夜调回重兵。20日,清军数千人分两路攻到嘉定外冈和娄塘,并以洋枪和大炮日夜围攻嘉定县城。起义军于21日夜突围不成,退回城内。22日,城内弹尽,清军攻破城门,蜂涌而入;反动地主武装也乘机屠戮人民。起义军则视死如归,英勇地展开激烈的巷战,但终因众寡悬殊而失败;部分起义军突围。起义军领袖周立春,在巷战失败后于西隐寺被俘,英勇不屈,在苏州壮烈牺牲。徐耀等突出重围,到上海加入了小刀会军队,成为小刀会主要将领之一。

清军在巷战中,残酷地大肆屠戮人民,自嘉定西门护国寺到高升桥外,河水尽赤;清军又在汇龙潭畔屠杀被俘起义军数百人,使潭水变红,其景况惨不堪言。

农民反封建的武装起义虽然失败了,但是起义军用鲜血写成的革命斗争史迹,却万古长青、流芳百世!直到现在,在嘉定、青浦等县的人民中还流传着关于"红头"起义的故事。

(本文刊载于《新闻日报》1959年6月)

热　心　人

　　本月十日,邮递员送来了一件印刷品。包面左下角写着"北四川路"四个字,我很诧异,那里我根本没有朋友,谁写的呢? 等到拆开来看时,噢! 我才明白了。原来元旦那天,我到群众剧场看戏,随身带着一本《文学概论》,不想剧终时把它抛在那里了。大概是这位热心的人发现了它,又从书中找到了我的住址,于是就给我寄来。

　　对这位不知名的热心人,除了感谢他外,我还要向他学习。

　　（本文原署名为"烽火",刊载于《新民晚报》1959年1月20日）

"四不象"

　　"四不象"是我国的珍奇特产,属于鹿类。头似鹿而非鹿,尾似驴而非驴,背似骆驼而非骆驼,脚似牛而非牛,因此而得名。"四不象"体大似牛,毛呈淡褐色,背部较浓,腹部渐淡。角质坚硬,角干分两支,一向前,一向后。性情似鹿温驯、善良,平时行走很慢,快跑时则异常迅速。喜食植物。"四不象"每年五月间产子,幼兽毛呈黄褐色,并有白色斑点,生后三个月,白斑即自行消失。

　　"四不象"曾一度被人认为已经绝迹,最近安徽捕获的五只"四不象"否定了这一论断。"四不象"早在几十万年以前就已生活在我国的黄河流域,至殷商时代,我们的祖先可能已把它当作家畜来驯养了。清朝康熙、乾隆年间豢养在北京南苑的"四不象",在 1900 年 6 月 13 日八国联军侵入北京时,除遭炮火屠戮外,侥幸剩下的几只,也被偷运到英国去了。

　　（本文署名为"朱熙",刊载于《解放日报》1959 年 6 月 13 日）

太平天国的女军

　　绿旗黄幰女元戎,珠帽盘龙结束工。八百女兵都赤脚,蛮莺絜
袴走如风。

　　这是一首描写太平天国前期的女军的诗歌,读过以后,使人想见当
年女英雄们的战斗雄姿。

　　太平天国早在广西桂平县金田村发动起义的时候,就有许多妇女
参加革命,组织女军,由洪秀全胞妹洪宣娇率领,和男子一起并肩作战。
洪秀全首颁诏命:"男将女将尽持刀,现身着衣仅替换,同心放胆同杀
妖……男着龙袍女插花,各做忠臣劳马汗。"号召妇女跟男子一起杀妖
立功。女英雄们用布裹着头,赤着双脚,攀登岩谷,如履平地,勇健胜过
男子。临阵,他们一个个手持刀枪,勇敢非凡。反动的清军,常被打得
落花流水,一败涂地。

　　太平天国最盛时,女兵人数曾经达到十万多人,共成立四十军。太
平天国在建都南京后,女军主要是从事体力劳动和担任守城的任务;必
要时也上阵参加战斗。美国人单治文在参观南京之后,也引起了无限
的感叹,他说:"这里的妇女跟其他的城市不同,她们随便游行,或乘马
于通衢大道,而又绝不害怕外国人,也不回避我们。"

　　太平天国著名的妇女领袖洪宣娇,在金田起义时年龄还不过二十
岁,然而已经开始跟随他的哥哥洪秀全从事革命活动,建立了不少功
绩。最初,她随冯云山(太平天国南王)到广西,组织几百个妇女,独自

成立一军。以后随着革命形势的发展，女军的人数逐渐增多。1852 年
春，洪宣娇曾分兵五路，驰援东王杨秀清，击败了清朝提督向荣，建立了
奇功。从此名声大振。同年秋，洪宣娇的丈夫萧朝贵（太平天国西王）
进攻长沙，不幸中炮牺牲。宣娇获讯后，悲愤填膺，立誓报仇，率领女兵
猛扑长沙，获得大胜。不久，宣娇又带领女兵五千人，进攻镇江。她身
先士卒，出没敌阵，如入无人之境。清军望而生畏，全线溃退。清朝镇
江都司李守仪受惊身死。在太平军建都南京以后，洪宣娇就领导女营
的工作，也为革命出了不少力。

太平天国曾经出现了许多女英雄女豪杰，洪宣娇不过是其中之一。
她是中国历史上妇女界的杰出人物之一。

太平天国对妇女的解放，是中国历史上从未有过的伟大创举，使数
千年来受尽种种压迫、生活极端痛苦的妇女，第一次获得了真正做人的
权利，第一次获得了扬眉吐气的日子。

（本文刊载于《新民晚报》1960 年 3 月 6 日）

菠菜来自尼泊尔

菠菜是在公元七世纪从尼泊尔传入我国的一种蔬菜。它最初名叫"波棱菜"。根据新、旧《唐书》及《唐会要》等史书记载，唐太宗贞观二十一年(647年)，尼婆罗国王派遣使者入唐赠送波棱菜等物。唐代的尼婆罗国，就在今天的尼泊尔境内。这说明菠菜是从尼泊尔传来的。但是，唐代刘禹锡的门生韦绚又提出了另一种说法。他在《刘宾客嘉话录》中写道："菜之波棱，本西国中有僧将其子来，如苜蓿、蒲陶因张骞而至也。绚曰：岂非颇棱国将来，而语讹为波棱耶？"他推测菠菜是从颇棱国传入唐朝的。北宋李昉等人编纂《太平广记》时，沿袭了韦绚的这一说法。张耒为菠菜赋诗，也认为菠菜系"自坡陵国来，盖西域蔬也"。

近代有的学者根据韦绚、李昉等人之说，认为菠菜是从波斯即今伊朗传入中国的，理由是菠菜原称波棱菜，"波"字即与波斯的"波"字相同。但是，他们忽视了伊朗在唐代称为波斯，而韦绚、李昉等人所说的却是颇棱或坡陵。颇棱国在什么地区，现在还不清楚。不过，至少可以肯定，颇棱跟波斯从国名上讲，两者并不能相通；同时，据美国学者劳费尔研究，颇棱是代表某种印度方言中菠菜的音译，不是国名；此外，韦绚之说本来只是一种推测，不足为凭。南宋人陈耆卿在《嘉定赤城志》"波棱"条中说："刘禹锡《嘉话》云：'出颇棱国，有僧携子而至，俗讹为波棱。'按唐《西域传》：'正(贞)观(二)十一年泥婆罗遣使入献波棱菜。'非颇棱也。"明确指出韦绚之说不可信，而应按《唐书》记载，把菠菜定为从泥婆罗传来的。另一南宋人袁文在《瓮牖闲评》中，也指出"波棱出西域尼婆罗国"。依据以上这些记载，可以肯定，菠菜是从尼泊尔而不是从伊朗传来的。

（本文原署名为"朱石之"，刊载于《北京晚报》1980 年 5 月 6 日）

轿子与花轿

轿子是我国特有的一种载人用具。它是从辇、舆等逐步演变而成的。

相传夏桀以人代畜,制造"步辇"。辇设杠,可由人扛抬,但仍装车轮,又可由人推挽。后来除去车轮,就变成了舆或轿。舆,意是举;轿,意是其平如桥。到汉代,历史上正式有了这方面的记载。诸如"山行即轿","舆轿逾岭",都是指走山路时使用舆轿。舆轿一经出现,就成了好逸恶劳的统治阶级用来代步的交通工具,而当舆夫或轿夫的自然只是一些奴隶或农奴。

汉代以后,舆轿的名目繁多,有肩舆、竹兜、编舆、板舆、步舆、腰舆、兜子等。东晋陶渊明因患脚疾,常坐篮舆。唐肃宗时允许"藩将"坐兜笼。唐宪宗时准许丞相乘肩舆。贵妇朝见皇帝,特经"敕赐",也可坐肩舆。杜甫诗云:"夫人常肩舆,上殿称万岁。"这些舆轿的形制大致跟今天四川的滑竿相似。

从宋代开始,正式出现了轿子。据《清明上河图》和《宋史》记载,轿形正方,饰有黄、黑二等,凸盖无梁,周围篾席,左右开窗,前面设帘,用两根长杆扛抬。北宋规定,在京贵族可乘二人抬的轿子,一般官僚、百姓未经特准不得乘坐。当时著名大臣王安石、司马光等平时出入都只骑马或毛驴。南宋时,官员在京只遇阴雨时才准乘轿,在外地则不拘。诗人杨万里的诗:"行到深村麦更深,放低小轿过桑阴,诗卷且留灯下看,轿中只好看春光。"描写了当时地主士大夫坐轿时悠哉闲哉的情景。

　　据《东京梦华录》《梦粱录》记载，宋代富人娶妇，还用花担子或棕抬子、藤轿（即花轿），去女家迎接新娘。皇室公主出嫁，乘"金铜担子"，轿顶装饰渗金铜铸的云凤花朵，四周垂绣额珠帘、白藤间花。司马光《书仪》说，当时风俗，迎亲时都愿用花担子，不愿乘毡车。

　　宋以后，乘坐轿子或花轿的风气相沿不改，轿子的设备愈加讲究，花轿也愈加富丽堂皇。

　　从轿子的沿革可知，轿子主要是供地主富豪享用的东西，一般穷苦百姓只能当轿夫而不能坐轿。结婚坐花轿，也只是封建时代遗留下来的陈规陋习，在今天完全不值得人们效法。

　　　　（本文原署名"朱石之"，刊载于《妇女》1980 年第 8 期）

"莫须有"和"莫须"

　　秦桧用"莫须有"一词,杀害了岳飞。文化大革命中用"莫须有"的方法捏造罪名,更是盛行一时。"莫须有"一词是什么意思呢? 原来,"莫须",是宋人常用的口头语,表示疑问、推测,意为恐怕、或许。"莫须有"就是"恐怕有、或许有"之意。例如程颐兄弟说过,对西夏"只朝廷推一宽大天地之量,许之自新、莫须相从"①。宋徽宗也说过:"今至此,莫须问他否?"②后代有的学者把秦桧的"莫须有"一词改为"必须有",或者望文生义地把"莫须有"释为"不须有",或者把"莫"字与"须有"断开,这些都是不对的。

　　(本文原署名为"朱石之",刊载于《北京晚报》1980年7月23日)

---

① 《河南程氏遗书》卷2下。
② 《铁围山谈丛》卷2。

宋代人对古莲子的认识和使用

　　黎兴国同志在《辽东半岛古莲子的年代谜》（载《地理知识》1979年第7期）一文中认为，我国到明代开始发现古莲子，并认识到它的生命力和用途。我认为，这一说法不够准确。因为根据宋代的文献记载，至迟到北宋初年，我国劳动人民就已发现了古莲子，并在用来制盐时试卤。宋代太平兴国年间（976—984年）撰写的《太平寰宇记》卷130《淮南道八·海陵监》说："取石莲十枚，尝其（按：指盐卤）厚薄，全浮者全收盐，半浮者半收盐，三莲以下浮者，则卤未堪……"，这说明这时劳动人民已经发现古莲子并加以使用。南宋初年，今江苏北部和浙江台州地区都用古莲子试盐卤。再如《西溪丛语》卷上和《宋会要辑稿》食盐28之20《盐法》等，都有类似的记载。因此，我国劳动人民发现和使用古莲子并不始于明代，而至少应该提前到北宋初年。

　　　　　　　　　　（本文刊载于《地理知识》1980年第3期）

太平天国的童子兵

从 1851 年，洪秀全在广西金田村领导农民举行起义时起，就有许多儿童跟随父兄投身革命。当太平军兵临南京城下时，参加起义的儿童已达几万人。他们被组织成"童子兵"算作"牌尾"。作战时，青壮年战士作前锋，牌尾随后呐喊助威。遇有守城，童子兵头扎红巾，登上城头，敲锣打鼓，壮大声势。一旦强敌压境，童子兵也临阵参战。

童子兵还协助传递文书和军事情报。每遇驿站中途被清兵破坏，太平军将领就把机密要事写在白绫上，缝成小卷，塞在雨伞或竹杖中，由机警的童子兵设法越过敌人的封锁线。

太平天国十分重视对儿童进行教育。由于时代的局限，这些教育不免染上浓厚的宗教色彩。他们在早晚两餐时，要朗诵对"天父皇上帝"的赞美诗，又进行祷告，然后齐声高呼"杀妖"（即杀清朝地主官僚）。遇天雨不能进行军训，儿童就习读"天书"。他们的基本读物有新编的《三字经》、《幼学诗》、《御制千字诏》等。这些书中，也包含了"皇上帝，手段高，教其子，制服妖"等反对清王朝的革命思想。

童子兵先后培养出不少杰出的将领，如英王陈玉成、首王范汝增、来王陆顺德、昭王黄文英等。陈玉成在金田起义时，仅十四五岁，随叔父入营，当童子兵。后"以功超升"，跟忠王李秀成一起，成为太平天国后期的两位主帅之一。

（本文原署名为"朱石之"，刊载于《北京晚报》1980 年 6 月 1 日）

王安石晚年信佛

提起王安石晚年信仰佛教,读者或许会表示诧异:王安石不是宋朝著名的改革家、中国思想史上的唯物主义者吗? 他晚年怎么会信佛呢?

说起来,王安石的学术思想,并非始终如一,而是随着当时政治斗争的风云变幻,改变过多次。尤其到晚年,他因为新法推行不如其意,向宋神宗申请免除宰相官职,隐居江宁府(今江苏南京)钟山,直到十年后于江宁病逝。在此期间,王安石常与高僧交游,探讨佛学,终于皈依佛教,变成了一位虔诚的佛教徒。

王安石生平从不辟佛,反而认为佛书与儒经之理相合,所以他酷嗜佛经,受佛教的影响颇深。在钟山,他师事大禅师瞿昙,又与另一些禅师过从甚密,学佛学禅。他听信真净和尚的劝告,将自己的第宅施舍为僧寺,称"报宁禅院",延请真净为"开山第一祖",每年剃度僧人。他还亲自撰《楞严经疏解》一书,并为《金刚经》作过注,表明他对佛学有一定的造诣。

最能反映王安石晚年笃信佛教禅宗的,莫过于他自己写的许多诗。如《即事二首》中写道:"云从无心来,还向无心去,无心无处寻,莫觅无心处。"所谓无心之说,实出自禅歌:"莫道无心便为道,无心犹隔一重关。""大智发于心,心于何处寻?"连极力为王安石辩护的清人蔡上翔也不得不承认诗中"全类禅家机锋语"。又如《真赞》诗:"我与丹青两幻身,世间流转会成尘,但知此物非他物,莫问今人犹昔人。"这里的"幻身"、"此物非他物",出自佛教《圆觉经》等,王安石借此抒发自己把世间一切视为虚幻的感情。他还在《拟寒山拾得二十首》之四中说："风吹瓦堕屋,正打破我头。瓦亦自破碎,岂但我血流。我终不嗔渠,此瓦不自由。众生造众恶,亦有一机抽。渠不知此机,故自认愆尤。此但可哀怜,劝令真正修。岂可自迷闷,与渠作冤仇。"暴露了他内心的命定论和宽恕、怜悯一切的"菩萨心肠"。这时的他,已经不再是以前在朝廷推行新法时每事据理力争,并大声疾呼"天变不足畏,祖宗不足法,人言不足恤"的王安石了。

　　王安石虽然晚年信佛,但考察他的一生,仍不失为一名改革家和具有一些唯物主义观点的思想家;反之,也不能因为他是一位改革家云云,就忌讳他晚年信佛这一事实。

　　(本文原署名为"朱石之",刊载于《北京晚报》1980 年 4 月 22 日)

寇准并未服药白头

《百家言》栏的《寇准为何服药白头?》一文,目的是说明三四十岁的人可以承担大任。但该文引用《国老谈苑》及《闻见近录》所载寇准服药白头而后任相一事,并不可信。

其实,寇准在宋太宗时并未做宰相。据《宋史·寇准传》和《续资治通鉴长编》,寇准在宋太宗时,历任枢密副使、同知枢密院事等职;淳化五年(994年)升任参知政事,是年三十四岁。《宋史·职官志》说,参知政事"掌副丞相",为宰相的助手,亦即副相;宋初的宰相称"同中书门下平章事"。在宋太宗统治时期,寇准只做到副相。直到宋真宗景德元年(1004年),寇准四十四岁,才由三司使迁为同中书门下平章事,真正当上了宰相。《国老谈苑》及《闻见近录》将寇准拜相的时间提前到宋太宗时,显然与史实不符。这一点,南宋著名史学家李心传在《旧闻证误》卷1中,已经初步指出其"所记皆误"。所以,该文认为寇准"三十多岁(一说四十多岁)便被宋太宗拜为宰相",是不准确的。

此外,宋太宗时尚未以资格用人,磨勘(考核)制度也未形成。该文说:"《宋史》上讲:'太宗取人多临轩顾问,年少者往往罢去。'宋朝还有'三年磨勘进秩之法'。"并以寇准任相为例,证明宋太宗时已经以资格用人。事实是宋太宗时,建国不久,朝廷需要大量官员,当时并非官多,而是不够,所以常常破格提拔。王栐《燕翼诒谋录》卷5说:"国初,擢用人才不问资序,有初补京官便除知州,或差通判。"叶适《水心别集·资格》也指出:"艺祖(太祖)、太宗所用,犹未有定式,惟上所拔,间得魁磊之士。"说明宋太宗时能用人唯贤,不太讲究资格。要不然,寇准也不可能三四十岁就当上了副相。至于该文所引《宋史·寇准传》的那段话,原意是宋太宗亲自复查科举考试中榜的士人,将其中"年少者"刷下。这是由于宋初士人科举登第,立即授官,过于年轻,未历民事,不谙民间情况,很难胜任。宋太宗临轩复查,选拔更多年事稍长者,这对保证各级官府发挥效能不无益处。所以,这并不是以资格用人。至于官员磨勘制度,是宋真宗时正式实行的。

（本文刊载于《北京晚报》1982 年 10 月 9 日）

南宋人关于飞碟的记载

我是一名历史学研究者,多年来对飞碟颇感兴趣。在浏览古代文献时,也注意收集宋代人关于飞碟的记载。半年前,阅读南宋人洪迈撰《夷坚志》一书时,发现卷39《星月之异》,正是宋人对于"天外来客"访问当时中国的两次记录。现将全文抄录如下(由于《夷坚志》有几种版本,彼此在文字上有所出入,现以《笔记小说大观》本为底本,另以1927年商务印书馆铅印本《新校辑补夷坚三志》卷8校补,不同之处即用小字附于下面):

> 绍兴壬申夏夜,饶士王贲之、朱仲宣,因出市,过坑冶司前,忽见天畔近屋数尺,有物如大火星,又如玻璃葫芦,若小若大,累累不绝,更相连络,其色淡青,光而稍昏,缓飞入丰泰门上,高而复低,隐隐堕于肃省仓之阶背,不能穷其源。有识者曰:"此应在千里外,当兆其沴祸。"七月而赣兵不轨。乾道丁亥八月十五夜,天阴月昏,郡人刘、程二生,适主威惠庙灯烛之役,来就贲之同观。还去双牌,群小家方酿会。有二客俟于桥上,一客留,二客俟于桥上,仰头而视,一轮如半月阔,散而为细星,百千万颗,霄汉间翠碧霞采,光灿逼人,不可形容。留者朵颐失声,不得一语。顷之,云复环合,晦昧如初。

由上述记载,可以知道:一、绍兴壬申年即绍兴22年(1152年)和乾道丁亥年即乾道 3 年（公元 1167 年），飞碟曾两次出现在饶州（今江西波阳县）空域。二、飞碟的外形，一为近似球形（"如大星"）而又像陀螺（"如琉璃葫芦"），另一为半个月亮似的圆盘形（"一轮如半月阔"）。三、1152 年的飞碟有许多个，并编成队行，互相联络（"累累不绝，更相连络"）；1167 年的飞碟由一艘庞大的母船为主，从中飞出一个一个小的飞碟（"散而为细星，百千万颗"）。四、1152 年的飞碟呈淡青色，光线稍暗，可能跟它们的飞行速度较慢有关；1167 年的飞碟色彩明亮（"光灿逼人，不可形容"），但很快就恢复黑暗（"晦昧如初"），这跟许多飞碟同时关闭光源有关。

通读这篇记录，使人饶有兴味的是，800 多年前宋人对于飞碟的描写，跟现代人的目击报告，何等相似乃尔！

洪迈生于 1123 年，死于 1202 年，是宋代著名的学者，饶州人。他所撰《容斋随笔》，考订辨证宋以前和宋代的史事、典章制度等，极有价值，为治宋史者所珍视。《夷坚志》一书，是他晚年遣兴之作，收辑大量故事，以多为胜。虽然此书有不少记载属于当时宗教、迷信的传说，但也有很多涉及当时现实的故事和轶闻、掌故、民俗、医药等很有意义的资料。其中《星月之异》，表面上好像在说荒诞不经的故事，其实是对飞碟作了比较真实的记录。虽然他以"星月"为题，似乎误以为这些飞碟为星和月，但他明言系"有物"即一种飞行物，而并非星月。而且飞碟正出现在他的家乡——饶州上空，目击者是当地人王贲之等。王贲之确有其人。在《夷坚志》中，还有《王氏四足蛇》和《社坛犬》等两篇，记述他的见闻。由此知道他是饶州"诸生"（州学学生），家中富裕，役使许多仆人。这说明王贲之并非洪迈向壁虚造的人物。因此，我认为洪迈的《星月之异》，是继沈括《梦溪笔谈》之后又一篇关于飞碟的记载。我相信，在大量的宋代文献中，一定能继续找到一些有关飞碟的资料。

（本文刊载于《飞碟探索》1982 年第 6 期）

排挤宗泽的不是秦桧

　　一篇介绍北昆上演新编历史剧《青春白发黄金印》(现改名《宗泽交印》)的报道,认为此剧"艺术地再现了北宋末年那段历史","它使我们……看到了秦桧奸党排宗泽"。如果就戏论戏,未为不可,但说"再现了"历史,就值得考虑了。

　　根据宋人的大量记载,北宋末年的历史上并没有秦桧奸党排挤、打击宗泽的事实。宗泽死于宋高宗建炎二年(1128年)七月,年七十。秦桧是在宋钦宗靖康二年(1127年)二月被金军俘虏,而后降敌北去的。宗泽在河北、河南坚持抗战的时候,秦桧正在金兵的军营中。直到宗泽死后的第三年,即建炎四年,秦桧才从金营潜回南宋,绍兴二年(1132年)出任右相,次年罢相。绍兴七年,秦桧第二次上台执政后,才逐步组成"奸党",破坏岳飞等人的抗金活动。宗泽生前,真正排挤、打击宗泽的投降派,是宋高宗和大臣黄潜善、汪伯彦。因此,说秦桧奸党"排宗泽",是不符合史实的。

　　(本文原署名为"朱石之",刊载于《北京晚报》1982年12月29日)

宋代官员致仕制度

中国古代称官员退休为"致仕",即辞官、交还官职之意。中国封建社会发展到宋朝,才在官员退休问题上形成一个比较完整的制度。

早在汉朝,官员退休一般不给俸禄。东汉郑均致仕,汉章帝赐予其终身尚书的俸禄,时称"白衣尚书",说明汉朝官员致仕一般是无俸禄的。唐朝五品以上官员乃许致仕,给予一半禄米,不给料钱;必须皇帝"特命",才能领取一半料钱。宋太祖、太宗时,沿袭唐制,官员经皇帝"恩许"致仕,方给半俸。据宋人曾敏行《独醒杂志》、叶梦得《避暑录话》记载,直到宋真宗时,才正式规定文武百官致仕,皆给半俸,从此成为一代的定制。宋朝还特别规定,立有战功的武官,曾经升转两官以上者,致仕时可领全俸,以激励士气。

一般官员在致仕时,皆可升转一官。七品以上官员如不愿升转官资,称"守本官致仕",按官品授给其三至一名近亲以低级官衔,但须由致仕者本人亲自领取朝廷告敕(类似退休证书),方能生效。

致仕的手续是官员年满七十,准备退休,可向所在州府提出申请,获得批准,即可领取致仕告敕。专为朝廷起草重要诏令的翰林学士、知制诰以上官员致仕,须两上表章申请,才予批准。宋神宗以前,高级官员致仕,朝廷虽优进官资,但必须解职。宋神宗时,欧阳修、王素首先带观文殿、端明殿学士致仕,这是"带职致仕"之始。从此,允许宰相以下职事官仍带原职致仕。

官员未到七十岁,如不因病重无法任职,一般不得申请致仕。但如因昏老不能胜任，或自愿退居就闲，奏请朝廷提前退休，称"引年致仕"。也有一些才识过人、精力尚未衰退者，朝廷特命再次出任职务，称为"落致仕"。

宋朝官僚机构日益庞大，官员不断增加，知足勇退者极少，大批年迈官员不愿自动退闲。为此，朝廷作出限制：对年过七十的现任官不再进行磨勘，即不再按照常规每满三年考察一次功过，也即不予升官。南宋时还规定，不准在朝廷举行大礼时奏荐亲属。同时，经常让御史台检查和弹劾年过七十并且精力衰退者，由皇帝出面下令休致，或派其亲属前去规劝。

宋朝官员致仕制度对中国封建社会后期甚至近代的官员退休制度影响极深。

（本文刊载于《北京晚报》1982 年 4 月 3 日）

武松脸上刺的字

《武松脸上刺什么字》一文说，《水浒传》中武松脸上"刺的什么字，小说没讲，但不大可能是'发配孟州'，因为史书上尚无此类记载"。其实，记载是有的。

据宋代法医学名著《洗冤集录》卷2《验未埋瘗尸首》记载，官府检验尸首时，要检查尸体额角、脸部有无刺字，统计大小字体共几行或几字，"若系配隶人，所配隶何州军，字亦须计行数"。又据宋代法典《庆元条法事类》卷75，官府对"强窃盗"，罪重者在额角刺"强盗"两字。再据南宋末人方回《续古今考》卷37，"刺面曰配某州牢城"。这说明：有关宋代犯人刺字或记号的记载并不少；宋代犯人被官府发配某地服苦役，一般都在脸部刺上"配某州牢城"等字。事实上，《水浒》小说已写清楚：武松"脸上免不得刺了两行金印：迭配孟州牢城。"

（本文原署名为"朱石之"，刊载于《北京晚报》1982年4月13日）

"蟋蟀宰相"贾似道

南宋末年,政治十分腐败,出现了贾似道这样的一代"权奸"。他专权跋扈,蒙蔽朝廷,最后虽然遭到了历史的惩罚,但半壁河山却已被他断送了。我们这里介绍了他的一生——

宋代有两个亡国宰相。其一是北宋末年的李邦彦,号称"浪子宰相"。他生平"游纵无检",擅长戏谑、踢球和撰写词曲;任相期间,无所建树,只会对宋徽宗阿谀奉承。金朝兵临城下,他又力主割地议和,导致亡国,时人骂他为"六贼"之一。其二是南宋末年的贾似道,不妨称为"蟋蟀宰相"。他生平斗鸡走马,饮酒宿娼,无所不至;任相后,常与群妾伏地争斗蟋蟀,还总结养、斗蟋蟀的经验,写成《促织经》一部传世。他专权跋扈,蒙蔽朝廷,终于把半壁河山断送给元军,时人骂他为"权奸"。

由"市井无赖"而发迹

贾似道(1213—1275年),字师宪,台州(今浙江临海)人。父贾涉,曾任淮东制置使(官名,地区的军事长官)。贾似道少年时,一度落魄,整天游荡,饮酒赌博,不务正业。后来依靠父荫补为嘉兴管仓库的小官。其姐被选入宫,成为宋理宗宠爱的贵妃后,贾似道当上了"国舅",从此官运亨通。一两年内,便由正九品的籍田令升为正六品的军器监。

宋理宗还亲自召见他面谈,予以勉励。嘉熙二年(1238年),贾似道应举,登进士第。

南宋后期,统治阶级愈加骄奢淫泆。作为有权有势的国戚,贾似道的生活更是放荡不羁,变成出名的"市井无赖"[①]。在临安(今浙江杭州)时,他每日出入名妓之家,晚上则燕游西湖之上。有一天夜里,宋理宗登高眺望,见西湖灯火辉煌,告诉左右说:"一定是似道。"第二天,派人打听,果然不出所料,于是派临安府尹史岩之前去劝诫。史岩之说:"似道虽然有少年气习,但其才能足堪大用。"他看出贾似道并非无能之辈。果然,在淳祐元年(1241年)升任太府少卿(太府寺,掌邦国财货之政令,及库藏、出纳、商税、平准、贸易之事,长官为太府寺卿,少卿为副职)、湖广总领财赋后,他开始施展才干了。他受命收换湖广会子(纸币),很快获得成功,受到朝廷转官的嘉奖。转官的制词称他"器资拔俗,机警过人,以科第而发家学之传,以才具而胜事任之重",甚至比作晋代杜预和唐代刘晏。朝廷原以为收换旧会"非一手之功",所以多方督促,"尽当时之选",而贾似道竟能"独提纲而妙运,具结局以上闻",圆满地完成了任务[②]。这时贾似道不过二十八、九岁。此后,历任沿江制置副使(制置使的副职)、京湖制置使、京湖安抚制置大使(地区的军事长官,多以安抚大使兼充,得以兼领较大地区的军民两政,便于制置军事,故称安抚制置大使)、两淮制置大使(其职权范围与制置使同,惟资望特高的称制置大使)、两淮宣抚大使(负督察军事重任,职位高于安抚使)等职,所到之处,调度军饷、建城筑寨、挑选将领等,从而加强了沿边的防御。

援 鄂 之 役

宝祐六年(1258年)初,蒙古的蒙哥汗(宪宗)分兵三路南下侵掠。

---

① 黄震:《古今纪要逸编》。
② 徐元杰:《梅野集》卷7。

蒙哥汗亲率主力军侵入四川，皇弟忽必烈率军攻打鄂州（今湖北武汉市武昌），又命侵入云南的兀良哈台北上攻取潭州（今湖南长沙），企图在鄂州与忽必烈会师，然后与蒙哥汗会合，东向围攻南宋临安。开庆元年（1259年）七月，蒙哥汗在合州（今四川合川）附近钓鱼城下战死，蒙古军主力被迫北撤。九月，忽必烈领兵进攻鄂州。宋理宗急忙命令贾似道出兵汉阳（今湖北汉阳境），以声援鄂州，旋即在军中封为右丞相兼枢密使（为枢密院长官，与中书门下的同平章事等合称"宰执"，共同负责军国要政）。蒙古军急攻鄂州，宋军将士力战，鄂城屹立不动。贾似道却震慑于蒙古军的猛烈进攻，私自派遣使者到忽必烈军营求和，表示愿意称臣交纳岁币，忽必烈不允。闰十一月，蒙古诸宗王在漠北策划拥立阿里不哥，忽必烈得讯后急忙撤兵，允许贾似道的请求：划长江为界，南宋向蒙古称臣，每年奉献蒙古银二十万两，绢二十万匹。次年正月，兀良哈台军从湖南北还，贾似道采用刘整的计策，派水军袭杀了负责殿后的蒙古军数百人。

独 揽 朝 政

鄂州解围，贾似道隐瞒了私自求降的真相，向朝廷献上所杀、俘的蒙古兵卒，谎报他抗蒙得胜，上表说："诸路大捷，鄂围始解，江汉肃清。宗社危而复安，实万世无疆之休。"宋理宗以为贾似道立下了不世之功，特下诏褒美，说贾似道"为吾股肱之臣（gǔ gōng，得力的辅臣），任此旬宣之寄（意谓巡行地方，以布王命）隐然殄（tiǎn，灭绝）敌，奋不顾身，吾民赖之而更生，王室有同于再造"[①]。以少傅、右丞相召回朝廷，甚至下令百官郊迎。不久，封为少师、卫国公，把贾似道当成了能起死回生的伟人。

炙（zhì，烤）手可热的贾似道见大权在握，决定首先清除异己。进

---

① 《续资治通鉴》卷176。

兵汉阳后,左丞相吴潜曾建议他移驻黄州(今湖北黄冈)。黄州虽然地处下流,实为用兵要冲。贾似道在赴黄州途中,遇到了北还的蒙古老弱兵士,受到了惊吓,以为吴潜企图置自己于死地,所以一直怀恨在心。他嗾使言官弹劾吴潜反对立忠王为皇储是"奸谋叵测",把吴潜贬到循州(今广东龙川),跟吴潜有关的官员也陆续被当作"党人",驱逐出朝。贾似道又对抗蒙有功的文臣和武将加以打击和陷害。王坚在钓鱼城奋勇抗战,建有殊勋,在蒙古军退后被调入朝,任侍卫步军司都指挥使(统率步军的长官),免去了四川的兵权。贾似道把王坚调出知和州(今安徽和县),实际置之闲地,不久,王坚抑郁而死。曹世雄、向士璧、高达等人在鄂州军中,轻视贾似道,贾似道也非常怀恨,就实行"打算法",借口核实军费支出,捏造曹、向二人"侵盗官钱"的罪名①,把他们贬到远地逼死,向的家属还被拘留偿付军需。贾似道又屡次要求宋理宗杀掉高达,宋理宗没有同意,但高达很快被罢官。赵葵、史岩之、杜庶等人也被"罢官征偿"。贾似道控制御史台(封建国家的监察机关),凡是跟他不和的官员都不分好坏被御史(御史台官员包括御史中丞,侍御史等)以各种罪名弹劾免官。

贾似道独揽朝政,为了进一步巩固权位,又采取了一系列措施。蒙古忽必烈即位后,在宋景定元年(1260年)派遣翰林侍读学士郝经出使南宋,催督贾似道以前应允的岁币。贾似道害怕郝经到临安后,泄露了他曾向蒙古乞和的真情,便密令两淮制置使李庭芝将郝经扣押在真州(今江苏仪征)。采用掩耳盗铃之术,继续蒙蔽朝野。同时,贾似道对内政进行了许多"改革"。太监头子董宋臣、卢允升"窃弄权柄",引荐一些热衷利禄之士高踞要职,又用外戚子弟为路、州的长官。贾似道先将董、卢逐出,又将他们引荐的林光世等人罢免官职,而后规定外戚不得出任路、州的长官,因此外戚的子弟、门客有所收敛,不敢公然干预朝政。贾似道又重修《吏部七司条法》,使朝廷对各级官员的委任、考核

---

① 《宋史·贾似道传》。

等制度更加严密。还创立士籍，凡应举士人，由州县给历，写明年龄、相貌、世系、所攻专业等，凭此报考，以防伪滥。规定省试合格的士人，再经御史台复试。为了筹措军饷，提高会子（纸币）的价值，免除"和籴（dí，买进粮食）"对百姓的负担，决定实行公田法。贾似道率先捐出浙西田一万亩为倡，得到许多官员的响应。两浙、江东、江西的官户超过限额的田地，由官府抽三分之一买作公田出租。占田二百亩以下者免买。各地官府在买田时，争相迎合上司，以多买为功，强迫二百亩以下的小地主卖田，而且随意压低田价，以致民间大扰，"破家者多"。贾似道还因现行的会子不断贬值，决定发行新会。不久，又发行金银关子，以一贯准新会三贯。新纸币发行后，不仅没有使纸币增值，反而"诸行百市，物货涌贵"，币值更加低落①。通货膨胀，市井萧条，广大百姓和士兵的生活更加艰难。

景定五年（1264 年），宋理宗病死，贾似道拥立赵禥（同"祺"，qí）做皇帝（度宗）。宋度宗荒淫昏庸，整天沉溺于酒色，把朝政完全交给了贾似道，称他为"师相"而不叫名字，加号平章军国重事（官名，专以年高望重之大臣任之，位在丞相之上），派左、右丞相轮流替他掌印。满朝文武官员都尊称他为"师臣"、"元臣"。贾似道每三天上朝一次，去中书堂处理政事，后来改为每六天一次、十天一次。平时由吏人抱文书到葛岭的贾公馆里请示，大小朝政实际都由门客廖莹中、堂吏翁应龙处理，丞相形同虚设，不过签押文书而已。贾似道虽然深居简出，但有关台谏官弹劾、各级官府举荐官员以及临安府尹、各路转运使之事，不经过他批准，就不敢实行。

醉 生 梦 死

贾似道权势熏赫，闭口不谈兵事，日聚一群文人歌颂太平，过起醉

---

① 《梦粱录·都市钱会》。

生梦死的生活来。有人在西湖题诗："杜鹃呼我我归休,陆有轻车水有舟。笑杀西湖湖上客,醉生梦死恋杭州。"①贾似道见后,怀疑讥讽自己,暗中派人谋害诗人。这说明诗人击中了他的要害。事实也正是如此。他在葛岭依湖山之胜,建造楼台亭榭,题作"半闲堂",又造花园称"养乐圃"②。宋高宗在西湖苏堤享乐的集芳园,也让他改作别墅,营建了飞楼层台、凉亭暖馆,极尽精妙,改名"后乐园"。又建"多宝阁",使各地官员贡献各种奇器、珍宝、书画,自己不时去玩赏。听说抗蒙有功的余玠死时,有玉带随葬,下令掘墓取出。他还强取官户之女叶氏作妾。民间妇女姿色秀丽者,不管是否已经聘嫁,他必定设法弄回府中。又养妓女、尼姑几十人,整天在半闲堂和西湖之上游戏取乐。有人说:"朝中无宰相,湖上有平章。"又有人题诗:"山上楼台湖上船,平章醉后懒朝天。羽书莫报樊城急,新得娥眉正少年。"反映出贾似道不顾国家安危和民间疾苦而苟且偷安、坐享富贵的情景。

鲁 港 兵 败

正当以贾似道为首的统治集团文恬武嬉之时,蒙古忽必烈在北方建立了元朝。宋度宗咸淳四年(1268年),忽必烈听取宋降将刘整的建议,决定把战略重点由四川转到荆襄一带,准备直接夺取襄汉,然后顺江而下,攻占临安,一举灭宋。忽必烈以阿术为征南都元帅,刘整随同,率军围攻樊城和襄阳(今湖北襄樊)。南宋军民奋勇抗击,樊城坚守五年,最后因孤立无援,被元军攻破。襄阳守臣吕文焕很快叛变降元。襄、樊陷落,宋朝大为震动。许多官员要求严惩作战不力、丢敌逃跑的将领范文虎,贾似道反而将言事者贬官。京湖制置使汪立信提出救亡的二策,贾似道也一概拒绝。

元军乘胜分两路进军,左丞相伯颜和阿术一路,在咸淳十年(1274

① 刘埙:《隐居通议·谢君泽诗》。
② 《齐东野语》卷12。

年)十二月从汉水渡江,驻鄂州的宋将程鹏飞降敌。随后,沿江各地宋军望风投拜。鄂州失守,太学生纷纷上书,要求贾似道亲自领兵抗战。贾似道被迫在临安开都督府,抽调各地精兵十三万人出发,携带金帛、辎重,船只相衔达一百多里。途中,贾似道的坐船因装载沉重而搁浅,派一千名士兵下水拖曳,仍旧不能移动,只得换乘他船。到芜湖后,派使臣到元军乞和,请求称臣和交纳岁币,伯颜不许。贾似道派孙虎臣领步兵七万人驻扎池州下游的丁家洲,夏贵带战船二千多艘横列江面,贾似道自领后军驻扎鲁港(今安徽芜湖南)。伯颜指挥江中战舰顺风而下,步骑夹岸而进,用大炮猛击。孙虎臣军大败,奔回鲁港。夏贵临阵不战而逃,阿术乘胜追击,宋水军溃败。贾、孙自鲁港乘小船狼狈逃往扬州,堂吏翁应龙带着都督府印逃回临安。经此一战,宋军主力丧失殆尽。

木棉庵丧生

　　元军乘胜东进,连续攻下建康、镇江、江阴等地,逼近临安。这时,贾似道上书谢后(理宗皇后),请求迁都逃跑,谢后不准,改任陈宜中为右丞相。陈宜中等官员请斩贾似道,谢后只罢贾的官职,杀死翁应龙,廖莹中等门客畏罪自杀。贾似道祸国殃民,恶贯满盈,满朝官员议论纷纷,要求严惩,谢后不得已把他贬为高州团练副使,到循州安置。

　　福王赵与芮(ruì)早就痛恨贾似道,招募到山阴县尉郑虎臣,由郑负责监押到贬官的地点。贾似道启程时,还带着几十个侍妾,郑虎臣把她们都赶走了。行进时,还撤去轿顶,让贾似道在秋阳下暴晒。到一所古寺中歇息,墙壁上有受贾似道迫害而南行的前丞相吴潜的题字,郑虎臣大声责问:"贾团练,吴丞相何以到此?"贾似道羞愧难言。九月,贾似道到达福建漳州城南二十里的木棉庵,郑虎臣多次催他自尽,贾似道贪恋余生,不肯寻死,说:"太皇许我不死,有诏即死。"郑虎臣说:"我为天下杀你,虽死何憾!"便将贾似道拉杀而死。一代权奸就此结束了罪恶的一生。明代冯梦龙所撰《古今小说》第 22 卷《木棉庵郑虎臣报冤》,正是描写贾似道由发迹直到木棉庵丧生的故事。腐朽透顶的封建统治集团造就了末代皇帝和亡国宰相。贾似道死后不久,南宋都城临安被元军占领,三年后南宋亡国。

（本文刊载于《文史知识》1983 年第 9 期）

中国何时有折扇

六月二十四日晚报《折扇来自朝鲜、日本》一文，认为"唐宋时兴'团扇'"，"折扇则是从元朝开始，由朝鲜、日本传来的"。这种说法，与史实出入颇大。

据《资治通鉴》记载，南北朝时的南齐高帝建元二年（480年），司徒褚渊入朝，用"腰扇"遮日。宋末元初人胡三省注云："腰扇，佩之于腰，今谓之摺叠扇。"可见在南齐时已经使用折扇。

到北宋时，折扇从朝鲜传入，很快风靡起来，当时称为叠扇。苏东坡所谓"高丽白松扇，展之广尺余，合之止两指许"，正是指折扇。宋高宗曾随身携带一柄折叠扇，"以玉孩儿为扇坠"（《夷坚续志》前集卷1）。宋人赵彦卫《云麓漫钞》卷4说："今人用摺叠扇，以蒸竹为骨，夹以绫罗。贵家或以象牙为骨，饰以金银，盖出于高丽。"南宋时的都城临安，还有专门开设折扇的店铺，其中著名的有"周家叠扇铺"。

由此说明，宋代再度从朝鲜传入折扇，此后跟团扇一样十分流行，所以还出现了专营折扇的店铺。因此，南北朝时，我国就有了折扇，是否还会更早，则有待进一步证明。

（本文原署名为"朱石之"，刊载于《北京晚报》1983年7月3日）

唐代已有印刷书籍

　　五月十二日晚报《印刷书籍出现于宋代》一文,认为宋代发明了印刷术,从此用纸印刷书籍。这种说法混淆了雕版印刷和活字印刷这两种印刷术,因而与史实不符。

　　确实,宋代发明了一种印刷术,即活字印刷术。据北宋著名科学家沈括《梦溪笔谈》记载,宋仁宗时"布衣"(平民)毕昇创造了胶泥活字印刷,但当时尚未应用于实际。至于另一种印刷术即雕版印刷术的出现,则要早于宋代。有的史学家根据《隋书》、《北史》等史书记载,推测雕版印刷可能发明于隋代。比较可靠的说法是,雕版印刷始于唐代中期或末期。唐穆宗长庆四年(824年),元稹为白居易诗集撰序,说有人将白氏诗集印本换取酒茶。在敦煌发现的唐懿宗咸通九年(868年)刻印的《金刚经》,是世界上今存最早的印刷品。需要说明的是,唐代虽已开始雕版印书,但为数不多。

　　(本文原署名为"朱石之",刊载于《北京晚报》1984年5月31日)

宋辽金西夏史

一、宋　　史

　　1983 年的宋史研究是个好年景。其特点是学术空气活跃，研究成果增多。这一年，仅出版专著、论文集等即达八种，发表论文近二百篇。有的杂志如《文史知识》第 9 期还出版了宋代专号。

（一）专著、论文集等

　　岳飞是中国人民家喻户晓的民族英雄。邓广铭早年写过《岳飞》一书，五十年代改写成《岳飞传》。近年又作了大幅度的增订改写，出版了《岳飞传（增订本）》①。此书比较真实地记录岳飞的一生，并作了公正的评价，还对有关岳飞生平史实的资料，进行了一系列辨析考正，把岳飞以及有关问题的研究，提到了一个新的水平。

　　宋代兵制是中国军事史的一个组成部分。以往的研究局限于它的某一个方面，还没有进行比较全面系统的研究。王曾瑜的《宋代兵制初探》②，较为系统地叙述宋代禁兵、厢兵、乡兵、蕃兵、土兵、弓手、屯驻大兵等军种的演变情况，以及编制、指挥系统等问题。同时，还介绍了宋代的募兵制以及军队的装备、通信、后勤、军费、军法、军政等各方面情况。此书是近年研究宋代军队及军事诸制度的第一部专著，从而填

---

① 　人民出版社 1983 年版。
② 　中华书局 1983 年版。

补了这一方面的空白。

　　唐、宋之际中国封建社会出现重大的变化。多年来,中外史家都作过研究,但还不够深入和系统。朱瑞熙的《宋代社会研究》①,用历史比较学的方法,探讨了宋代的社会经济、阶级结构、土地占有制度、租佃制度,以及政治、军事、教育制度、封建家族组织、妇女社会地位、理学和哲学、人民群众阶级斗争等方面的主要问题,并分析了这些方面发展变化的内在联系和原因。此书认为,从中唐开始,中国封建社会进入了中期,它直到明代后期出现资本主义萌芽以前,共约八百年时间。宋代是中唐以来社会发展变化的定型时期。

　　1983 年出版了《中国史稿》第五册和《中国通史》第七册(均由人民出版社出版)。《中国史稿》第五册中的宋辽金史部分,在专史研究的基础上,进行综合性的研究,把各个政权的历史放在当时中国历史全局和总过程中加以阐述。如将宋辽金以及西夏的社会经济作为一个整体,按农业、手工业、商业分别叙述,清楚地展示了当时中国社会经济的全貌和各地发展的不平衡性。又如对这一时期阶级关系的发展变化与特点进行具体分析,说明这个历史阶段的特征。对有些重大问题,也提出了独到的见解。《中国通史》第七册,以较多篇幅叙述宋、金以及元代的文化概况,指出这是学术文化繁荣昌盛的时期。传统的儒学演变为哲学化的理学,构成完整的封建意识形态;学术研究趋向务实,出现大批卷帙浩繁的文史著述;宋词以新的艺术形式反映新的历史内容;科学技术极为发展,不少创造发明居于世界前列。以上两部通史著作,对宋辽金史研究的继续深入开展,将起到积极的推动作用。

　　已故历史学家华山,生前撰写了许多颇有分量的研究宋辽金史的论文。齐鲁书社精选了其中的十七篇,编成《宋史论集》一书。关履权的《两宋史论》②,收录了作者的十五篇论文。另一种《宋史论集》③,收录漆侠等人的新作二十七篇,将在下面分别介绍。

_____

①②③　中州书画社 1983 年版。

（二）论文

　　1983 年的宋史研究论文,除经济史、政治史取得了新成果外,典章制度的研究方面也获得了可喜的成绩。

　　1. 宋代经济史

　　宋代经济史的研究,集中在社会生产、各阶级、职役等方面。

　　农业、手工业和商业　漆侠《宋代农业生产的发展及其不平衡性》[1],从宋代各地区农业经营方式和农田单位面积产量,说明当时生产发展的不平衡性。该文指出宋代各地区的农业经营方式,大致可分三类:一是“刀耕火种”式的原始经营,在以峡州为中心的一线西侧还占优势;二是粗放经营,以广西路为典型;三是精耕细作,包括北方诸路及江西、湖南、江东、成都、福建、两浙等路。游修龄《占城稻质疑》,认为占城稻是北宋从占城间接引进的一个水稻品种名称,文献记载有许多矛盾和谬误之处。文章指出,占城稻是一个品种,不是很多生育期不同、形态特性各异的一群品种;是一种耐旱的水稻品种,不是山区种植的旱稻(陆稻);是早稻,不是中熟或晚熟水稻。它也不能跟占稻(占禾)黏稻等同起来,否则,就夸大了它的推广成就,使其他粮食作物和水稻品种黯然失色。这一问题的提出,使我们对某些传统的说法必须重作科学的检验。蒋文光《从〈耕织图〉刻石看宋代农业及蚕业》[2],认为南宋楼璹《耕织图》是中国历史上最早见于著录的耕织图。文章介绍了此图的各种摹本和翻刻本,并指出此图描写了当时农民采用先进的农具如秧马、碌碡、舂碓、水车、连枷等,促进了经济的发展。

　　张学舒《两宋民间丝织业的发展》[3],论述宋代民间丝织业的发展情况,对宋代的机户和丝织技术提出了一些较好的看法。陈衍德《宋

---

①　《中州学刊》1983 年第 1 期。
②　均见《农业考古》1983 年第 1 期。
③　《中国史研究》)1983 年第 1 期。

代福建矿冶业》①,论述宋代福建矿冶业的发展原因、规模和特色、经营方式、影响等。刘新园《蒋祈〈陶记〉著作年代考辨》②,断定蒋祈《陶记》写于南宋嘉定至端平间,而以往史家都把蒋祈《陶记》定为元人的著作。郭正忠《宋代东南诸路盐产考析》③,对宋代各个时期淮、浙、闽、广盐的产销量和生产发展情况,进行了综合考察和分析研究。张秀平《宋代榷盐制度述论》④,综述宋代榷盐制度下盐的生产、运销以及与当时社会的关系。

宋代是商业比较发达的时期,北宋时发行了世界第一张纸币——交子。对此,1983 年有几篇研究比较深入的文章。李埏《北宋楮币史述论》⑤,论述北宋益州交子铺到交子务的建置过程、交子的兑界和回换制度、交子的发展和演变。王曾瑜《关于北宋交子的几个问题》⑥和《世界上最早的纸币》⑦,探索北宋交子产生的技术和经济条件、交子发行的界分、交子币值的变化等。李埏、王曾瑜都认为北宋官营交子的兑界年限是两年,不是三年;从宋神宗起,交子进入新阶段,由于官府为了解决财政困难,强行在河东、陕西推行,并不断增加发行量,交子开始贬值。

刘成仁《略论两宋商业的高涨繁荣》⑧,认为宋代的商业超过唐代,已进入比较成熟和高涨繁荣的阶段。文章论述了宋代商业发展的原因、主要标志、封建国家商业政策的变化、王安石变法对商业的促进作用等,是近几年来较为系统研究宋代商业的论文。李春棠《宋代小市场的勃兴及其主要历史价值》⑨,探讨宋代镇和集市等小市场的历史价

---

① 《福建论坛》1983 年第 2 期。
② 《文史》第 18、19 辑。
③ 《中华文史论丛》1983 年第 2 期。
④ 《西北大学学报》1983 年第 1 期。
⑤ 《思想战线》1983 年第 2、3 期。
⑥ 《宋史论集》。
⑦ 《文史知识》1983 年第 1 期。
⑧ 《吉林财贸学院学报》1983 年第 1 期。
⑨ 《湖南师院学报》1983 年第 1 期。

值。文章指出,镇是作为小市场散布在水陆交通便利之处,成为商品流转的桥梁;集市也是作为小市场,随交易而兴衰。同时,镇集的活动还较多地影响了农村生活和自然经济。陈振《关于宋代"镇"的几个问题》①,论述唐代至宋代"镇"的演变,指出唐代的镇作为小军事据点,到宋代则成为乡村小市场,其地理位置基本上无因袭关系。刘益安《略论北宋开封的物价》②,介绍了北宋都城开封的各种物价。陈泛安《北宋时期川陕的茶马贸易》③,对北宋川蜀和陕西的茶马交易作了探讨。傅宗文《宋代泉州市舶司设立问题探索》④,考察了泉州市舶司迟至宋哲宗元祐二、三年才设立的原因及其社会意义。

户口统计和户等簿　历来对宋代户口统计中的女口问题有所争论,一种意见认为女口不登户籍,另一种意见认为户多口少的原因是"漏口",女口也登户籍。李德清在《宋代女口考辨》⑤一文中,对乾德元年诏令中"女口不预"作出解释,指出只是女口不计入丁数之内,并非指女口不登户籍。宋代户口登录的原则是"生齿毕登"。与李德清的观点不同,何忠礼的《宋代户部人口统计问题的再探讨》⑥一文,认为户部的人口统计对象是丁口,不是男口或总人口。葛金芳《北宋五等版簿考辨》⑦,探讨北宋五等版簿的形成过程、主要特征以及户籍分等的经济原则,指出宋太宗至道年间首次编制五等版簿,是第一次用有无田产的经济原则将社会居民划分成两大集团。

社会各阶级和超经济强制等　葛金芳《唐、宋之际农民阶级内部构成的变动》⑧认为,唐、宋之际中国封建社会由前期进入后期,农民阶级的内部构成由以中古农奴和自耕农为主过渡到以契约佃农为主。杨

---

①　《中州学刊》1983 年第 3 期。
②　《中州学刊》1983 年第 2 期。
③　《西南民族学院学报》1983 年第 2 期。
④　《福建论坛》1983 年第 3 期。
⑤　《历史研究》1983 年第 5 期。
⑥　《宋史论集》。
⑦　《武汉师院学报》1983 年第 3 期。
⑧　《历史研究》1983 年第 1 期。

明在《对〈唐、宋之际农民阶级内部构成的变动〉两条材料的辨正》①一文指出了该文的两处具体错误。曾琼碧《宋代的乡村下户》②,论述宋代乡村下户的经济地位、小农经济的发展情况以及下户的破产和反抗斗争等问题,是近年来第一篇研究宋代乡村下户的论文。柯昌基《宋代的奴隶》③,论证在宋代中国封建社会里奴隶才第一次真正大解放。文章认为,宋代奴隶劳动的变化表现在世袭奴隶制的废除、杀奴成为非法、奴隶有了自由人的部分权利、奴隶向雇佣劳动者转化等方面。该文的缺点是把雇佣劳动者也视为"私人奴隶",在论述中易于跟真正的奴隶混淆。如使用"奴婢"一词,也许效果更好。葛金芳《对宋代超经济强制变动趋势的经济考察》④一文认为,宋代土地转移率的急剧提高促使累世相承的主仆名分趋向瓦解,经济性大土地所有制的成长导致统治权与土地所有权逐步分离,地块分散的土地占有状况导致部曲制经营方式日趋衰落,因此宋代超经济强制的松弛与弱化成为历史的必然。柯昌基《再论宋代的雇佣劳动》⑤,进一步阐述他二十六年前提出的关于宋代出现资本主义萌芽的观点⑥。文章认为,宋代的雇佣劳动者本质上摆脱了奴隶或农奴的人身隶属性,具有自由劳动的含意。以这种雇佣工人的劳动为基础,以增殖价值为目标的商品生产,正是资本主义性质或资本主义萌芽性质的生产。

职役　宋代的役法是一个比较复杂的问题。多年来,对差役法的性质争论较大。1983 年有四篇文章对此进行探讨。漆侠《关于宋代差役法的几个问题》⑦,剖析北宋各类差役尤其是衙前役,断定宋代差役法的性质是魏晋隋唐国家劳役制的继续。李志学《北宋差役制度的几

---

① 《历史研究》1983 年第 3 期。
②⑦ 《宋史论集》。
③ 《四川师院学报》1983 年第 2 期。
④ 《江汉论坛》1983 年第 1 期。
⑤ 《南充师院学报》1983 年第 3 期。
⑥ 见《历史研究》1957 年第 2 期。

个问题》①持相反的观点,认为差役就制度而言,对上户和下户都是职役,毕竟不同于徭役制度。文章还指出,宋仁宗时期是差役制度开始变化的时期。唐刚卯《衙前考论》②,论证衙前源于唐代的军职,到宋初演变为职役;衙前的役法在宋代出现由差到雇和由雇到差、雇兼行的两个变化过程。俞宗宪《论王安石免役法》③指出,免役法是在当时必须采取的政治改革措施之一,在改善吏治、抑制兼并、促进农业生产、增加国家收入等方面都起了作用。

　　此外,在宋代财政岁出、官田的买卖、赋税、各地经济等方面,也作了一些研究。汪圣铎《宋代财政岁出与户部月支》④,指出梁方仲编著的《中国历代户口、田地、田赋统计》一书,在关于宋代岁入岁出缗钱数额的表中,存在一些不妥之处。该文对宋代财政管理制度、岁出缗钱实际情况等问题,也作了一些探讨。张泂明、杨康荪《宋朝政府鬻卖官田述论》⑤,比较系统地叙述宋代官田的鬻卖情况,说明宋代土地私有权的逐渐加强,这是中国封建社会内部政治经济进一步趋向衰弱的一个重要标志。朱瑞熙《宋代的"借借"》⑥,论述作为宋代苛捐杂税名目之一和社会经济生活中借贷关系内容之一的借借,指出最迟在宋徽宗时期开始和使用借借此词,从而纠正了一些古籍传刻中的讹误。贾大泉《宋代四川的酒政》⑦和《井盐与宋代四川的政治和经济》⑧、谢元鲁《宋代成都经济特点试探》⑨、杨德泉《试谈宋代的长安》⑩等文,对宋代四川、成都、长安等地方经济进行了比较深入的研究。

---

① 《史学月刊》1983 年第 3 期。
②③ 《宋史论集》。
④ 《文史》第 18 辑。
⑤ 《中国史研究》1983 年第 1 期。
⑥ 《中国史研究》1983 年第 4 期。
⑦ 《社会科学研究》1983 年第 4 期。
⑧ 《西南师范学院学报》1983 年第 3 期。
⑨ 《中国社会经济史研究》1983 年第 3 期。
⑩ 《陕西师大学报》1983 年第 4 期。

2. 宋代政治史

1983 年的宋代政治史研究，内容极为广泛，主要有以下几类：

宋初统一和中央集权　潘德深《北宋中央集权制的经济基础及宋初的统一斗争》[①]认为，唐中期以后，由于均田制和府兵制的破坏，私人地主土地所有制占绝对优势，中小地主阶级人数扩增，以及租佃制日益发展，为北宋加强封建专制主义中央集权制提供了客观条件，这就是加强中央集权的经济基础。它决定北宋统治者要加强封建专制主义中央集权和巩固国家统一，其结果使国家经济得到了很大的发展。王瑞明《赵匡胤"先南后北"的策略与民族关系》[②]，指出赵匡胤对契丹等少数民族采取友好的态度，不能把契丹未被灭亡看成是他的失策，更不能对他完成统一大业的"先南后北"策略有所非议。季平《略论赵匡胤对历史经验的学习与借鉴》[③]，论述赵匡胤在夺取王权和建立中央集权封建国家中，注意对历史经验的学习和借鉴。张其凡在《从高梁河之败到雍熙北征》[④]一文中，对宋太宗与辽的五次战争进行考察，指出北宋的积贫积弱之势是从高梁河之战到雍熙北征的五次大败仗造成的。赵永红的《北宋"积贫"问题初探》[⑤]，从北宋各朝财政收支及府库贮存情况，说明大部分时间并不贫，不能因为一时的贫困而说整个王朝贫困。真正"积贫"的只能是劳动人民。

北宋几次改革　郦家驹在《北宋时期的弊政和改革》[⑥]一文中，论述了北宋时期三次全国规模的政治改革，即宋太祖和太宗革除晚唐五代以来弊政的改革、范仲淹和富弼主持的"庆历新政"以及宋神宗和王安石主持的变法，对这三次改革的各项措施、利弊等都一一作了分析。

多年来，史家对王安石变法的争论较大。王瑞明的《王安石变法

---

①　《福建师大学报》1983 年第 3 期。
②　《光明日报》1983 年 6 月 8 日。
③　《西南师院学报》1983 年第 3 期。
④　《华南师范大学学报》1983 年第 3 期。
⑤　《河南师大学报》1983 年第 4 期。
⑥　《文史知识》1983 年第 9 期。

的社会效果》①一文,从社会效果来论证变法的意义,指出变法"唯钱是求"是实现"兴作"的手段,国富是兵强的物质基础,变法抑制了豪强兼并势力,所以是有成就的,基本上应予肯定。史玄冰的《王安石变法的性质及其代表利益问题》②,不赞成变法代表中小地主利益的观点,认为变法代表了整个地主阶级根本的长远利益,其性质是封建社会内部的一场改良主义的社会改革运动。倪正太《北宋的吏制与王安石变法的失败》③、孙翊刚的《王安石改革财政》④等文,都从不同的角度对王安石的改革加以论述。

宋辽、宋夏、宋金关系　任崇岳的《关于"澶渊之盟"的几个问题》⑤一文认为,澶渊之盟对于双方经济、文化交流,自然是件好事,但对于宋朝来说仍是一个屈辱的结局。对于宋仁宗庆历四年签订的宋夏和议,李清凌的《范仲淹与宋夏和议》⑥一文作了论述。文章指出,这次和议对双方人民、社会、历史的发展利大于弊,不失为一个进步的历史事件。王曾瑜《和尚原和仙人关之战述评》⑦,叙述南宋初宋朝吴玠率军在和尚原、仙人关两次战役中,大败金军,从而屏蔽了四川。文章指出,在抗金名将中,吴玠的军事成就仅次于岳飞,而在吴璘、韩世忠之上。他的《宋金富平之战》⑧和吴泰的《南宋初宋金陕西"富平之战"述论》⑨两文,分别论述了宋金于南宋初年的第一次战役——富平之战。

农民起义　1983 年在宋代农民起义的研究方面取得了较多的进展。朱家源的《两宋社会经济关系的变化与农民阶级》⑩一文,论述了宋代农民的生产和生活、农民的封建负担以及农民各种形式的反抗斗

---

① ⑩　《宋史论集》。
②　《中国史研究》1983 年第 4 期。
③　《江海学刊》1983 年第 3 期。
④　《财政》1983 年第 9 期。
⑤　《河南师大学报》1983 年第 4 期。
⑥　《历史教学与研究》1983 年第 1 期。
⑦　《西南师院学报》1983 年第 2 期。
⑧　《中州学刊》1983 年第 1 期。
⑨　《西南师院学报》1983 年第 3 期。

争。王育济《宋代社会的基本经济矛盾和农民战争的规模》①,主张从宋代社会基本经济矛盾中寻找农民起义未形成全国规模的原因。程民生《北宋农民起义地域差异分析》②,由农民起义发生发展的地域差异,来探讨宋代农民起义此起彼伏及各地阶级矛盾演变的特点。何竹淇遗著《论宋代农民争取土地的斗争》③,总结宋代四百多次农民起义,指出其最基本、重要的特点是农民进行争取土地的斗争。胡昭曦《宋代农民起义对社会经济的影响》④,通过宋代许多次小规模的农民起义,证明它们推动了当时社会经济的发展。

万绳楠《方腊起义中的几个争论问题》,根据多种方氏宗谱,断定方腊是歙县柘源人,出身于佣工。又进一步论证宋江投降后,立即被童贯利用去打方腊。王兴亚《关于钟相杨幺起义研究中的几个问题》,对有些论著所主张的钟、杨起义军在占领区建立没有贵贱贫富和平等互助的秩序、废除了封建地主土地所有制等观点,提出异议。朱瑞熙《南宋福建晏梦彪起义》探讨晏梦彪起义的社会背景、起义开始时间、经过、活动基地,尤其是夺取地主土地的斗争,弥补了一些论著的不足⑤。曹松林《南宋郴州农民起义述略》⑥,叙述南宋郴州地区发生的一系列农民起义。王思怀《李顺究竟是怎样死的》⑦,考证北宋初两川农民领袖李顺是在仁宗景祐间于广州被捕,押赴汴京被杀的。

重要人物　1983 年的宋史论文,以人物研究为最多。

岳飞是人们最为注意的研究课题。阎邦本《关于秦桧矫诏杀岳飞的问题》⑧,不赞成所谓秦桧矫诏杀岳飞之说,认为岳飞是由赵构的"圣旨"赐死的。围绕着岳飞是否愚忠和能否称为民族英雄两个问题,《北

①　《东岳论丛》1983 年第 5 期。
②　《中州学刊》1983 年第 4 期。
③　《宋史论集》。
④　《西南师院学报》1983 年第 2 期。
⑤　均见《宋史论集》。
⑥　《湖南师院学报》1983 年第 2 期。
⑦　《历史知识》1983 年第 5 期。
⑧　《南充师院学报》1983 年第 2 期。

京晚报》从1983年7月到9月,发表了不少文章,展开了争论。邓广铭《为岳飞的"愚忠"辨》①认为,宋高宗依靠汉奸秦桧向金朝投降,对此,岳飞始终坚决反对,甚至为此付出生命也在所不惜。岳飞最后奉命班师,此时岳家军已陷入孤军作战境地,如不班师,难免丧师,这正表现岳飞的深谋远虑。

1983年是文天祥殉难七百周年。配合纪念活动,学术界以江西省为主对文天祥做了大量的研究工作。尹湘豪《关于文天祥的历史作用》②认为,文天祥是一个爱国者,在爱国主义和文化遗产方面的历史作用应予肯定和重视。刘文源《民族英雄——文天祥》③、胡守仁《文天祥的爱国思想(文信国公死节七百周年祭)》④等文章,也对文天祥的爱国思想和抗元斗争以及著作等进行了论述。

任崇岳《关于抗辽名将杨业的几个问题》⑤,证明杨业不曾乞降,而是壮烈牺牲的。杨业之死应由宋太宗承担主要责任,因为他的指挥失误造成了宋军的失利。顾全芳在《杨家将研究中的几个问题》⑥一文中指出,研究杨家将的历史,一定要把历史与传说加以区别。闵安稳、杨德义《论杨业之死》⑦,论述潘美陷害杨业的原因、经过以及潘、杨斗争的性质,并指出宋太宗对潘美问题处理的不公正。此外,还有不少文章从不同角度对范仲淹、欧阳修、司马光、赵普等加以论述。

3. 典章制度

1983年加强了对宋代典制的研究,在官制、兵制、科举等方面都发表了一些论文。

陈振《宋史研究中官制引起的几个问题》⑧,探讨宋史研究中涉及

---

① 《北京晚报》1983年8月16日。
② 《江西社会科学》1983年第4期。
③ 《争鸣》1983年第1期。
④ 《争鸣》1983年第3期。
⑤ 《社会科学辑刊》1983年第2期。
⑥ 《河北学刊》1983年第3期。
⑦ 《常德师专学报》1983年第2期。
⑧ 《宋史论集》。

到的一些官制,如食邑、食实封等问题,以纠正有关文章中出现的讹误。魏天安、刘坤太《宋代闲官制度述略》①、李广星《试论北宋冗官的产生及危害》②,论述宋代的闲官即有官位而无职事的制度沿革和造成冗官的原因及其危害。朱瑞熙《宋代官员致仕制度概述》③,论述宋代官员致仕的条件、手续、待遇等制度,填补了这一方面的空白。

张德宗的《北宋的禁兵制度》④一文,介绍了北宋禁兵的编制、出成驻外形式、数量以及神宗和哲宗时的改革和补救措施。张德宗的《北宋乡兵述论》⑤一文,则对北宋乡兵的特点、用途、来源以及效用兵等作了论述。王曾瑜的《〈宋史·兵制〉一段文字的考辨》⑥一文,考辨《宋史·兵制》的有关记载,弄清了南宋后期各战区的新军番号与屯驻情况。

关履权《宋代科举考试制度扩大的社会基础及其对官僚政治的影响》⑦、文元珏《论宋朝贡举制度的发展》⑧、穆朝庆《宋代糊名法和誊录法的若干问题》⑨等文章,都对科举制或该制的某一方面进行了论述,使对这个问题的研究深入一步。

二、辽　　史

1983 年的辽史研究,不仅论文数量增多,而且涉及面更广。

辽朝是以契丹族为主体的多民族国家。任崇岳《论辽代契丹族对汉族文化的吸收和继承》⑩,论述契丹族接受汉族文明的三个阶段及其

---

① 《中州学刊》1983 年第 6 期。
② 《齐鲁学刊》1983 年第 3 期。
③ 《南开学报》1983 年第 3 期。
④⑦ 《宋史论集》。
⑤ 《许昌师专学报》1983 年第 1 期。
⑥ 《文史》第 19 辑。
⑧ 《湖南师院学报》1983 年第 4 期。
⑨ 《中州学刊》1983 年第 1 期。
⑩ 《中州学刊》1983 年第 3 期。

取得的成就。郑毅《辽朝汉族官僚地主状况初探》①，探讨汉族官僚地主在辽朝的地位和作用。文章指出，辽大批吸收汉族官僚地主参政，实行番汉联合政权，汉族地主发挥着越来越大的作用。王铃《辽代奚族考略》②，对奚族入辽前后的状况、生产技术、生活习俗作了考察。冯继钦《辽代奚族共同体的演变及其特征初探》③，论述辽代建国前后奚族共同体的发展、演变以及各个特征。以上诸文使辽代各族的研究更加深入。

　　黄凤岐《浅谈辽朝的建立》④，探讨辽朝建立的主、客观条件，指出辽朝的建立并非出于偶然。尹承琳《论辽初统治阶级内部斗争的特点与性质》⑤，对辽初统治阶级内部斗争的原因、特点和性质作了探讨，认为斗争的性质主要是契丹皇族为争夺皇位的继承权的斗争。舒焚《辽朝中期的改革》⑥，论述辽圣宗、兴宗时期改善奴隶境遇、释放奴隶等改革，指出这些改革对辽朝社会从奴隶制变为封建制起了积极的作用。向南、杨若薇的《辽代经济机构试探》⑦一文，探讨辽代所设置的一套经济管理机构的形成和演变，以及跟社会经济发展变化的关系。

　　关于辽代中京的地位，谭其骧曾撰文认为，到辽后期，中京事实上已成为首都。林荣贵《辽后期迁都中京说驳议》、葛剑雄《也谈辽后期迁都中京问题》⑧，就此问题进行争辩。林文提出辽的上京是辽代的法定首都，中京在法律上和事实上均非首都。葛文对此加以辩驳，认为谭其骧根本没有否定上京是辽代的法定首都，谭文既论证了中京是辽后期事实上的首都，又说明了辽名义上的首都始终是上京。对于辽初营建的"四楼"，过去有一些误解。王树民《略论契丹建国初期营建

①　《四平师院学报》1983 年第 1 期。
②　《民族研究》1983 年第 2 期。
③　《史学集刊》1983 年第 3 期。
④　《辽宁师院学报》1983 年第 1 期。
⑤　《辽宁大学学报》1983 年第 2 期。
⑥　《武汉师院学报》1983 年第 5 期。
⑦　《文史》第 17 辑。
⑧　均载《中华文史论丛》1983 年第 1 辑。

的四楼》①,考证阿保机所营建的西、南、东、北四楼的分布位置,指出并非出于一时的统一规划,而是逐渐建立起来的。

辽代是中国历史上唯一反复更改国号的朝代。关于首次改称辽的时间,过去史家有两说,一为公元 937 年契丹改国号为辽,一为 947 年改称辽国。佟家江《契丹首次改辽年代考》②,对有关史料重加考订,指出契丹在太宗天显十三年十一月丙寅首次改称辽国,当为公元 938 年 12 月 17 日。关于"契丹"和"辽"国号的意义,过去也有因水说、镔铁说、切断说等多种解释。即实《契丹国号解》③,考订契丹二字原意为"大中",契丹国原是"大中国"之义;辽字原是鲜卑语"黄"的记音。辽河的主要支流,鲜卑语称饶乐水,"饶乐"之音后来讹为辽。辽圣宗改国号为辽时,误以为辽是汉语,易被晋人接受。邱久荣《〈契丹国号解〉质疑》④,对此提出疑问,认为即实之文只注意语言的研究,而忽视了最基本的历史事实。文章认为,辽水之辽不可能是鲜卑语,而是汉语。

1981 年在内蒙乌兰察布盟的辽墓内发现一具保存完整的契丹女尸,为研究契丹族的民族学、人类学、医学等提供了可贵的实物依据。杜承武、陆思贤《契丹女尸在民族史研究上的意义》⑤、贾敬颜《关于乌盟契丹女尸》⑥等文,对女尸的外貌、葬仪、体质、装饰、信仰等进行了初步的研究。

近年来,逐渐重视对西辽王朝的研究。魏良弢的《西辽政治史稿》⑦和《关于西辽纪年问题》⑧两篇文章,论述西辽王朝的创建、发展、国家组织和基本政策、中期和后期国势等,还对西辽的纪年作了推算和考订。

---

① 《文史》第 16 辑。
② 《民族研究》1983 年第 4 期。
③ 《社会科学辑刊》1983 年第 2 期。
④ 《中央民院学报》1983 年第 4 期。
⑤ 《内蒙古社会科学》1983 年第 5 期。
⑥ 《内蒙古日报》1983 年 2 月 3 日。
⑦ 《新疆大学学报》1983 年第 4 期。
⑧ 《新疆社会科学》1983 年第 4 期。

三、金　史

跟辽史研究相比，1983 年的金史研究略为逊色。

金代经济史的研究，有张英的《略论金代畜牧业》①一文，论述金代统治者重视畜牧业的发展，建立了各级畜牧机构，因而畜牧业在社会经济中占有重要地位，在对外战争等方面起了重要作用。乔幼梅的《金代货币制度的演变及其对社会经济的影响》②一文，将金代货币制度演变的过程归纳为三个阶段，指出金代在中国古代货币史上第一次发行不分"界分"的纸币，以及第一次铸造和通行法定的银币，具有重要的意义。

金代政治史的研究，集中在重要历史人物和蒲鲜万奴建立的"东夏国"两个方面。刘肃勇《阿骨打在反辽战争中的军事才能》③，论述女真族军事首领完颜阿骨打不愧为女真族不可多得的军事家，也堪称中华民族历史上杰出的军事家。吴泰《在宋金战争中的兀术》④，认为兀术即完颜宗弼在宋金战争中一直是个主战派，给南宋人民带来深重的灾难，也给金朝女真族带来苦难，即使不被看作反动人物，也无值得肯定之处。张博泉《略论完颜宗弼》⑤，认为宗弼是金朝重要的军事统帅之一，他在女真族新旧势力的斗争、社会变革以及使中国北方社会走向暂时安定的过程中，都曾起过重要的作用。刘肃勇《金世宗辽阳称帝及其谋士班底》⑥，记述金世宗在海陵王朝后期，依靠渤海贵族和熟女真权贵等一大批谋士、武将，经过五年的筹划，在东京辽阳府称帝的经过。范寿琨《李石族属新证》⑦，进一步考订金世宗朝的大臣李石是渤

---

① 《求是学刊》1983 年第 2 期。
② 《中国史研究》1983 年第 3 期。
③ 《史学集刊》1983 年第 1 期。
④ 《文史知识》1983 年第 9 期。
⑤⑦ 《学习与探索》1983 年第 5 期。
⑥ 《沈阳师院学报》1983 年第 1 期。

海人,由此可见渤海人在金朝的地位和作用。

金末蒲鲜万奴等在辽沈地区建立了地方割据政权,史称"大真国"或"东真国"。朴真奭《论"东夏国"称号》①,考订大真国在东迁后的称号既非大真,也非东真,而应是"东夏国"。张绍维、李莲《东夏年号的研究》②,根据地下出土的东夏官印纪年排比,考订东夏国的天泰年号只有九年,而后期使用大同年号,共十年。东夏存国恰好十九年。

张中政的《汉儿、签军与金朝的民族等级》③一文,指出"汉儿"和"签军"不同,又指出金朝将各民族人为地分为女直人、渤海人、契丹人与奚人、汉儿、南人五个等级,实开了元朝四个民族等级的先例。

辽、金时期都有"二税户"以及称为"烧饭"的习俗。辽代的"二税户"是关系到契丹族社会性质及其演变的一个重要问题,以往对它的内容、性质、出现时间有不同的看法。张博泉《辽金"二税户"研究》④指出辽代属于头下军州的二税户跟寺院的二税户不同,头下军州的二税户人身依附是双重的。金代只存在寺院的二税户,地位在驱丁之下,金章宗初年获得彻底解放,恢复到辽寺院二税户的地位。宋德金《"烧饭"琐议》⑤,提出契丹、女真、蒙古诸族的"烧饭"习俗,是指死者葬后,每当朔望、节辰、忌日等焚烧酒食的祭祀仪式,跟燔柴、抛盏无涉。

四、西 夏 史

1983 年的西夏史研究,有专门著作一种、论文十多篇。

西夏时期编纂了多种不同类型的西夏文字典,其中学术价值最高者首推《文海》。但国内此前尚未对它进行整理和翻译,国外对它的整理和翻译性著作,也准确性较差,不便使用。史金波、白滨、黄振华《文

① 《延边大学学报》1983 年第 1 期。
② 《史学集刊》1983 年第 3 期。
③ 《社会科学辑刊》1983 年第 3 期。
④ 《历史研究》1983 年第 2 期。
⑤ 《中国史研究》1983 年第 2 期。

海研究》①一书,对《文海》进行了全面整理、校勘和翻译,编制了索引,还在此基础上作了一些专题研究。此书的问世,必将推动我国西夏学的进一步发展。

李范文《〈宋西事案〉——国内罕见的一部西夏史书》②,介绍了南京图书馆收藏的明代刊本《宋西事案》。此书共二卷,明人编著,记载了自元昊改元年称帝建国到元昊卒这段时间史事,是新发现的一部西夏史书。

这一年,有两篇文章对西夏文字的发现史进行了研究。白滨《略论西夏文字的发现和考定》③,认为清代学者张澍在 1804 年最早发现、考定与撰文介绍西夏文;我国学者早于西方学者从事西夏文字的研究;西方学者则利用了我国学者的发现和研究从事西夏文字的考释研究,以 1895 至 1898 年法人德维利亚和沙畹的研究为最早,而始有成效。牛达生《西夏文字考定浅议》④,根据清人初尚龄 1827 年所撰《吉金所见录》记载,山西洪洞人刘青园首先考定了西夏文字,比德维利亚要早七十年。

李继迁是西夏建国前的重要人物。这一年也有两篇文章对他的一生进行评价。罗矛昆《李继迁攻取灵州对西夏建国的作用》,认为党项族首领李继迁在 1002 年攻克灵州,在此建都,对以后西夏的建国“具有奠基的作用”。吴光耀《为李继迁辨》⑤,指出李继迁一生进行反民族压迫的斗争,他基本上完成了统一本民族的事业,对于开发和建设祖国西北地区作出了重大贡献,“他的英雄事迹应该载入史册”。

（本文原刊于《中国历史学年鉴》之《史学研究》部分,

人民出版社 1984 年版）

① 中国社会科学出版社 1983 年版。
② 《宁夏大学学报》1983 年第 2 期。
③ 《民族研究》1983 年第 1 期。
④ 《宁夏社会科学》1983 年第 4 期。
⑤ 均见《宁夏社会科学》1983 年第 3 期。

台湾发现南宋活字印刷史料

　　去年十二月中旬在香港中文大学举行的国际宋史研讨会上,台湾学者黄宽重宣读了他的论文《南宋活字印刷史料及其相关问题》。该文引用南宋中期名臣周必大《文忠集》卷 198《程元成给事》信。此信后半部提到:"近用沈存中(即沈括)法,以胶泥铜板移换摹印,今日偶成《玉堂杂记》二十八事,首惬台览。尚有十数事,俟追记补缀续纳。窃计过目念旧,未免太息岁月之沄沄也。"据黄宽重考订,周必大是在宋光宗绍熙四年(1193 年)在潭州(治今湖南长沙)利用北宋沈括《梦溪笔谈》中所说的毕昇活字印刷法,刊印他所著《玉堂杂记》的。黄宽重认为,这件珍贵史料是"支持毕昇以泥作活字材料的重要佐证","在时间上可看出活字印刷北宋经南宋到元朝持续发展","在地域上可说明毕昇之后,南方仍存在活字印刷的系统"。

（本文刊载于《文汇报》1985 年 1 月 21 日）

"拨霞供"

——最早的涮羊肉

中国的名吃之一"涮羊肉"的历史,可以追溯到南宋时期。最早记载这一名吃的是林洪撰《山家清供》一书。

林洪,字龙落(一作龙发),号可山,自称是宋代著名诗人林逋的七世孙。福建泉州人。宋理宗淳祐间(1241—1252年)以诗闻名于世,与刘宰(漫塘)、陈介(秋岩)等往往甚密。著有《文房职方图赞》一卷、《山家清事》一卷、《山家清供》二卷等传世。

据《山家清供》卷上记载,林洪在福建武夷山和临安府(南宋都城,治今浙江杭州市)都曾品尝过涮兔肉。该记载全文如下:

> 拨霞供:向游武夷六曲,访止止师,遇雪天,得一兔,无庖人可制。师云:"山间只用薄批,酒酱椒料沃之,以风炉安座上,用水少半铫。候汤响一杯后,各分一筋,令自笑入汤,摆熟,啖之,乃随宜各以汁供。"因用其法,不独易行,且有团圆暖热之乐。越五六年,来京师,乃复于杨泳斋伯岩席上见此,恍然去武夷如隔一世。杨勋家,嗜古学而清苦者,宜安此山林之趣。因作诗云:"浪涌晴江雪,风翻照晚霞。"末云:"醉忆山中味,浑忘是贵家(一作"都忘贵客来")。"猪、羊皆可。

《本草》云:兔肉补中益气,不可同鸡食。这一记载表明,福建武夷山区百姓善于吃兔肉。其方法是在餐桌上安放风炉,烧汤。同时,准备好兔肉,薄批成片,用酒、酱、椒等作料浸泡。待风炉上汤沸腾作响,便各自用筷子挟兔肉片进汤,左右拨动,肉熟即食。还可根据各人的爱好而蘸不同的调味汁。此法不仅简易,而且有团圆、暖和之乐。五六年以后,林洪到京城临安,在贵戚杨伯岩家的宴席上,再次品尝了这一佳肴。因而赋诗一首,描写兔肉加工的情况和品尝后的体会。最后还指出,不仅兔肉,而且猪肉和羊肉也可如法炮制。林洪根据各类肉片须在热汤中反复拨动,而肉片的色泽犹如晚霞,乃将此佳肴取名"拨霞供"。

　　从林洪所描写的这种跟今天的涮羊肉完全一样的食肉方法,从他指出的羊肉也可照此食用这两点,证明在林洪生活的时代,不仅已经出现了涮兔肉、涮猪肉,而且出现了涮羊肉。因此,可以这样说,林洪《山家清供》是中国历史上记载涮羊肉的第一部饮食著作。

　　（本文原署名为"朱石之",刊载于《中国烹饪》1985 年第 12 期）

范　文　澜

中国马克思主义历史学的形成,经历了相当长的历史时期。本世纪二十年代,李大钊发表《史学要论》及其他论著,比较系统地阐述了唯物主义历史观,在中国史苑首次升起马克思主义的光彩夺目的红旗。三十年代初,郭沫若的《中国古代社会研究》问世,这是运用唯物主义历史观解释中国古代史的第一部专著,标志着中国无产阶级在古史领域已经打破了剥削阶级文人的垄断地位,确立了自己的权威。四十年代初,范文澜主编的《中国通史简编》出版,则是中国马克思主义史学史上的又一丰碑,它开启了以马克思主义为指导系统地研究和叙述中国历史的新时期。从此,中国马克思主义历史学开始建立自己的科学体系,封建主义历史学完全陷入绝境,连为时不久的资产阶级历史学也难免其日趋没落的命运。这就是范文澜在中国史学史上的作用和地位。

（一）

范文澜,字仲澐,号芸台,1893 年 11 月 15 日生于浙江绍兴(清代属山阴县)的一个封建官僚地主家庭。父亲范寿钟,有地三十亩,科场落第,居家治学,生活全靠土地收入以及在外做县官的弟弟范寿铭的接济。

范文澜五岁时入私塾发蒙,攻读《诗品》和《四书》。范寿钟还亲自讲授经、史书籍,并教写策论文章,准备将来应举。1905 年,清朝废科举,设学堂。1907 年春,十四岁的范文澜进入县立高等小学堂,插入三年级。他开始向往《礼记·礼运篇》中描述的"大同之世"。

1909 年,范文澜远离家门,考进上海浦东中学堂,插入二年级。受"反满"思潮的影响,这位品学兼优的学生毅然削去长辫,以表示对清政府的藐视,受到校长黄炎培的夸奖。一年后,转学到杭州安定中学,直到 1912 年毕业。

在叔父的资助下,范文澜在 1913 年考入北京大学文预科。第二年下半年,又考入北大文本科国学门(后改为文学系),直接受业于音韵训诂学家黄侃和陈汉章,毕业前又就教于国学根底深厚的刘师培。范文澜"笃守师法",朝夕诵习经书、《汉书》、《说文》、《文选》,决心"追踪钱嘉老辈",以专精训诂考据为己任①。

从 1915 年起,北大校园里新、旧思想斗争激烈。范文澜的导师黄侃、陈汉章等都站在尊孔派一边。1917 年初,蔡元培出任校长,陈独秀任文科学长,北大迅速成了传播新文化、新思想的中心。面对行将来临的新时代的风暴,范文澜陷入思想矛盾之中:他对国势日颓,痛心疾首,但"没有感到《新青年》所提倡的新思想,是一条真出路";他拒绝与守旧的师友合流,去书写反对新思潮的文章,但又不愿与革命派亲近②。在百无聊赖之时,他开始"向佛学找出路",几乎成为"佛迷"③。

1917 年 6 月,范文澜结束了近二十年的学生生活,在北大文科毕业。经叔父介绍,给蔡元培当私人秘书。但不久因缺乏应付社会事务的经验,加以不善于写语体文,不久就辞去这份差事。1918 年初,经亲戚许寿裳推荐,到沈阳高等学校任教。又因口音不合,同年下半年转回叔父工作所在地河南,在省立汲县中学讲授古文和历史等课,从此开始了近二十年的教师生涯。

正当范文澜踏上社会之时,俄国发生了十月革命;一年后,"五四"

①③　范文澜:《从烦恼到快乐》,《中国青年》第三卷第二期,1940 年 12 月。
②　《范文澜自传》,1956 年 1 月。

运动在北京兴起,随后中国共产党在上海诞生。僻居乡间的范文澜,基于对辛亥革命建立的民国的完全失望,对俄国工农的胜利倍感兴奋,觉得这就是"大同之世",中国人应该效法。但是他已经深入旧学堂奥,一时难以跳出旧思想的樊篱,既看不起已经流行的白话文和新学说,又对共产党没有表示鲜明的态度,仍旧潜心教学和学术研究。从 1921 年下半年起,先后在南开中学、南开大学任教,编写出《文心雕龙讲疏》和《诸子略义》(讲义)。1925 年,组织以编辑出版中国古籍为宗旨的朴社,并在天津出版了《文心雕龙讲疏》一书,受到学界名流的好评。至此,年轻的范文澜作为一名汉学家在文史界崭露头角。

同年,"五卅"运动爆发。范文澜第一次看清了帝国主义是中国人民最凶恶的敌人,于是赞成反帝,这是一个光辉的新起点。这位久有"夫子"、"学究"之称的人毅然走上街头,参加了党领导的天津市工商学各界反帝大游行。随后,拒绝了国民党邀他入党的要求。他开始阅读宣传新潮流的书籍,改写语体文。1926 年秋,天津党组织派一位姓何的党员跟他畅谈,指出《礼记·礼运篇》宣扬的"大同之世"是乌托邦,并借给他一本《共产主义 ABC》(布哈林著)。从此,他决定"放弃老营寨",跟着时代前进①。不久,他在天津庄严地加入了中国共产党,并担任南开支部的书记,积极从事革命活动。1927 年 5 月,他险遭天津当局的逮捕,到北平暂避。由于天津党组织受到严重破坏,他失去了组织关系。之后在北京大学、师范大学等校讲授文史。党组织派人同他接头,给他阅读党的秘密书刊和文件;他则以大学教职为掩护,完成党布置的任务。他的住所实际成了党的秘密联络点。1930 年秋,北平当局在他的寓所查出《红旗》报等书刊,被指为共产党而横遭监禁,后经北大校长等联名营救才获释。1932 年夏,他主持北平大学女子文理学院国文系,次年接任该院院长。他受党的委托,组织鲁迅等著名学者和进步人士到北平各大学演说或教课。1934 年 9 月,又一次被北平宪兵

---

① 《范文澜自传》,1956 年 1 月。

逮捕,押往南京囚禁。经蔡元培等人具保,次年一月获释。回北平后,他的行动仍受反动派的监视,除中法大学外,各大学都不敢再请他任教。因报国无门,满腔孤愤,于是在"一二九"运动前夕编写了通俗历史读物《大丈夫》,宣扬爱国思想,激励读者以中国历史上为抗拒外敌侵凌而献身的才人贤士为楷模,做一个道德高尚、人格伟大的大丈夫。

1936 年夏,范文澜到河南大学教书,深受学生欢迎。芦沟桥事变后,积极投身抗日救亡运动,参加编辑《风雨》周刊,主编《经世》半月刊战时特刊,宣传党的抗日主张,推动河南人民团结抗日。同时,在河南省委支持下,与嵇文甫发起成立河南大学抗敌工作训练班,组织青年学习救亡理论和游击战术。1938 年暑期他辞去"河大"教授职务,参加新四军游击队,同刘子厚等组织战时教育工作团,转辗嵖岈山等地,被誉为"文武双全的民族英雄"①。1939 年 9 月,他在确山县重新入党;同时,中共中央中原局书记刘少奇决定让他转移到延安去。次年春节前夕,他几经周折,终于到达革命圣地延安,找到了理想的归宿。

在延安,范文澜得以与党中央领导人毛泽东等经常交谈,接受教益,并且读到了更多的马列著作和其他进步书籍。多年的革命实践,使他产生了重新评价中国历史的强烈愿望。加之学识渊博,善于思考,使他具备了运用马列主义,正确总结历史遗产的基本条件。1940 年 5 月,在延安发表的《关于上古历史阶段的商榷》一文,正是他运用唯物史观分析中国古代社会史的初步成果。稍后,他在中央党校讲授《中国经学史的演变》,对经学的阶级本质、历史地位和发展规律作了实事求是的分析,对近代一些代表人物作了有力的批判,这在国内外都属创举,影响深远。

一旦跳出旧学的窠臼,范文澜昔日掌握的经学、史学、文学知识,都变成了对古史研究必不可少的重要手段和宝贵资料。在此基础上,他在延安马列学院、中央研究院(任副院长兼历史研究室主任)和中宣部

① 铁夫:《范文澜先生》,《中国青年》杂志第一卷第十期,1939 年 10 月。

工作期间,精心编著划时代的《中国通史简编》一书。与此同时,以饱满的革命热情,写出《袁世凯再版》、《汉奸刽子手曾国藩的一生》等战斗檄文,赞颂民族抵抗主义,痛斥民族投降主义,为争取抗日战争的胜利作了重要的贡献。

抗日战争后,范文澜调离延安,历任北方大学校长、华北联合大学副校长、华北人民政府委员等职,并出席第一届全国人民政协,迎接了新中国的诞生。在此期间,他一面为培养解放区的各种专门人才忘我工作,一面认真修订《中国通史简编》,并在文化战线上同国民党反动派展开针锋相对的斗争,写出《研究中国三千年历史的钥匙》等文,为人民民主革命提供了有力的历史根据。

新中国成立后,范文澜历任中国科学院历史研究所第三所(后改名近代史研究所)所长、中国史学会副会长、中国科学院哲学社会科学学部委员。从1954年起,被选为第一、二、三届全国人大代表,第三届全国人大常委,第三届全国政协常委。在中共八大、九大,分别当选为中央候补委员和中央委员。职务的升迁,地位的改变,对他来说,只是意味着增加了对祖国和人民的责任。作为中国著名的马克思主义历史学家,他始终保持着献身共产主义事业的革命精神和刻苦勤奋、勇于探索的学者本色,致力于修改完成《中国通史简编》,直到1969年7月29日,走完了他生命的最后一程。

(二)

范文澜在史学研究领域的杰出贡献,在于他的两部代表作。一部是《中国通史简编》,一部是《中国近代史》。

1940年春,范文澜接受中央委托,着手编写中国通史。1941年,《中国通史简编》第一版,从原始社会到清代中叶,先后分两册出版。

《中国通史简编》问世前,封建统治阶级编纂的各种正史、野史汗牛充栋,绝大部分是记载帝王将相的活动。资产阶级学者夏曾佑、刘师培、邓之诚等,最早用新体裁编写中国通史,比旧史书前进了一步,但远算不上科学著作。缪凤林的《中国通史》也比旧史书有所前进,但攻击唯物史观为"邪见"、"史学之妖孽"。较晚出版的钱穆的《国史大纲》,影响较大,书中除充满封建的陈词滥调外,也增添了攻击马克思主义新史学和反对人民革命的观点。

这时,马克思主义历史学已经在我国涌现出它的第一代专家。中国马克思主义历史学的开创者郭沫若,1930 年出版《中国古代社会研究》,提出对中国古代社会性质的看法,这是我国马克思主义历史学的第一部重要专著。吕振羽在 1934 年出版《史前期中国社会研究》,1936 年出版《殷周时代的中国社会》,1937 年出版《中国政治思想史》,对中国古代社会史和中国社会政治思想史进行探讨。翦伯赞于 1938 年出版《历史哲学教程》,对历史唯物主义原理作了简明扼要的介绍。这些马克思主义历史学家主要在中国古代史领域里取得了许多研究成果,为马克思主义唯物史观的扩大影响作出了贡献。但他们当时还没有编写出一部完整的中国通史著作。

范文澜的《中国通史简编》与旧史书的不同之处在于:第一,肯定劳动人民创造历史,否定了旧史书以帝王将相为历史主角的观点。第二,把阶级斗争理论作为研究历史的基本线索,着重叙述腐化残暴的封建统治阶级如何压迫农民和农民如何被迫起义,对于周邻少数民族统治者的侵掠,着重写民族英雄和人民群众的英勇抵抗。通过农民起义和反抗周邻少数民族掠夺的历史,说明中国各族人民确有反对压迫、反对侵略的伟大革命传统,从而纠正了旧史书对农民起义的偏见,肯定了被压迫者反抗斗争的作用。第三,运用社会发展规律分析中国历史,将中国历史划分为原始社会、奴隶社会、封建社会等各阶段。进而把中国封建社会划分为初期、中期、后期三个时期,说明它并非停滞不前,而是处于缓慢的螺旋式的发展过程。这跟旧史书描写尧舜禹汤时代为尽善尽美的理想社会,甚至认为越古越好的观点完全不同。第四,重视生产斗争的描述,尤其重视古代的科学成就,证明中华民族有着久远的丰富的创造性的科学传统。中国人民有足够的自信心,在旧的基础上不断地发展现代科学。第五,说明中国自秦、汉起的长期统一,经济高度发展和文化进步,促使汉族形成为相当稳定的人们的共同体。它既不是国家分裂时期的部族,也不是资本主义时代的资产阶级民族,而是在独特的社会条件下形成的独特的民族。这是范文澜在 1954 年为《中国通史简编》所写《绪言》中作的主要概括,是完全合乎实际的。

这书是第一部运用马克思主义系统论述中国历史的完整通史著作,出版后曾屡作修改。1950 年,范文澜决定全部重写,次年发表了一篇自我检讨的文章,至 1965 年修改完成了到隋唐五代的第三编。除保留旧本优点外,修订本还形成了一些新的特点:

第一,强调中国是多民族的统一国家,应平等对待国内各民族。曾建立过政权的少数民族,如资料较多,便立专节专章,使之与汉族王朝并立。先秦部分就设专节叙述各族的关系。魏晋南北朝部分,特立《十六国大乱》专节,分三个时期叙述匈奴、羯、鲜卑、氐、羌的情况;还特立文化专节,描述这一时期的佛教、艺术、音乐、文学和儒学。唐代吐蕃、回纥、南诏史料比较丰富,也各立专章叙述其发展变化、社会经济、宗教、文化和他们与汉族的关系。在论述少数民族与汉族的关系时,力求摆脱大汉族主义的影响,不偏不倚,公正论断。如描述唐朝跟吐蕃、回纥、南诏的友好和战争,都能根据具体情况,如实评论,既指出唐朝统治者和边吏的功过,也指出少数民族上层统治者的功过。对各族人民之间的友好往来和经济文化交流,更予以充分肯定。

第二,重视文化史的描述。各个朝代都有论述文化的章节。其中以文学方面的描述最为精彩。唐代文学部分,材料丰富,观点新颖。专论唐诗的一节极为生动。范文澜认为,李白、杜甫诗的艺术各有特长,不可抑此扬彼。李白在"政治上缺乏识见",杜甫的政治见解,"甚至比李白更天真"。范文澜在中唐诗人中最推崇韩愈,认为韩诗和他的古文一样,"像长江大河,浩浩瀚瀚,表现笔力雄健才思富赡的极致,李白杜甫的精华,被韩诗吸收并神而化之,独成一大家,可以说杜文不很工,却不可以说韩诗不工。"这一观点跟一般学者大不相同。他还用较大篇幅介绍和批判唐代佛教。同时,他指出唐代儒学是由汉学系统向宋学系统转变的开始,确是独到见解。此外,在科学技术发展方面,对天文、历算、医学、博物、水利、矿冶的成就,也有比较详细的介绍。

第三,尽量吸收考古发掘的新成果。旧本说周口店"北京猿人"是"黄河流域最早的居民"。修订本则及时吸取"丁村人"、"山顶洞人"等新发现,去说明由"北京猿人"到现代人经历的进化过程。修订本还专立"原始公社的遗迹"一节,叙述新石器时代的各重要遗址及其文化,对中华民族的远祖作了概括的说明。

第四,根据历史主义观点,对帝王将相进行科学分析,力求做到恰如其分。书中既承认属于封建统治阶级的帝王将相有压迫人民、剥削人民的一面,又充分肯定他们中间的某一些人在一定历史条件下,确实起了推动历史进步的作用,反对一律抹煞或缩小他们的贡献。他认为秦始皇的功业"有利于统一国家的形成",是"伟大时代的代表人物",但"又做了许多民不堪命的坏事"。汉高帝"有非凡的政治才能","在位七年,规定与民休息的政治方针,给盛大的汉朝奠定了基础"。汉武帝是"中国历史上有特殊功勋的伟大人物",但"对农民进行残酷的剥削",使"海内虚耗,人口减半"。唐太宗"为统一与和平奠定了巩固的基础,无疑是历史上少有的卓越人物",但后来"他的骄矜心和享乐心逐渐在滋长,……晚年侵高丽,几乎走隋炀帝的旧路"[①]。这种历史主义的全面评价,是有说服力的。

范著《中国近代史》原计划作《中国通史简编》的下册。从1943年起至抗日战争胜利,已写完鸦片战争到义和团运动部分。1946年改名《中国近代史》上编出版。此后,曾多次再版,做过一些修改,但变动不大。

旧中国的史学家,大都致力于古代史的研究,治清史的人不多,问

---

① 以上引文未注明出处者,均见范文澜:《中国通史简编》。

津近代史的更少。近代史领域,除太平天国、辛亥革命等问题,曾引起少数史学家的注意外,整个学科是个未开垦的处女地。在这种学风的影响下,中国近代史的著作,寥寥无几。其中,有的著作,为着大地主大资产阶级的利益,从唯心史观出发,任意曲解史实,使中国近代历史面目全非。有些著作,试图用科学方法论述史事,在群众中起了积极作用,但一般篇幅较小,内容单薄,对错综复杂的历史现象缺乏详细深入的分析。范文澜著《中国近代史》以马克思主义为指导,在大量占有史料的基础上,通过对历史过程的系统叙述,恢复了中国近代历史的本来面目,从而把中国近代史的研究,也纳入了科学的轨道。

近代中国是个半殖民地半封建社会。这是资本帝国主义侵略和中国统治阶级当权派对外奉行妥协投降政策的必然结果。范著系统地叙述了中国沦为半殖民地半封建社会的具体过程,揭露了帝国主义的侵略本质。这是本书的重要特点。书中指出:嘉庆、道光年间,中国封建社会由盛转衰,而世界上第一个资本主义国家英国,这时已成为走遍世界寻求殖民地的头等侵略国家。它用大炮打开中国的大门,法、美、俄、日、德等国接踵而来,经过第二次鸦片战争、伊犁交涉、中法战争、中日战争、八国联军等一系列侵略活动,疯狂地进行掠夺,掀起瓜分中国的狂潮,破坏了中国的主权和领土的完整,破坏了中国自给自足的自然经济,使中国沦为半殖民地半封建社会。范文澜还引用大量资料,揭露帝国主义残害中国人民的罪行。他在出版说明中指出:"自从鸦片战争以后,迄全国解放以前,中国社会陷于半殖民地半封建的境地,中国人民饱受外国侵略者的压迫,现在我们痛定思痛,回顾往事,仍然感到很愤慨。"范文澜把这种愤慨表达出来,教育群众,使人深深认识到革帝国主义的命,是中国人民民主革命的首要任务。

范著《中国近代史》的另一重要特点是,指出中国人民与统治阶级所走的是完全不同的道路,突出了阶级斗争。作者高度评价平英团、太平天国、义和团的历史功绩,热情歌颂人民群众的革命运动,说平英团是中国近代民族民主革命的开始,"有无限的前途",太平天国是中国历史划时代的大事,它的光荣成就永远不会磨灭;义和团是广泛的群众反帝运动,充分表现了中国人民坚强的反抗精神。范文澜无情地批判了统治阶级当权派的反动路线。他说:这一派人在统治阶级中占领导地位,本身利害和外国侵略者相符合。伴随着外国侵略的逐步深入,他们的卖国勾当也逐步发展,百年来一脉相传,迫使中国一层一层地陷入殖民地化的地狱里。

面对帝国主义侵略的形势,在一系列历史事件中,封建统治阶级内形成了许多不同的派别。各派的政治态度有所不同,但经过斗争,当权派一般采纳妥协投降并和外国侵略势力相勾结的政策。范文澜称赞抵抗派林则徐是清代"开眼看世界的第一人",敢于依靠人民的力量,坚决抵抗外国侵略;他在军事上不败于英国侵略军,在政治上却败于道光帝的荒谬指导和投降派的阴谋破坏。甲午战争中,那拉氏、李鸿章等后党主和派打击帝党主战派,一意求和,反对作战。由于他们的破坏,海陆两军全归失败。范文澜通过历史事实说明封建统治阶级当权派的倒行逆施,加深了中华民族的灾难,从而证明反对封建主义,推翻这一阶级的统治,是中国人民民主革命的又一重要任务。

近百年来,帝国主义国家的侵华政策是前后一贯的。半殖民地半封建社会的中国统治阶级实行反动卖国政策,也是前后一贯的。前仆后继,英勇不屈,始终坚持反帝反封建的斗争,则是中国人民伟大光荣的革命传统。近代中国,半殖民地半封建社会的性质基本没变;中国社会的主要矛盾,帝国主义和中华民族的矛盾,地主阶级、买办阶级和人民大众的阶级矛盾基本没变。了解鸦片战争以来的历史,有助于进一步认识二十世纪四十年代我国民族矛盾、阶级矛盾的现实,激发人们的爱国热忱和革命意志。许多人因读了范著《中国近代史》而奔赴延安,在抗日战争后期和第三次国内革命战争时期,发挥了巨大的战斗作用。

《中国近代史》还对许多历史事件提出了很有启发的论断。关于洋务派的问题是其中比较突出的一个。在这以前,中国近代史的著作都曾涉及曾国藩、李鸿章、左宗棠、张之洞等人的活动,但从未把他们当作一个派别进行系统研究。范文澜把他们叫做洋务派,并分析了它的阶级属性、政治方针、主要活动及其历史作用,这在史学界是第一次。他指出:洋务派由顽固派转化而来,他们是军阀、买办、官僚相结合的产物。在他们的封建集团里加入的买办成分越多,和外国侵略者的关系就越深,政治地位也就越高。李鸿章在外交上对外国侵略者妥协退让,军事上用船炮洋枪培养本集团的实力。他们自称洋务运动为"自强"新政,希望中国从洋务活动中得救。但"中学为体,西学为用"是洋务派的一贯方针。他们创办同文馆等新式学堂,目的在培养买办,而不是为了真正了解外国;兴办新式企业,制造轮船枪炮的目的是镇压革命运动,而不是抵抗外国侵略。因此,洋务运动并不能使中国走向富强;经过中法战争、中日战争的惨败,它终于彻底破产。洋务派问题的提出,无疑地对这段历史的研究起了很大的推进作用。

关于义和团运动的分析,是又一个显著的例证。尽管前人的著作已对义和团运动做过较高的评价,认为义和团运动是"原始的民众的反帝国主义运动"[1],也把它看作一次"伟大的群众的反帝斗争"[2]。但对八国联军没能瓜分中国,则都认为是由于帝国主义国家间分赃矛盾无法解决的结果,而对义和团的积极意义缺乏具体论证。范文澜在《中国近代史》中专辟一节,说明义和团运动教训了帝国主义侵略者,使他们认识到"无论欧美日本各国,皆无此脑力与兵力可以统治此天下生灵四分之一",从而把义和团运动的研究进一步引向深入。

如何看待太平天国革命和义和团运动中所表现的农民阶级本身弱点?范文澜跟那种把历史事件看作好就一切都好,坏就一切都坏的形而上学观点也不同。他在充分肯定农民革命运动的伟大意义的同时,还指出:太平天国的失败,在主观方面,主要是由于领导集团犯了许多严重的错误。归纳起来,有宗派思想、保守思想和安乐思想,根源在于农民阶级消极方面的狭隘性、保守性和私有性。太平天国领导集团的

① 　中国现代史研究委员会:《中国现代革命运动史》,中国出版社 1941 年版,第 52 页。

② 　李鼎声:《中国近代史》,光明书局 1949 年第七版,第 165 页。

腐化分裂,正是这些特点的反映。在论述义和团运动时,他认为义和团的群众,许多是因为洋货进口增加,新工业相继建立而失业破产的农民和手工业者。他们要保持旧的生产方式,表现出不可避免的落后性。义和团盲目排斥洋人、洋教、洋书、洋货、洋务人员、洋式生产工具,凡带洋气的人和物,一见就"怒不可遏,必毁杀而后快"。他们用降神念咒的方法来动员群众,这些表现了愚昧落后的一面。马克思主义历史学家,应该坚决站在革命人民方面,以无限热情歌颂人民群众的革命斗争。范文澜在他的著作中充分表现了这种精神。但他对农民革命中暴露出来的弱点,敢于提出自己的看法。这种不为贤者讳的实事求是态度,堪作表率。

范著《中国通史简编》和《中国近代史》还有些共同的特点:叙事采用夹叙夹议的手法,寓评论于叙事之中;文字锻炼纯熟,既通俗生动,又要言不烦,对人物常有画龙点睛的描绘,对事物颇多发人深思的论断,有着中国古代卓越史家"文史兼通"的优点,极富感染力。《中国通史简编》的一些章节,由于材料的限制,很难写得生动。但《古代文化的创造》、《孟子和邹衍》、《老子与庄周》等节,仍然写得饶有兴味。《十六国大乱》一节,也写得条理清楚,使"大乱"显得不怎么乱了。《中国近代史》写帝国主义的狡猾残暴,那拉氏的凶狠昏愦,李鸿章等投降派的丑恶嘴脸,使人读之发指;爱国将士的英勇奋战,台湾人民反割台斗争的坚贞不屈,则写得十分感人。这种写作方法使范著丰富多彩,引人入胜。

范著的不足之处,主要在旧本《中国通史简编》和《中国近代史》中,有些地方的叙述有非历史主义的观点。旧本《中国通史简编》对历史上统治阶级的人物不加分析,采取全盘否定的态度。但他们中间的一些人,如秦皇、汉武、唐宗、宋祖在当时的历史条件下,确实起过推动历史前进的作用,一概抹煞,显然是不符合历史实际的。这书和《中国近代史》中还有"借古说今"的缺点,借孙权破坏蜀吴联盟来类比国民党反动派破坏抗日民族统一战线;说道光帝"求降难",借以类比国民党反动派的投降活动,想用这种办法加强历史研究的革命性。其实三国混战和鸦片战争不同于抗日战争,蜀吴联盟不同于抗日民族统一战线,道光帝也不同于蒋介石。这种类比,只有在写书的当时能引起读者的联想,后来的人就不知所指了。在革命战争年代,从革命的愿望出发,希望借此打击敌人,教育群众,是可以理解的。即使如此,作为历史科学的研究方法,也是极不可取的。革命的历史著作,应该依靠马克思主义的科学真理,立足于客观历史事实;只有这样,才有可能给人们指明斗争方向,鼓舞人们的革命意志。义愤不能代替科学,任意类比反而使人辨别不清历史唯物主义和唯心主义的界线,怀疑马克思主义历史学的科学性,产生不好的效果。

旧本《中国通史简编》和《中国近代史》的另一个不足之处,是它还存留了一些旧的学术思想的痕迹。范文澜早年所受古文经学派、浙东学派“正统”思想和“排满”思想的影响,在书中时有表露。满族统治阶级的反动统治,和汉族统治阶级的反动统治一样,应予批判。但不能因为是满族就把他们说成是什么“异族统治”,“侵入中国”。这违反了中华民族是国内各民族统一整体的事实,把我国少数民族排斥在中华民族之外,显然是错误的。这种观点,在论述曾国藩时也有表现。曾国藩反对农民革命,镇压太平天国,应该受到谴责。但满族统治者和日本帝国主义侵略者性质截然不同,不能相提并论。曾国藩镇压太平天国是一回事,对外投降卖国是另一回事,不应混同。范著为了用曾国藩来比附蒋介石,就说曾国藩镇压太平天国是没有民族思想,甘心做满洲皇族的忠实奴仆,是屠杀同胞的“内战能手”,“出卖民族的汉奸”①。这种评论,把国内阶级矛盾说成是中华民族与侵略者之间的民族矛盾,混淆了两者的界线。

应该指出,范文澜后来发表文章,检查了自己的非历史主义观点,对国内民族关系问题的看法也有改变。修订本《中国通史简编》已经

---

① 以上引文未注明出处者,均见范文澜:《中国近代史》。

改观,只是《中国近代史》的有关论点没有来得及修改。

（三）

范文澜对于中国马克思主义历史学的杰出贡献,还表现在对中国古代和近代历史上的一些重大问题,如古代和近代史分期、汉民族形成、民族关系、农民战争、封建社会长期延续、经学等问题,较早地发表了独到的见解,为进一步研究开辟了蹊径。

中国古代史分期问题:前述《关于上古历史阶段的商榷》一文①,是范文澜探讨中国古史分期的第一篇论文。当时,斯大林的《辩证唯物主义和历史唯物主义》刚介绍到中国,范文澜根据斯大林所概括的关于奴隶占有制和封建生产关系的基本特征以及与此相适应的生产力状况,还有恩格斯《家庭、私有制和国家的起源》中的有关论断,分析《尚书》《诗经》等古文献,结合考古资料,指出盘庚后的商代在生产关系的基础、生产工具、畜牧业农业手工业的分工、交换的出现、财富积累在少数人手里、少数人对多数人的压迫、奴隶劳动占统治地位等八个方面已经具备了奴隶社会的基本条件,由此判定已经进入奴隶社会。同时,又从西周社会生产关系的基础、农奴已有私有经济、农业成为主要生产部门、阶级斗争等六个方面,论证西周"已开始封建社会"。他又指出,西周还存留氏族社会和奴隶社会的残余,但已不能再有所发展了。商代石头工具已被金属工具代替,但并未完全消失。金属农具尚未广泛应用,到广泛散布之时,便是封建制度的开端了。畜牧业在生产部门中居第一位,其次为农业、手工业。商代存在四个阶级,即贫人阶级、被剥削阶级、奴隶和奴隶主阶级,奴隶主大批杀戮奴隶,祭祀时用奴婢作牺牲。范文澜不赞成郭沫若在《中国古代社会研究》中提出的商代是氏族社会、西周是奴隶社会的主张,认为不能用铁器的出现来推断奴隶社

---

① 本文第三部分引用的范文澜著作,凡未注明出处者,均见《范文澜历史论文选集》,中国社会科学出版社1979年版。

会的形成,指出现在断定商代没有铁器,未免为时过早。在这篇文章中,他列举许多古文献和考古资料进行论证,提出了不少精当的意见。尤其是对于《中国古代社会研究》有关商代社会部分的批评,大都是中肯的。但他几乎完全按照《辩证唯物主义和历史唯物主义》所概括的奴隶社会和封建社会的生产力、生产关系的特征,来一一对照商、周的历史实际。这种研究方法表明他当时还没有达到熟练地运用马克思主义原理以解决中国历史问题的境界。

1950年后,中国史学界就古史分期重新展开了生动活泼的争论。大多数史学家对商代为奴隶社会确定无疑,所不同的是西周和西周以后的社会性质,除原有西周、战国封建说而外,新出现了秦汉、魏晋封建说等。众说并出,互相诘难,各有千秋。其中最有影响的有三种观点:西周封建说,以范文澜《中国通史简编》为代表;战国封建说,以郭沫若《奴隶制时代》(郭沫若已在1944年正式改变旧见,认为商代为奴隶社会)为代表;魏晋封建说,以尚钺《先秦生产形态之探讨》①为代表。

1954年,范文澜在《关于中国历史上的一些问题》一文中,进一步依据马克思、恩格斯和列宁的一些见解,提出原始社会生产力的发展,必然会导致阶级社会的产生。但考察封建制的发生,先应从剥削形式的变更上着眼,了解当时生产者的情况,因为这是"了解封建土地所有制的钥匙"。据现存西周生产资料占有者和生产者之间关系的史料,"证明'封建土地所有制'确实普遍地存在着"。由奴隶社会向封建社会的转变,新的生产力表现在自由农民和隶农身上,并不在于最初的铁。"不能凭最初的铁的有无来决定社会的变化"。生产工具的变更和发展,虽是一切社会关系变更的开始,但"不一定是决定性的"。生产工具必须与作为基本生产力的劳动群众结合起来,如果过分强调生产工具,就难免把历史描绘成无人参加的各种经济过程的平稳的自行发展,把历史唯物主义变成经济唯物主义。这篇文章发表后,随即引起

①　载《历史研究》1956年第7期。

历史学界一场新的争论,使问题的探讨更加深入。

范文澜在《中国通史简编》第一编中,还立专章系统论述周国在灭商前已经形成为封建制度,周文王灭商后使封建制度扩大到周势力所达到的地方,周初分封诸侯而后构成了封建土地所有制,西周的社会阶级结构,西周的经济变化等情况,使自己的见解愈加深刻和完整。

从 1950 年到 1966 年“文化革命”前,古史分期的研究和讨论,基本上是按照党的“百家争鸣”的方针进行的,取得了很大的成绩。但在这场讨论中,有些学者没有严格区别学术和政治问题的界限,或者把马克思主义经典作家根据西欧历史情况作出的关于奴隶社会和封建社会的论述当作一成不变的原理或现成的公式,或者把党和国家领导人的意见看作判断学术是非的唯一标准,等等,不免妨碍了问题的进一步深入探讨。1957 年,范文澜在北京大学的一次演讲中,把提出魏晋封建说的著名历史学家尚钺的《中国历史纲要》一书,说成是“用西欧历史作蓝本”,“有意无意地依西欧历史的样来画中国历史的葫芦”,“是一件怪事”。他当时可能没有估计到自己这些话语的分量,但由此开始了对于尚钺的一系列批判,超越了学术讨论的范围,因而对中国古代史分期问题的研究和讨论带来了一定的消极影响。

汉民族形成和民族关系问题:1953 年,苏联历史学家格·叶菲莫夫撰《论中国民族的形成》一文,认为汉族到鸦片战争以后才形成为民族。次年,范文澜发表《试论中国自秦汉时成为统一国家的原因》(即《关于中国历史上的一些问题》第七部分),提出自秦汉起,汉族初步具备了斯大林民族定义的四个特征:共同的语言是“书同文”,共同的地域是长城之内的广大疆域,共同的心理是“行同伦”即祖宗崇拜和孝道,共同的经济生活是“车同轨”,他认为中国封建社会的发展道路不同于欧洲,汉族是“在独特的社会条件下形成的独特的民族”。由于汉族早已形成为民族,又经历了二千多年的锻炼,“具备着民族条件和民族精神”,因此当欧洲资本主义侵略者侵入后,“民族反抗运动蓬勃地开展起来”。但是,汉族并没有转化为资产阶级民族,而是在民族和民主革命中逐渐形成为社会主义民族。这篇文章引起了史学界的广泛注意,从而展开了争论。有些学者赞同他的观点,指出秦汉后中国封建社会的许多重要特征,是欧洲中古时期所没有的,主张把斯大林民族理论的精神和汉族封建社会的特点结合起来,探讨汉民族何时形成的问题。还有一些学者完全按照经典作家关于欧洲各民族形成的理论,认为封建社会不可能有民族,甚至指责他"背离了"马列主义民族理论。这种指责不免有些过火。

　　范文澜还在《中华民族的发展》①一文中,指出秦汉以来中国就是一个统一的多民族的国家,到清代,中国的疆域和民族业已确定。在这两千多年的发展过程中,汉族起着主导的作用,各少数民族也都为祖国的缔造和发展做出了伟大贡献。所以,历史上的中国除了汉族还有少数民族,历代疆域既包括中原王朝,也包括少数民族独自建立的国家或政权的辖区。在《关于中国历史上的一些问题》中,他认为历史上所有民族压迫,本质只是一个民族的统治阶级压迫别一个民族,主要是压迫别一个民族的劳动人民,借以增加自己的剥削对象。汉族或少数民族的统治阶级,都曾利用民族的名义,挑动本族人民与他族的不和,以达到统治中国的目的。1961 年后,他在几次讲演②中,进一步论述中国历史上的民族斗争和融合。着重指出,由于汉族的文明高、人口多,好像一座大熔炉,经过几千年不断吸收附近的各少数民族,汉族才成为一个巨大的民族。因此,汉族是很多民族的化合体。历史上的民族或国家间的斗争,今天看来却是兄弟打架。但不能否认它们当时是敌对的民族或国家。在剥削阶级统治之下,各民族和国家间根本不存在和平共处与平等联合。既然侵略者凭借武力扩张,就应承认当时"担当起抵御外来侵犯的责任"的人物是民族英雄。这些都是独到的见解,对后人有很多启发。但不能否认,他在这些讲演中也提出了一些不够成熟而失之偏颇的意见。

<hr>

① 　载《学习》1950 年第 1 期。
② 　载《历史研究》1980 年第 1 期。

中国古代农民起义和封建社会长期延续问题:1946 年,范文澜在北方大学的讲演词中,概括地说明历史上农民夺取地主土地的斗争,经历了由低级到高级的发展过程。1950 年,在《论中国封建社会长期延续的原因》一文中,指出中国封建时代的农民阶级是历史发展的推动力,但他们只能打击封建制度,而不能打破封建制度。同时,他从中国封建生产方式的内部结构及其坚固性,来深入探讨中国封建社会长期延续的根本原因,反对用地理条件决定论、人口增长决定论和农民战争破坏论来解释中国封建社会的长期延续。1954 年,在《关于中国历史上的一些问题》中,进一步阐述中国封建社会的推动力基本上是农民阶级反对地主阶级的阶级斗争。农民战争打击了封建统治,迫使封建统治者在政治、经济上作些让步和改良。这样,生产力和生产关系得到某些部分的适合,社会生产力因而多少有些发展。所以,农民战争起着速度不高的火车头作用。这些见解都是十分精当的。

中国近代史分期问题:1954 年,胡绳首先提出这一问题。随后,史学界就此展开讨论,中心内容为分期的标准和分成几个阶段。范文澜自 1955 年 7 月至次年 10 月,连续撰文阐述自己的看法。

范文澜根据近代中国的社会主要矛盾来划分近代史的阶段。他认为,中国半殖民地半封建社会不曾因为有了中国资本主义而变成资本主义社会,不能像西方资本主义国家那样,把近代史等同于资本主义社会的历史;仅用中国资本主义的发生和发展来划分中国近代史的阶段,既不全面,又不符合史实。他用无产阶级领导的四次革命战争为例,说明中国新民主主义革命的历史,并不因资本主义的发展和停滞,或资产阶级态度的变化而起决定作用。因此,中国新民主主义革命的历史阶段,应根据无产阶级领导的四次战争(四个主要矛盾)来划分,而不宜根据资本主义的发展或停滞来划分。他说:"同样,近代史的阶段也必须根据各个阶级曾经起过的历史作用,即曾经担当过主要矛盾的一面的事实来划分。……历史的骨干是阶级斗争,现代革命史就是现代史的骨干,近代革命史就是近代史的骨干,近代史现代史阶段的划分基本上与革命史是一致的(单纯的中国资本主义发展史可以按本身的发展过程划阶段)。"

范文澜以主要矛盾把中国近代史划分为四大段。第一大段:1840—1864 年,即鸦片战争至天京陷落。这一阶段包括反抗英国侵略的民族战争和太平天国领导的人民大众反封建斗争这两个主要矛盾。第二大段:1864—1895 年,包括 1864—1873 年捻军、西南和西北回族、苗族等以少数民族为主的国内各族反对满洲贵族压迫的民族战争这一主要矛盾,还包括清政府为反抗帝国主义实行瓜分中国第一步骤而进行的中法战争和中日战争这一主要矛盾。第三大段:1895—1905 年,帝国主义强占军港,划分势力范围,实行瓜分中国的第二步骤。中国民族资产阶级形成,维新派发动爱国主义的变法运动。1900 年义和团反帝运动,制止了帝国主义在长城以内瓜分中国的阴谋。但沙俄帝国主义于同年大举出兵,强占东三省,实行瓜分中国的第三步骤。1904 年日俄战争,日本势力进入"南满",沙俄退至"北满"。这一期间的主要矛盾是帝国主义企图瓜分中国,中国人民反抗侵略这一民族矛盾。1905—1919 年,资产阶级革命取得局部胜利,推倒清朝政府,取消皇帝名号,使民主共和国的观念深入人心。由于袁世凯、段祺瑞的反动卖国统治,资产阶级革命彻底失败。资产阶级反对封建统治的斗争,是这一阶段的主要矛盾。他指出:"总起来看,中国近代史第一大段包含反帝反封建两个主要矛盾,而反封建矛盾尤为发展。第二大段包括国内民族斗争和反帝两个主要矛盾,而反帝矛盾较为突出。第三大段包括反帝一个主要矛盾,第四大段包括反封建一个主要矛盾。"这是他划分中国近代史为四大段的主要依据。

中国史学界在热烈的讨论过程中,大致形成三分法和四分法两种不同的意见。范文澜的主张属于四分法一类。这种分段法和三分法不同的是,比较突出了两个方面的问题:一、1864 年至 1873 年捻军、西南和西北回族、苗族等以少数民族为主的国内各族人民反对清朝民族压迫政策的民族战争,把这些事件看做这一时期的一个主要矛盾;二、甲午战争和日俄战争对中国社会的影响,强调义和团运动后,沙俄侵占东北,导致日、俄争夺中国领土的战争,在中国人民中引起极大的震动,对这一帝国主义侵华事件造成的民族矛盾,必须予以充分估计。因此,他以1864年的国内民族战争和甲午战争为界标,划为第二大段,从甲午战争后到日俄战争为界标,划为第三大段,而以同盟会的成立作为第四大段的起点。

范文澜一直希望按照自己的分期方法,重新编写《中国近代史》,但计划始终未能实现,这不能不说是中国史学界的一大损失。

批判地总结经学:从西汉起,注疏和解释古代经典主要是儒家经典的学术形成一门独特的学问,称"经学"。随着中国封建社会的逐步发展,经学不断发生变化,以便与之适应,更好地为统治阶级效力。中国民族资产阶级的软弱性,使它未能对传统经学进行认真的清算。于是科学地总结经学的历史任务,便自然地落到中国无产阶级的肩上。

1933年,范文澜出版的《群经概论》一书,仍旧遵循古文经学派的家法,对儒经进行了系统的考察。1940年8、9月间,他在中央党校讲授《中国经学史的演变》,开始用马克思主义对经学进行科学的分析,并对近代一些经学家的错误观点进行了批判。正如毛泽东所说,在历史上"用马克思主义清算经学这是头一次"[①]。后来,他在《中国通史简编》和1963年的《经学讲演录》中,又进一步作了阐述。

范文澜认为,"经"原是孔子整理旧文写在竹简上授徒的课本,后来写成固定的书本,转化为经。历代儒生按照统治阶级的需要解释经义,就形成经学。他们把经说成是天经地义的"永恒真理",用以证明封建统治的合理与不可动摇。于是儒经成为统治阶级压迫人民的理论武器。后来又因对经义的解释发生歧异,形成了不同的派别。经学前后发生三次大的变化:一、汉代出现今古文之争;二、宋代出现理学;三、清代乾嘉汉学的发展。经学通过内部斗争(汉宋斗争、今古斗争、程朱

---

① 《毛泽东书信选集》,第163页。

陆王斗争等）和对外斗争（儒与杨墨斗争、儒道斗争、儒佛斗争等）而不断发展。斗争的方法是夺取对方武器以改造自己，创立新的体系，发挥适合君主要求的理论，消除近乎危险的言辞，如尽量发挥三纲、三从、五行、五常，阉割带有原始辩证法和揭破鬼神迷信的内容。经学经过改造，与原始儒学的差距越来越大，但始终能适应各个时代封建统治者的要求，长期处于受尊崇的地位。

经学是中国固有的文化。范文澜既反对大地主大资产阶级提倡读经，全盘继承，也反对以民族虚无主义态度对待经学，一概排斥，而主张用马克思主义观点加以总结，去其糟粕，取其精华。他认为，顽固性的"道统观念"必须予以摒弃，但经学里包含的优秀部分，如讲做人道理的格言等，也可以移植到中国无产阶级文化中来。

范文澜运用历史唯物主义探索经学，被誉为中国用马克思主义研究经学的开创者。诚然，经学研究还需要进一步深入，范文澜在有些问题上也还没有完全摆脱旧学的影响，多多少少保留了古文经学派过于相信汉儒传注的痕迹。但是，大醇小疵，在他的著作中，这并不是突出的问题。

（四）

范文澜是中国杰出的马克思主义史学家，中国共产党的优秀党员，兼有学者和革命者的品质。从接受共产主义崇高理想之日起，他一直忠于党的事业，把史学研究视为党领导的整个革命事业的一部分。他勇于追求真理，从不计较个人得失，从不追求名利地位。为了革命的利益，他兢兢业业，奋斗不息，成为史学工作者和一切革命者的楷模。

马克思主义是无产阶级的科学思想体系。作为党的史学工作者，范文澜把学习马克思主义，以马克思主义为指导研究历史当作自己的头等任务。在学习方法上，他提倡理论联系实际，说史学工作者"取得成就的关键在于理论联系实际",应该把马克思主义"融化成自己的思想"①,即和"自己的整个思想意识、思想方法、生活行动全面地联系起来,这样,才叫做马克思主义者在做史学工作"②。因此,学习马克思主义的过程,就是以马克思主义为武器不断进行自我改造的过程。学习是为了实践,历史研究工作也是一种实践。革命的历史工作者必须通过学习,努力改造自己,树立无产阶级世界观。他反对教条主义的学习方法,说"学习马克思主义要神似,最要不得的是貌似"③;所谓神似,就是学习马克思主义的立场、观点、方法;所谓貌似,就是不顾时间、地点、条件,生搬硬套马克思主义的词句。他认为这种教条主义的学习方法是伪马克思主义。

马克思主义唯物史观是在同各种唯心史观的斗争中发展起来的,为了在中国建立马克思主义历史科学,也必须对形形色色的唯心主义进行批判。范文澜不仅用自己的历史著作,阐述了正确的理论,而且把批判唯心主义作为自己的任务。他发表的《谁是历史的主人》,《再谈谁是历史的主人》,《生产关系一定要适合生产力性质》,《武训是个什么人,为什么有人要歌颂他》,《看看胡适的"历史的态度"和"科学的方法"》等,都是批判资产阶级思想的战斗檄文,在史学界发生了很大影响。

强调马克思主义对历史研究的指导作用,决不等于在历史研究中只注意理论而忽视资料工作。恩格斯说:"不论在自然科学或历史科学的领域中,都必须从既有的事实出发。"④范文澜深深懂得这个道理,他重视理论研究,反对以史料编纂代替历史研究,反对繁琐主义,但同时认为"事实是理论的立脚点","理论与材料二者缺一不可"⑤,"反对放空炮"⑥,要求详细占有资料,对历史事实做认真的调查,然后用马克

---

① 范文澜:《科学工作者应怎样展开"新我"对"旧我"的斗争》,《光明日报》1952年1月6日。
②③⑤　范文澜:《历史研究中的几个问题》,《北京大学学报》1957年第2期。
④　恩格斯:《自然辩证法》,《马克思恩格斯选集》第3卷,第469页。
⑥　范文澜:《反对放空炮》,《历史研究》1961年第3期。

思主义做出科学的分析。只有这样才能写出坚实的科学著作。范文澜曾指导编辑《中国地震资料年表》,亲自编辑中国近代史资料丛刊《捻军》,号召人们编写辛亥革命回忆录、闻见录,呼吁保护历史文物,等等,都表现了他对史料的重视。

历史研究应当结合现实的需要,着眼于实现人类的崇高理想。中国马克思主义史学是在中国人民民主革命的烈火中顺应时代的要求发展起来的。现实的需要是它发展的动力,而密切联系现实,为无产阶级革命事业服务,就成了它的优良传统。马克思主义历史学的根本要求在于它的科学性,历史科学对社会历史发展规律揭示得越正确,它对人们认识和创造客观世界的帮助就越大。正如恩格斯所说:"科学愈是毫无顾忌和大公无私,它就愈符合于工人的利益和愿望。"[1]作为一个马克思主义史学家,范文澜是以历史学为革命阵地的。他主张"古为今用"[2],坚持历史科学的党性,贯彻唯物史观的实事求是的原则,就是他在研究工作中所遵循的方向。

发扬学术民主,提倡不同学派开展自由争辩,是范文澜的一贯主张。他积极拥护党的"百家争鸣"的方针,认为认真实行这一方针必将促进科学事业的繁荣发展。他提倡学有专长的争鸣,反对那种盛气凌人,言之无物的教条主义的争鸣。他还认为争鸣要树立良好的风气,正确地开展批评与自我批评,互相帮助,精益求精;既反对"扣大帽子"和简单粗暴的意气之争,又反对盲目崇拜权威,把书本和大师绝对化。

范文澜是党的"双百"方针的积极宣传者,也是忠实执行者。关于中国封建社会始于何时的问题,他和郭沫若看法不同,在书刊上进行过辩论,谁也没能说服对方改变自己的观点。但他们在史学界彼此推崇,并不因此而存在门户之见,宗派之争。关于中国近代史分期问题,他与近代史研究所其他一些同志的意见不一,虽然他是一所之长,又是史学界的老前辈,但他并不把个人意见强加于人,而赞同这些同志照自己的

① 恩格斯:《费尔巴哈和德国古典哲学的终结》,《马克思恩格斯选集》第4卷,第254页。
② 范文澜:《古今中外法浅释》,延安《解放日报》1942年9月3日。

看法去写近代史。他虚怀若谷,闻过则喜,从不固执己见。从 1950 年起,他全部改写《中国通史简编》,曾公开发表文章,对自己未成熟的见解或错误的论断,作了严肃认真的自我批评,并表示"凡给予本编的指教,本人无不欢欣接受,即一字之教,也不敢忽视"[1]。事实正是如此。《中国通史简编》数易其稿,便是最好的证明。

范文澜不仅有追求真理、服从真理的热忱,而且有坚持真理的勇气。在敌人统治的年代,他身陷囹圄,表现了坚毅不屈的革命意志。新中国成立后,当错误潮流袭来时,他一旦发觉,也不随声附和。五十年代末,史学界有人提出"打倒皇朝体系"问题,认为在历史学中根本毋需提到帝王将相。范文澜坚决赞成批判旧观点、旧思想,其中包括以帝王为中心的旧史学体系,但他认为笼统地讲"打倒",把复杂的历史现象简单化了。为此,他遭到非议。范文澜相信自己的观点正确,多次提出申述,指出:中国历史从夏、商、周三代起,各个朝代都有自己的特点;每个朝代都标志着一定的时间和空间,要抹也抹不掉;王朝称呼是个方便的时代符号,可以利用它掌握中国历史的概况;在朝代、年号、庙号之后加注公元,使人进一步明确时间的概念,这是必要的,但公元毕竟不能代替客观存在的王朝体系。他还引证马克思和恩格斯,说明他们在叙述历史事件时,常常使用王朝或国王的纪年。如马克思晚年写成的《印度史编年稿》,着重写农民起义,用王朝纪年加注公元纪年,写了王位继承,来龙去脉,十分清楚。他还指出,帝王将相是古代国家的代表,其中有些还是历史上的杰出人物,应该对他们的功过做出实事求是的分析,一概打倒,实际上是民族虚无主义的态度。这种观点,在某种意义上也是对他自己过去研究工作中的非历史主义倾向的自我批评。

作为党的史学工作者,范文澜还热情关心史学队伍的健康成长,认为有志于史学研究工作的同志要"又红又专"。首先必须系统学习马克思主义,掌握理论武器。其次,需要掌握文字工具,文章应该写得切

---

① 范文澜:《中国通史简编》,修订本第一编再版说明。

实、清楚、简要、生动,引人入胜。还需要学习一两种外国文。第三,分工可以细些,应该专精一门,但必须专与通结合,做到直通、旁通、会通,不可偏废。他指出:要以局部性的深入来帮助综合性的提高,以综合性的提高来促进局部性的深入,这样反复促进,以提高历史研究的水平。他勉励同志们要"天圆地方",既要有灵活的头脑,勤于思考,又能坐冷板凳,下苦功夫,勇于向困难进军。他还要人们谦虚谨慎,戒骄戒躁,反对草率从事,粗制滥造,常说"板凳要坐十年冷,文章不写一字空"。

　　范文澜对党、对人民、对祖国无限忠诚,自觉地在政治上和中央保持一致。他是维护民主集中制的模范,强调为实施民主集中制,必须建立无产阶级最严格的纪律。所有党员在纪律面前一律平等,不容许有所谓上等人和平凡人的分别。他按时参加组织生活,严于解剖自己,从不以领导干部自居。担任中央候补委员后,他仍然是基层组织的普通一员,从不发号施令或越俎代庖。他一贯保持艰苦朴素的优良传统,作风朴实,自奉俭约,从不要求特殊照顾。他勤奋工作,常带病坚持工作,很少参加社交活动。1950年中国科学院成立,他请求不参加院的领导工作,1958年又要求解除近代史所所长职务,专心写书。他发表了一百几十万字的著作,所得稿费全部上交国库,身后一无长物。他经常以"先天下之忧而忧,后天下之乐而乐","鞠躬尽瘁,死而后已"的古训自勉,而且忠实地实践了自己的诺言。

　　（本文与刘仁达、徐日彪合作,刊载于《中国史学家评传》下册,
　　　　　　　　　　　　　　中州古籍出版社1985年版）

江西发现的南宋女遗体

去年九月二十四日,江西省德安县宝塔乡杨桥村附近山坡上,发现了一座古墓。

据出土的墓志,知道该墓的主人是一位姓周的妇女。墓志全文如下:

> 新太平州通判吴畴妻、安人周氏,隆兴武宁人。前宁国府通判、国史、溪园先生周公应合之女也。母王氏。生于嘉熙庚子十二月癸丑,年十七归于我。生男一人,埴,将仕郎;女一人。予官升朝,方该封叙,咸淳甲戌四月丙辰,以疾卒于江州廨院正寝,享年三十有五。以是年九月二十三日丙申,葬于邑西长乐乡晚侯社之桃源。呜呼,以安人之执妇道,历艰苦而不得其寿,予之悲悼,尚何言哉!谨志诸圹。(见图)

周氏生于宋理宗嘉熙四年(1240年),死于宋度宗咸淳十年(1274年),享年三十五。其父周应合,隆兴府武宁县(今江西省德安县西)人,号溪园,元世祖至元十七年(1280年)卒。宋理宗时,撰《景定建康志》传世。度宗咸淳四年任宁国府(今安徽省宣城县)通判①。其夫吴畴,曾任朝奉郎、经略参议官。宋度宗末年任太平州(今安徽省当涂县)通

① 袁桷:《清容居士集》卷27《周瑞州神道碑铭》。

新太平州通判吳疇妻安人周氏隆興武寧人前寧
國府通判國史溪園先生周公應合之女也母王氏
生於嘉熙庚子十二月癸丑年十七歸于我生男一
人臺將仕郎女一人予官陞朝方該封敘咸淳甲戌
四月內辰以疾卒于江州廨院正寢享年三十有五
以是年九月二十三日丙申葬于邑西長樂鄉睌俟
社之桃源鳴呼以　安人之執婦道歷艱苦而不得
其壽予之悲悼尚何言哉謹誌諸壙

判。据德安县今存吴氏族谱,吴畴是德安县人,故在周氏死后,将其遗体运回德安长乐乡安葬,并且亲自撰写墓志。

周氏遗体盛放在柏木做成的棺内,用油灰涂缝密封,棺木表面涂红色油漆,出土时完好未脱。棺外用条石、青砖封墓。棺葬于离地一公尺的深处。周氏遗体保存颇好,五官端正,毛发齐全,满口白牙未脱,发髻保持原样。两脚各约长五寸,脚趾上跷,各趾向中靠拢,显然不是天足,而是在生前裹束过(由随葬的几双鞋也可见其脚似"金莲",但又不仅是"三寸金莲")。

棺内随葬器物较为丰富,有凤冠、铜钱、丝织的裙、襦、裤、鞋、佩带、月经带、丝绵衣、被、绉纱团扇、绣花荷包、银粉盒等。绣花荷包中装有十多枚白色纸钱,当是今存最早的纸钱。还有多匹绫、绢等丝织品(每匹十五公尺)以及许多绺彩色丝线。绫、绢看来是墓主生前织成的产品,丝线则是墓主尚未用完的原料,随葬的目的是留待死者在地府继续织造。吴畴在墓志中说周氏"执妇道,历艰苦",可能正是指她生前不忘女红。周氏遗体两手各握小粽子一只,发棺时粽叶尚呈翠绿色。周氏死于农历四月初十,离端午节仅二十天。估计周氏大殓时,已经在端午节前夕,正逢家家户户裹粽子,所以遗体两手中各置一粽,以便其在地下享用。这座古墓的发现,提供了一些前所未见的资料,可作为研究宋代生活史的实物证据。

(本文刊载于台北《历史月刊》1989 年第 2 期)

辽朝和宋朝人最早发明牙刷

刷牙是人类口腔保健的重要措施,人们天天刷牙,其目的不外有二:一是保持牙齿清洁,将牙齿表面和牙缝洗刷干净,减少口腔内食物残渣的存留;二是按摩牙龈,促进局部血液循环,增强牙龈的抗病能力。

人类何时开始使用牙刷的呢?外国学者认为,人类历史上第一把带毛牙刷是公元1770年左右由威廉·阿迪斯在英国监狱里发明的。犯人威廉·阿迪斯觉得传统的用布擦牙的方法不好,便在一次吃肉时留下一块骨头,在上面钻了一些小孔,再要来几根猪鬃,嵌到小孔中,这样就成了一把植毛牙刷。

法国历史学家谢和耐(Jacques Gernet)教授,在所著《南宋社会生活史》第三章《杭州的食衣住》中提出:

> 在第十三世纪的中国人,在用膳后不知用牙刷,他们用毛巾抹拭其齿龈。他们其他的习惯,引起九世纪的阿拉伯商人之物议:"他们不整洁。当他们去污时,他们从不用水洗,仅用中国纸来擦拭而已。"

宋太祖建国在西元960年,已经进入十世纪下半叶。谢和耐教授却以九世纪的阿拉伯商人的"物议",来论证十世纪下半叶以至十三世纪下半叶前的事情,未免差距太大了。至于说宋朝人到十三世纪还不知道使用牙刷,只用毛巾抹拭齿龈,就更不符合事实。

唐朝的牙刷雏形

远者不说。唐朝王焘著《外台秘要》卷 22，已记载"升麻揩齿方"，使用柳枝来揩拭牙齿。这种柳枝是将杨柳树枝的一端用牙咬成刷状而成的，形如条帚，每天早晨用它来蘸药刷牙。柳枝的形状和功能已接近现代的牙刷，当是牙刷的雏形。

辽朝的牙刷实物

1965 年，北京故宫博物院展出过考古工作者在内蒙古赤峰县大营子村第一号辽墓发现的两柄骨刷。骨刷各长十九厘米，刷毛部分二点四厘米，有两排八个植毛孔眼，和现代牙刷极其相像。经专家鉴定，这是植毛牙刷实物。该墓的年代是辽穆宗应历九年（959 年），较宋太祖建国还早一年。

宋朝的刷牙子和刷牙铺

南宋末年，吴自牧在《梦粱录》卷 13 记载，京城临安府（治今浙江杭州）商铺所销售的"诸色杂货"中有：

> 镜子、木梳、篦子、刷子、刷牙子、减装、墨洗、漱盂子、冠梳、领抹、针线……

这里"刷牙子"与"刷子"同时出现，并不因为两种刷子的制造原料不同，比如因前者用象牙做柄而称"刷牙子"，后者则医用木、竹等做柄而泛称"刷子"。实际不可能这样区别，否则用木做柄便应称"刷木子"，用竹做柄便应称"刷竹子"。这不是汉语的习惯。汉语中只有木刷和竹刷的叫法。所以,"刷牙子"只能理解为现代的牙刷,为了区别于一般的刷子,所以特别命名为"刷牙子"。《梦粱录》同卷《铺席》,还记载宋理宗淳祐年间(1241—1252年)"有名相传"的商铺中有:

> 狮子巷口徐家纸扎铺、凌家刷子铺……金子巷口陈花脚面食店、傅官人刷牙铺……

"刷牙"和"刷子"又同时出现,这更能证明"刷牙"就是现代的牙刷。开设在临安府金子巷口的"傅官人刷牙铺",可以说是世界上最早的一家专销牙刷的商店。

1975年,在福建省福州市浮仓山发现的南宋黄昇墓中,出土了鬃毛刷和竹柄鬃刷各一件,均保存在棺内漆奁的第三层。据考古工作者记录,前一件"状如牙刷,上缚四行棕毛。出土时尚沾有发丝和油垢,应是刷梳之用。末端残损,长一五点五厘米"。后一件"断残,用七层竹片黏合,残存棕毛几撮,残长一四厘米"①。这两柄棕刷从长度看,与现在流行的牙刷毫无二致;同时,现今大陆居民在牙刷用旧后,往往稍加消毒,即用来洗刷梳子。所以,尽管墓主黄昇生前曾经使用过前一柄棕毛刷来刷梳子,但也不排斥这柄棕毛刷原来是她的牙刷。

宋朝的牙粉

有了"刷牙子"或牙刷,就必须使用牙粉。事实上,牙粉的出现还在牙刷发明之前。早在唐朝,据《外台秘要》卷22记载,当时已出现了许多种揩齿的药粉配方。到宋朝,揩齿的药物配方多达数百,几乎每部医方著作都搜集了十来种乃至几十种。宋太宗朝成书的《太平圣惠

---

① 《福州南宋黄昇墓》。

方》，就有"揩齿令白净诸方"九种，包括朱砂散方、七宝散方、龙脑散方、槐枝散方、桑椹散方、贝齿散方、升麻散方、寒水石散方、龙花蕊散方。这些揩齿粉的原料都是中草药，而且经过"捣罗"成为粉末。人们每天早晨或晚上临睡前用来揩齿。像七宝散，还规定"每日取柳枝打碎一头，点药揩齿"。据说，常用这些牙粉，效果"甚佳"或"甚验"（卷34）。宋徽宗政和年间（1111—1118 年）成书的《圣济总录》，更收集了细辛散方、白芷散方、白石英散方等二十八种专门揩齿的药方。在这些药方中，明显增加了盐和石膏的成分。其中升麻散方，仍然规定"用柳枝咬头令软，点药揩齿为妙"。（卷 121）除此以外，王衮《博济方》、严用和《济生方》、洪遵《洪氏集验方》、陈言《三因极一病证论方》、董汲《旅舍备要方》、《太平惠民和剂局方》，甚至王历等编儿科专著《幼幼新书》，都收录了多种"搽牙药"或"揩齿散"。西岳华山莲花峰上，还刻有"地黄散歌"碑，此歌云：

> 猪牙皂角及生姜，西国升麻蜀地黄。木律旱莲槐角子，细辛荷叶要相当。青盐等分同烧煅，研煞将来使最良。擦齿牢牙髭鬓黑，谁知世上有仙方！

此歌出自张杲《医说》卷 4，吴彦夔《传信适用方》卷上等也有记载。宋朝人主张常常漱口，保持口腔卫生。杨士瀛说：

> 虽然百物养生，莫先口齿，不漱不洗，损蠹之媒。是不惟患生宣腐，而暑毒、酒毒常伏于口齿之间，莫若时时洗漱之为愈也。临睡洗毕，至于晨兴，灌漱一口①。

苏轼更是倡导在饭后用浓茶漱口，他认为这样就能去除烦腻而"脾胃

---

① 《仁齐直指》卷 21《齿论》。

不知"；肉在齿缝，消缩脱落，不须挑刺，而牙齿便"缘此渐坚密，蠹病自已"①。据现代科学分析，茶叶所以能使牙齿紧密，是氟元素的功劳，氟有抑制龋齿的效能。

元朝的牙刷

元朝人继续使用"刷牙"一词。《词林广记》卷8《文艺类·蒙古译语》器物门，在斤枰、等子、索子之后有"刷牙"，蒙古语音为"东儿出车"。

至元朝末年，人们开始使用"牙刷"一词。元末人郭钰《静思集》卷3《郭恒惠牙刷得雪字》诗写道：

老气棱棱齿如铁，曾咀奸腴喷腥血。倦游十载舌空存，欲挽银河漱芳洁。南州牙刷寄来日，去腻涤烦一金直。短簪削成玳瑁轻，冰丝缀锁银骎密。朱唇皓齿娇春风，口脂面药生颜色。琼浆晓漱凝华池，玉麈昼谈洒晴雪。辅车老去长相依，余论于今安所惜。但当置我近清流，莫遣孙郎空漱石。

诗中描写牙刷柄是用"短簪削成"的，轻似玳瑁，或者即用玳瑁制成；牙刷的毛像"冰丝"、"银骎"，繁密排列。用来刷牙，可以"去腻涤烦"。每柄价值一两白银。这种牙刷是中国南方制造的，已成为当时富裕人家日常生活的一种卫生保健品。从此，中国人使用"牙刷"一词，相沿至今不改。

元朝灭亡于公元1368年，这也要比威廉·阿迪斯"发明"牙刷的时间早上四百多年。

（本文刊载于台北《历史月刊》1989年第8期）

① 《苏轼文集》卷73《杂记·漱茶说》。

宋朝的押字或花押

押字,又称花押或签押、押花字、画押、批押,是宋朝人按照各自的爱好,在有关文书或物品上,使用的一种特定的符号,以代表本人,便于验证。押字与签名、签字不同,签名是用楷书或草书写上本人的姓名,容易认出,押字则用笔写或画出某一符号,一般不是该人姓名的工整的汉字,不易辨别。

押字的起源

押字起源于什么时代?历来有不同的说法。南宋初年,叶梦得认为,唐朝最初还没有出现押字,只是用草字写其名,作为私人的验记,所以称为"花书"。北宋后期,朱彧提出,押字从唐朝开始出现,原来只是署名一类,草书不很认真,所以或称"草字"。宋人高承认为,古人书写姓名,改真从草,一方面为了便于书写,另方面使人难以模仿,因而使用押字。叶梦得等人还都提到唐玄宗开元(713—741年)间人韦陟,其署名之形犹如五朵云,故称"五云体",朱彧和高承指出这就是押字的起源。

唐末五代时,藩镇擅权,他们的署名"极有奇怪者","跋扈之徒,事事放恣"①。此后,人们互相仿效,"率以为常",更有"不取其名"而"出

---

① 《萍洲可谈》卷1。

于机巧心法者"①。岳飞之孙岳珂曾见到五代后唐庄宗时宰相豆卢革的《田园帖真迹》,帖中署名不像"革"字,认为是"五代花书体"。岳珂还见到《吴越三王判牍帖》,其中有吴越国王钱镠亲书的押字。

宋朝十五个皇帝,从太祖到度宗,每人都有"御押"。除真宗、神宗、光宗的"御押"纯系画圈外,其他十二个皇帝均押一个特殊的符号。南宋末年人周密《癸辛杂识别集》卷下《宋十五朝御押》条,记载这十五个皇帝的"御押"样式如下:

理光高钦哲英真太太
宗宗宗宗宗宗宗宗祖

度宰孝宋徽神仁太太祖
宗宗宗宗宗宗宗宗原押
原原原原原原原原原
押押押押押押押押

这些御押都与各个皇帝的名字极不相像。另据今存的司马光《宁州帖》,帖上有司马光的花押,也与他的"光"字似若相像而又不像。不过,有些人的押字用他本人之名为准。如王安石押"石"字,初横一画,左引脚,中为一圈。据说,他为人性急,画圈都不圆,往往窝匾而收,横画又多带过。外人还误以为他押了"歹"字,王安石知道后,特意作圈,尽量画得圆一些。

从宋初开始,很长时间在朝廷进呈皇帝的文书上,官员"往往只押而不书名"。如在太祖"御批"过的文书中,有一卷为侍卫亲军都指挥使党进在开宝四年(971)的请给旗号文书,"枢密院官只押字,而不签名"②。这种情况到孝宗乾道(1285—1173年)、淳熙(1174—1189年)间大致相沿如旧。朱熹在浙东任官时,吏人请朱熹在安抚

---

① 《事物纪原》。
② 周密:《云烟过眼录》卷上。

司的牒文上署名并押字。后来在处理绍兴府的牒文时,吏人要求他签名,他只给押字。士大夫们书写简帖时,只在前面书名,后面也用押字。甚至在名刺(类似现代的名片)上,前面写"姓某,起居","其后也是押字"。大约从光宗朝开始,士大夫不再用押字来代替自己的人名。

押字的重要性

宋朝押字的使用范围极为广泛。第一、官员们在公文结尾,除正楷书名外,还要花押;如仅有名而无押字,公文便不能生效。反之,只押字而不书名,也完全有效。高宗时,眉州都监邓安民蒙冤死于狱中。据洪迈说,邓安民死后,带着文书找到原眉州知州邵博,要求邵博在牒尾"签名"作证。后来,邓又找邵说:"有名无押字,不可用。"于是邵又"花书之",邓才离去。虽然这是一则带有迷信成分的故事,但反映当时社会上人们对押字的重视。官员们在官衙中办理政事,各人"分以文字书押,或以日,或以长贰,分而判押",称为"轮笔"①。"轮笔"者要在公文上写明处理意见,最后签上自己的押字。在官府的公文末尾,官员们按照官位的高低排列名次,官位越高,越排在后面署名花押。至于官位最高的宰相和执政官,在要求皇帝审批的公文之后签署,一般只写"臣"而不列姓氏,而且只花押,不写名字。哲宗时,宰相苏颂喜欢在文书最后押花字。有一次,一位比他官位更高的官员在他之后押字,把他所押花字排在前面,他便"终身悔其初无思量",不该"押花字在下"②。地方上也规定,凡官府"应行文字",长官"签押、用印圆备,方得发出"③。这表明押字在当时人们心目中的重要地位。

第二、百姓们书写诉讼状纸,起诉人必须在状末押字,官府才予承

---

① 赵昇:《朝野类要》卷5《余纪》。
② 《朱子语类》卷116《朱子十三·训门人四》。
③ 李元弼:《作邑自箴》卷5。

认。徽宗时,李元弼在所撰《作邑自箴》中,规定了各种"状式",在状子末尾写明年月日,然后再写"姓某押状"。如果遇起诉人不会写字,则命代写人"对众读示,亲押花字"。这表明押字在法律文书方面所起的重要作用。

第三、百姓们在买卖田地或房屋等财产时,习惯于在契约上书名之后,再画上押字。朱熹指出,当时法律规定,"母已出嫁,欲卖产业,必须出母著押之类,此皆非理"。虽然不符合常理,但出售产业时,改嫁的生母必须在契书上签押,方能生效,这是法律规定的制度。今存理宗景定元年(1260年)徐胜宗和阿朱卖地契,上面写有卖地人徐胜宗的押字"![押字]",又写有其母阿朱的"花押![押字]",还有"书契见交钱人李邦善"的押字"![押字]"。这是有关押字的又一实物证据。

在器物上押字

第四、手工业工人制造铜镜、漆器,也往往在器物上押字,表示对产品质量负有全责。官府铸造的铜镜上,还要镌勒监造官的押字。仁宗天圣八年(1030年),朝廷规定在京铸钖务铸造铙、钹、钟、磬等铜器,必须在器物上镌勒工匠、专副的姓名以及监官的押字。传世的一面南宋铜镜,铸就楷书"湖州炼鉴局乾道四年炼铜照子,官",以下为监官的一个押字①。宋朝的这种习俗传入北方的金朝,在由官府铸造的一面八稜海舶镜上,也铸有"临洮府录事司验讫"字样,下面是检验官员的花押铭记②。1959年,江苏淮安宋代墓葬中出土许多漆器,其中一部分盘、碗等带有文字,写明制造这一器物的时间(干支)、地点、漆匠姓名,最后为漆匠的押字。如写有"壬申杭州真大口口上牢",最后为一押字;又如一只圆盘上写有"己丑温州孔九叔上牢",最后也为一押字。有的文物工作者将这些花押认做"画"字,显然不对。这些器物上还有

---

① 梁上椿:《岩窟藏镜》第3集。
② 沈从文:《唐宋铜镜》。

漆匠的其他一些押字。

1958 年，内蒙古巴林左旗出土北宋的银铤五枚，其中一枚表面錾刻铭文为"杭州都税院买发转运衙大观元年郊祀银……专秤魏中行等，监匠"，以下为：𝍫。显然也是负责监督铸造这枚银挺人员的一个花押。由于錾刻与毛笔书写不同，只有横、直的细线。这些银挺上凡不易辨认的字，实际大都是花押。

为了表示慎重和使用方便，宋朝很多人还把自己的押字刻成印章。如仁宗曾在自己所画御马图上，除题"庆历四年七月十四日"外，还加盖"押字印宝"。地方上专门代人书写诉讼状纸的人，由县衙登记姓名，发给木牌，挂在门前，并且要有"官押印子"，状纸印上号码；否则，不准代人写状。

还有一些文人有押字癖。如神宗时都官员外郎柳应辰，他所到之处，"押字盈丈"，甚至在浯溪石上作大押字，题云："押字起于心，心之所记，人不能知。"有些"好事者"替他解释，说是可以"祛逐不祥"①。又如历任饶、吉等地知州的施结，"性好蓄古今人押字"，所积甚多，从唐末到宋朝当代无所不有，全部勒石；每次迁居，雇佣数人担负随行。还有一位姓马的官员，回乡时将"私居文字，纸尾皆署使字押号"②。

押字的弊端

在中国历史上，押字习俗的形成是一种进步的社会现象。它减少了人们在各种交往过程中遇到一些不必要的麻烦。自然，押字也带来了一些弊病。如官员们业已习惯在文书上使用本人固定的花押，不用多久，办事的吏人便会熟悉，于是试图为非作歹者便乘机加以模仿，或截取文书纸尾的官员花押，换接到别的公文上，从中营私

---

① 洪迈：《容斋五笔》卷 10。
② 《萍洲可谈》卷 1。

舞弊。仁宗庆历三年（1043 年）四月，三司副使、兵部郎中李宗咏受到朝廷降官的惩处。原因是三司"后行"（吏人的一种，由后行升迁为前行）崔珏"伪学"权三司使姚仲孙等人的押字，藉此"脱赚钱物"，而李宗咏犯了失于觉察的罪。南宋末年，文天祥担任地方官时，发现典吏侯必隆"辄敢于呈押之时，脱套花字，于行移之后，揍掇公文①。"行移"是指各级官府之间往来的公文。吏人侯必隆在进呈官员押字后，截取纸尾，揍掇到别的公文上。以上是押字流行后所出现的弊病的两个实例。在当时的历史条件下，这些弊病也是难以避免的。

（本文刊载于台北《历史月刊》1989 年第 1 期）

---

① 《文山先生全集》卷 12。

宋代的甜食

宋代是中国饮食史上甜食突飞猛进的时期。这主要是因为这一时期甜食的物质基础——蔗糖的产量有了大幅度的增加。作为食品的一种重要的添加剂,蔗糖被人们广泛地使用,以致麦芽糖和蜜糖降到了次要的地位。

中国自古栽培甘蔗,先秦时期已生产蔗汁,两汉时期煎蔗为糖。宋代学者史绳祖在《学斋占毕》卷4指出:陆游《老学庵笔记》引用闻人茂德所说,以为唐太宗时中国才有沙糖,是"未之深考"的结果。史绳祖指出,宋玉《大招》提到了蔗浆,说明"取蔗汁已始于先秦"。西汉的《郊祀歌》说"柘浆析朝酲",注谓"取甘蔗汁以为饴也"。同时,"孙亮取交州所献甘蔗饧",证明"煎蔗为糖,已见于汉时甚明"。我很赞成夔明同志在《蔗糖考》①一文中提出的"我国蔗糖最迟出现在公元前3世纪的岭南两广地区"的论断。不过,他认为"白糖见诸北宋",仍嫌过迟。《旧五代史》卷10《周太祖纪一》记载,五代后周太祖广顺元年(951年),曾下令废除湖南进贡乳糖和白沙糖。足证白沙糖最迟在五代时已经出现。北宋初人陶穀(903—970年),在《清异录》卷2《果》中指出:"甘蔗盛于吴中,亦有精粗,如昆仑蔗、夹苗蔗、青灰蔗,皆可炼糖。桄榔蔗乃次品。糖坊中人盗取未煎蔗液,盈碗啜之,功德浆即为此物也。"说明当时苏州一带已有专门提炼沙糖的"糖坊"出现。宋太宗时,

---

① 载《中国烹饪》1988年第12期。

乐史所撰的《太平寰宇记》记载,福州、泉州等地生产甘蔗"今贡""干白沙糖"①。宋真宗时,处州(治今浙江丽水)、吉水(治今江西安吉)、南安军(治今福建南安)进贡朝廷的沙塘,规定以 5 万斤为一纲,装运到汴京②。英宗时,还下令处州免贡白沙糖 700 斤③。南宋时,福建路仙游县盛产蔗糖,每年都把沙塘运销到淮、浙地区,"不知其几千万坛"④。至于生产糖霜(冰糖)的地区,则有福唐(即福州)、四明(即明州,治今浙江宁波)、番禺(即广州)、广州(即汉州,治今四川广汉)、遂宁(即遂宁府,治今四川遂宁)、藤州(治今广西藤县)等地⑤。宋徽宗时,遂宁府除"常贡"外,还每年进贡糖霜数千斤。

甘蔗栽培区的扩大和蔗糖产量的增加,使沙塘和糖霜进入了千家万户,不再是少数贵族和高官才能享用的了。首先是蔗糖被添加到米食和面食中,制成各种甜食。米食有豆沙加糖粥、糖粥、糖豆粥、丰糖糕(又作蜂糖糕)、乳糖圆子、糖蜜巧粽、糖蜜糕⑥、寒具(一种和以糯米粉与面粉,油煎而成的食品,食时浇上沙糖)⑦、粉餈⑧等。面食有糖肉馒头、活糖豆沙馅春卷、糖馅馒头、姜糖馒头⑨、笑厴儿⑩、月饼、糖角儿⑪等。其次是暑天的各种冷饮(宋代称作"凉水")中,大都加入沙糖。如汴京州桥夜市上有沙糖雪冷元子、冰雪沙糖绿豆⑫,临安市场上有甘豆汤、姜蜜水、沈香水等⑬。第三是用沙糖和蜜制成各种蜜饯,宋代称为蜜煎。汴京和临安市场上,售有蜜金橘、糖乌李、蜜木瓜、蜜李子、蜜橄

① 《太平寰宇记》卷 110。
② 《宋会要辑稿》食货 52 之 13。
③ 《宋会要辑稿》崇儒 7 之 57。
④ 方大琮:《铁庵方公文集》卷 21《乡守项寺丞书》。
⑤ 王象之:《舆地纪胜》卷 109。
⑥ 《梦粱录》卷 16《荤素从食店》等。
⑦ 见林洪:《山家清供》卷上。
⑧ 陈达叟:《本心斋蔬食谱》。
⑨ 《梦粱录》卷 16《荤素从食店》。
⑩ 《东京梦华录》卷 8《七夕》。
⑪ 《武林旧事》卷 6《蒸作从食》。
⑫ 《东京梦华录》卷 2、卷 8。
⑬ 《武林旧事》卷 6。

榄、十香梅、蜜枣儿等。有些蜜煎外形还雕花,如雕花梅球儿、红消花儿、雕花笋、蜜冬瓜鱼儿、雕花金橘、雕花柊子、雕花姜等①。临安市场上出现的四司六局中,有蜜煎局和果子局,这些司、局专为官、民举行宴会时提供食品和服务②。第四是沙糖制成各种如同今天水果糖的糖果。当时用沙糖和牛乳做成乳糖,似今牛奶糖。最初仅川蜀能够生产,后来越州(治今浙江绍兴)也会制造,而且比川蜀质量更高,有止渴去烦和解酒毒的功效③。川蜀做成狮子形乳糖,"冬至前造者色白不坏,冬至后者易败多蛀"④。还有麝香糖、杏仁糖、杨梅糖、玉柱糖、乳糖鱼儿、花花糖、五色糖、芝麻糖、各种膏子糖等。专门有供儿童食用的"戏剧糖果",有打娇惜、虾须糖、宜娘打秋千等⑤。第五,在各种菜肴中,人们越来越多地把沙糖或糖霜作为作料,使菜肴增加甜味。北宋中期,沈括指出,"大抵南人嗜咸,北人嗜甘"⑥。北宋后期,朱彧发现"大率南食多盐,北食多酸,四夷及村落人食甘,中州及城市人食淡"⑦。说明至少在北宋时期,南方人偏爱咸味,北方人偏爱甜、酸;周邻各少数民族和农村居民与京城和其他区城市居民相比,前者偏爱甜味,后者偏爱食淡。喜爱甜食的居民,必然在菜肴中增加沙塘或糖霜,可惜这方面的记载太少了。

　　蔗糖在食品制造方面的广泛使用,增加了宋代甜食的花色品种,而且在烹调上促使其他佐料如酱油、醋、辣等发挥更大的作用,其影响十分深远。

　　　　　　　　　　　(本文刊载于《中国烹饪》1990 年第 7 期)

① 《武林旧事》卷 9《高宗幸张府节次略》。
② 《梦粱录》卷 19《四司六局筵会假赁》。
③ 《重修政和证类本草》卷 23《甘蔗》。
④ 孔平仲:《谈苑》卷 1。
⑤ 《都城纪胜·食店》。
⑥ 《梦溪笔谈》卷 24《杂志一》。
⑦ 《萍洲可谈》卷 2。

宋人为何将"牢丸"写成"牢九"

  牢丸是中国古代的一种食品,如同今天的包子或者汤团。《初学记》卷 26 晋代卢谌《祭法》说:"春祠用曼头、饧饼、髓饼、牢丸,夏秋冬亦如之。"另一晋人束晳《饼赋》也有"馒头薄特、起溲牢丸"。这些是牢丸的最早记载。到宋代,有些文人沿用这一古称,写成"牢九"。如苏轼在《游博罗香积寺》诗中写道:"岂惟牢九荐古味,要使真一流天浆。"①陆游也在《与村邻聚饮》诗中写道:"冬日乡闾集,珍烹得遍尝。蟹供牢九美(自注:闻人德言《饼赋》中所谓牢九,今包子是),鱼煮脍残香。"②又在《食野味包子戏作》诗中写道:"叠双初中鹄,牢九已登盘。"③

  苏轼和陆游为何将牢丸写成牢九呢?原来,宋钦宗名叫赵桓,桓字在钦宗生前作为"御名"严禁人们使用,死后列入"庙讳"仍然要求人们回避。同时,与桓字同音的一些字,如完、丸、纨、莞、皖等共 49 个字,也不准使用④。宋代避讳的方法有改字、改音、空字、缺笔、用黄纸覆盖等。缺笔法(又称"空点画"),是在应该回避而难以回避的情况下采用的,少写最后一笔。如赵匡胤的匡写成"匚",胤写成"𦙍"。至于"丸"字,也因为难用它字代替,所以陆游只能写成"九"字,但这个"九"并不

---

① 《分类东坡诗》卷 5。
② 《剑南诗稿》卷 60。
③ 《剑南诗稿》卷 69。
④ 见宋《贡举条式》附"淳熙重修文书式"。

真正读成九字。苏轼生活在宋钦宗即位前,他不会回避"桓"字,所以不会将"丸"写成"九"。苏轼诗中出现丸字的缺笔,必定是南宋人在为其编纂和雕版诗集时改成的。另外,南宋人顾文荐《负暄杂录·馒头》也提到牢丸,说"起溲牢丸,莫晓何物",丸字没有缺笔。这显然是元末明初人陶宗仪将此书收入《说郛》时,又在"九"字加了一笔①。如果是《负暄杂录》南宋原本,"牢丸"一定因为避讳而改成"牢九"。

(本文刊载于《中国烹饪》1990 年第 8 期)

---

① 载《说郛》卷 18。

挂面始于南宋

　　挂面是中国人最早发明的,这已获得举世的公认。但究竟始于何时,值得进一步推敲。元人忽思慧在天历三年(1330年)所撰《饮食正要》卷1《挂面》条中,第一次使用"挂面"一词。应该说,至迟在此时,挂面已经流行于世了。洪光住同志《我国挂面源流考》(载本刊1990年第1期)一文中引用上述资料,论证这一史实,是难能可贵的。不过,笔者认为需要稍作补充,即挂面应该始于南宋。据宋理宗淳祐辛亥十一年(1251年)凌万顷和边实撰《玉峰志》卷下《土产·食物》记载:

　　　　药棋面:细仅一分,其薄如纸,可为远方馈,虽都人、朝贵亦争致之。

　　这种药棋面具有以下四个特点:一、它虽然称为"棋面",但仅阔一分(约3.3毫米),看来是一种细长的面条,不是大小如棋子的面片。二、它的厚度如纸,表明很薄。三、它产于平江府昆山县(今属江苏),可以运往都城(治今浙江杭州市)销售,说明必定不是含水分的鲜切面。不然,何以致远? 何以保鲜? 四、从名称推断,它还是一种保健面条,所以受到都城里一般百姓和贵族官僚的青睐,成为馈赠的礼物,因而又成为一种名特产面条。以上特点证明,药棋面确是一种挂面。虽然它尚未使用"挂面"一词,这可能因为它以药疗保健为特色,与一般面条不同,所以无需称为"挂面"。也可能因为这时"挂面"所产不多,所以尚未发明"挂面"一词。但尽管如此,药棋面肯定是中国历史上最早的一种挂面。因此,不妨说挂面始于南宋。

（本文刊载于《中国烹饪》1991 年第 7 期）

南宋的纸钞——金银见钱关子

宋理宗和度宗时期,国内政治日益腐败,蒙古大军不断南侵,民生凋敝,物价飞涨,国家财政面临即将崩溃的边缘。

贾似道发行新钞

景定五年(1264)十月十日,正当理宗病势沉重之际,少傅、右丞相兼枢密使贾似道决定发行新的纸币——第十八界会子,以代替越来越贬值的第十七界会子,而且规定换界的期限为一个月。接着,在二十四日,下诏实行"关子铜钱法","每百作七十七文足,以一准十八界会之三。"所谓关子铜钱法,其实就是金银现钱关子币值的规定;所谓铜钱关子,就是金银现钱关子。佚名撰《宋季三朝政要》卷3《理宗》记载:

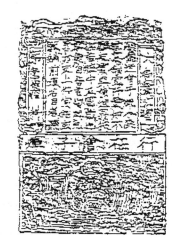

> 造金银见钱关子,以一准十八界会之三,出奉宸库珍货,收币楮,废十七界不用。其关子之制,上黑印如"西"字,中红印三,相连如"目"字,下两傍各一小长黑印,宛然一"贾"字也。关子行,物价顿跃。

东南会子是用铜钱作为本位的,第十八界会子三贯值金银现钱关子一贯,而金银现钱关子每一百文值铜钱七十七文足,这就是金银现钱关子的币值法亦即铜钱法。金银现钱关子用皇帝掌握的奉宸库所藏珍宝作为本钱,同时,废除第十七界会子,停止使用。金银现钱关子的形制是,上面加盖黑印像"西"字,中间加盖三个相连的红印像"目"字,下面两边各加盖一个长黑印。这些印章合在一起,清清楚楚成为一个"贾"字。《宋史·贾似道传》也记载银关"以一准十八界会之三",贾似道自制印文,"如贾字状行之"。

钞版和库印的新发现

去年,安徽省东至县县志办公室和文物管理所工作人员,在搜集文物资料时,先后发现宋代金银现钱关子的钞版一块和关子库印一枚。这是中国货币史上的一个新的重大发现。钞版和库印均由铅铁板刻制,四有系纽细孔,背面皆有白色化合物和浅色铁锈。钞版高二十一点五厘米,宽十四点五厘米,厚零点五厘米,重约一公斤。钞版正面上、下栏皆有线纹饰图,面文为阳刻楷书。库印为正方形,边长五点五厘米,厚零点三厘米,重约零点二五公斤,印文为阳刻九叠篆。钞版文字,上面横刻"行在榷货务封桩金银见钱关子"十三字,下面中间竖刻"壹贯文省"四大字,左右两边刻着:

> 应诸路州县公私从便主管,每贯并同见钱七伯七十文足,永远流转行使。如官、民户及应干官司去处,敢有擅减钱陌,以违制论,徒二年,甚者重作施行。其有赍至关子赴榷货务对换金银见钱者,听。

写明钞面壹贯文省,价值铜钱七百七十文足,永久流通。禁止任何人贬低它的价值,否则,处以违反皇帝圣旨之罪,配两年徒刑,严重者加重处罚。凡有人带关子到榷货务兑换金、银和铜钱,榷货务必须予以兑换。

　　贾似道推行"关子铜钱法"的两天后,即十月二十六日,理宗病死。周密《齐东野语》卷17《景定彗星》记载,金银现钱关子是贾似道乘理宗"遗诏升遐"的机会"颁行"的。区仕衡在《奏宰臣矫诏行私朋奸害正疏》中,也指出理宗"宫车晏驾"后,"四海臣民方举首企竣新政",贾似道"乃敢于矫诏废十七界会子,而行关子,以楮币作银关,以一准十八界会之三"。金银现钱关子法是在理宗病危而未去世前公布的,这时的理宗不可能亲自决策。度宗即位之初,便下诏正式发行关子,这时的度宗也不会按己意决策。所以,区仕衡说贾似道是"矫诏"发行的。

士兵一天粮不能买双鞋

　　金银现钱关子行世后,第十八界会子更加贬值。方回说,自从更易关子以来,一名士兵一天的粮饷为十八界会子二百贯,但还不够买一双草鞋的钱。士兵们"饥寒窘用,难责死斗"。官员的生活也受到严重影响。许应龙说,现今的纸币"折阅(贬值)已甚",以银子计算,不抵原俸的三分之一,这样怎能"养廉"?(《东涧集》卷8《汰冗官札子》)高斯得《物贵日甚》诗描写:"自从为关以为暴,物价何止相倍蓰。人生衣食为大命,今已剿绝无余遗。"有些人却是"真珠作襦锦作袴,白玉为饭金为糜",过着骄奢淫逸的生活。因此,诗人仰天长叹:"苍天苍天此何人,遭此大疾谁能医?"还气愤地指出:"无食吾欲食其肉,无衣吾欲寝其皮!"这显然将矛头对准了贾

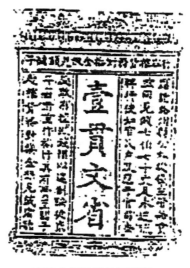

南宋金银见钱关子钞版

似道。

宋度宗咸淳四年(1268年),朝廷申明现钱关子每贯值铜钱七百七十文足,第十八界会子每道值二百五十七文足,每三道抵关子一贯,与铜钱一样流转,"公私擅减者,官以赃论,吏则配籍"。次年,重申"严关子减落之禁"。咸淳七年,朝廷规定每年发行二千万贯。

东南会子最初是用四川生产的纸张印造的。从理宗端平三年(1236年)蒙古阔端率军侵蜀并攻陷成都后,四川局势动荡不定,缺少会子纸张,乃在临安府"置局撩造",但所造会子仍然不敷所需。于是在嘉熙三年(1239年),下令于严、衢、抚、吉、徽、建昌六州军分造,随后又命宁国府(治今安徽省宣城县)置撩造会子局,规定每月造三万片。关子发行后,与第十八界会子都用徽州纸印制。徽纸容易破损,官司受纳,必定要完好的新关子。贾似道还专门置局,"令百姓出用钱,换新好关子"。金银现钱关子钞版和库印所以在安徽东至县发现,有其原因:东至县宋时属池州建德县境,与徽州相邻,这一钞版和库印或许是后来从徽州带过去的。

(本文刊载于台北《历史月刊》1991年第2期)

宋代的酒瓶和酒

　　宋代是中国古代商品经济较为发达的时期。造酒技术的不断提高和酒产量的逐步增加,使越来越多的佳酿涌入商品流通领域,成为大宗商品之一。在酒的商品化和酒文化的发展过程中,酒瓶的大量制造和广泛使用无疑起到了举足轻重的作用。

　　在唐代,人们饮酒时常常用斗和升来计量。著名诗人李白游历江湖,纵情诗酒,每每饮酒吟诗,留下了"斗酒诗百篇"之句。到宋代,人们虽然在酿酒方面仍多以石、斗来计算,但在销售时普遍以瓶作为计量和计价单位。宋真宗末年,杭州官营酒务每年售酒达 100 万瓶,每瓶定价 66 文①。仁宗时规定,官员私自卖酒 4 瓶以上,将处以"违制"即违反皇帝命令之罪②。孝宗时,皇家的御酒曲料库每年生产"御酒"20 万瓶③。高宗等人去清河郡王张俊家游玩,张俊隆重接待。张俊将招待宰相秦桧的食物列为第一等,有烧羊一口、百味羹等,还有酒 30 瓶;副宰相等的食物列为第二等,有烧羊 1 盘、各食 10 味,酒 6 瓶;侍从官的食物列为第三等,有各食 7 味,酒 5 瓶;环卫官的食物列为第四等,有各食 5 味,酒 2 瓶;其余官员的食物为第五等,有酒各 1 瓶④。孝宗时,朱熹揭发官员唐仲友贪赃枉法,其中贪污官酒 217 瓶,每瓶价值 199.5

---

① 《宋会要辑稿》食货 20 之 6。
② 苏辙:《栾城集·论禁官酒札子》。
③ 《宋会要辑稿》食货 52 之 1。
④ 周密:《武林旧事》卷 9《高宗幸引府节次略》。

文①。酒瓶的大量使用,逐渐产生了回收空瓶重新利用的问题。神宗时,每次做道场斋醮,使用许多官酒,人们喝光酒后,留下了空瓶,于是派人"勾收空瓶,动经月余"②。回收旧酒瓶,自然是为了下次装新酒。

社会上对酒瓶的大量需求,使各地瓷窑纷纷烧造酒瓶。各路主管财政的机构转运司之下都设有瓶场,派遣低级武官担任监官。南宋时,甚至各种军事机构也都设立瓶场或瓶窑,专门制造酒瓶。湖州长兴县官营的造酒厂叫做"和平酒库",与它配套设置的造酒瓶厂叫做"和平瓶窑"③。神宗熙宁十年(1077 年),当上海还只是一个不大的居民点时,就已设有一所官营的酒务,称为上海务或上海酒库,专营酿造和经销各种官酒,南宋时属嘉兴府华亭县(今上海松江)界④。

宋代以后,或许因为事过境迁,或许因为区区生活小用品不值得关注,所以时隔稍久,人们便弄不清这些酒瓶为何物。最普遍的一种见解,是把这些酒瓶命名为"韩瓶"。据说,南宋抗金名将韩世忠在率军大败金兀术后,大摆酒宴,犒赏三军。宴席上使用了一种陶质粗糙的小酒瓶,这就是所谓韩瓶。数百年来,南方各地陆续出土许多韩瓶,其中有许多瓶子高约 31 厘米,底径 6.4 厘米,口径 6 厘米⑤。这些瓶子与现今流行的葡萄酒瓶(高 31 厘米、底径 7 厘米)和啤酒瓶(高 29 厘米、底径 7 厘米)十分相似,只是瓶口比现今一般的酒瓶大得多。河南白沙北宋墓的壁画,绘有一些瓶酒,有男仆双手捧着的瓶酒;也有放置在木架上的瓶酒,如同现今放在啤酒箱中的啤酒。宋人(佚名)所绘《花坞醉归图》⑥中,也有一名仆人挑着行李,跟在主人的后面,行李的后端为一酒瓶。这只酒瓶显示画中的主人已经尽兴而归,但尚未把这瓶佳酿喝完,所以让仆人挑在担子上带回。同时,也表明这是一瓶度数较高的

---

① 《朱文公文集》卷 19《按唐仲友第四状》。
② 《宋会要辑稿》职官 21 之 3。
③ 《永乐大典》卷 14620。
④ 《咸淳临安志》卷 55。
⑤ 《南京林学院发现北宋墓》,《考古与文物》1986 年第 2 期。
⑥ 载《两宋名画册》。

酒。由此可以断定，所谓韩瓶不过是宋代的一些普普通通的酒瓶，这种酒瓶不仅南宋时使用，而且早在北宋时就已经使用了。宋以后凡这种酒瓶出土较多的地点，如果不是宋代酒务或酒库的所在地，就必定是宋代的窑址。

正是因为大量使用这种酒瓶，使宋代的许多名酒得以运往外地，从而扩大影响，提高声誉。如所周知，宋代名酒之多，在中国历史上是空前的。徽宗时，各王公贵戚和大酒楼都酿制高级名酒，如高太后家"香泉"、向太后家"天醇"、蔡太师（京）家"庆会"、丰乐楼"眉寿"、忻乐楼"仙醪"、仁和楼"琼浆"、北京"香桂"、西京"玉液"等。南宋末周密《武林旧事》记载当时京城里的"诸色酒名"，有蔷薇露、流香、宣赐碧香、思堂春、凤泉、真珠泉、皇都春、琼花露（扬州产）、六客堂（湖州产）、齐云清露、双瑞（苏州产）、第一江山（镇江）、谷溪春（兰溪）等。这些名酒中，自然有低度酒，也有酒精度数较高的烧酒，在将酒瓶瓶口密封后便可长期收藏。由于制瓷行业能够提供大量酒瓶，各种名酒得以装入瓶中，成为形形色色的瓶酒，输入本地市场，也可以经过长途运输，进入外地市场，尤其是人口稠密的京城。可以这样说，京师是当时各地瓶装名酒聚集的地方，也是酒瓶使用得最多的地方。

从装酒使用酒坛发展到普遍使用酒瓶，毫无疑义，这大大方便于酒的装运和销售。从而促使各种瓶酒更多地运销外地，进入更大范围的流域领域，推动了商品经济的发展。同时，促使酒与社会风尚、文学艺术进一步结合，推动酒文化向更高的层次发展。

（本文刊载于《中国烹饪》1991 年第 8 期）

中国人最早发明牙刷

牙刷是中国人最早发明的。1965 年，北京故宫博物院展出过考古工作者在内蒙古赤峰县大营子村第一号辽墓发现的两柄骨刷。骨刷各长 19 厘米，刷毛部分为 2.4 厘米，有两排 8 个植毛孔眼，和现代牙刷极其相似。经专家鉴定，这是植毛牙刷实物。该墓的年代是辽穆宗应历九年（959 年），比宋太祖建立宋朝还要早一年。

宋朝人最早对牙刷进行文字描述，并称之为"刷牙子"。宋徽宗政和四年（1114 年）登进士第的福建惠安人温革，在所著《琐碎录》一书中，说："早起不可用刷牙子，恐（牙）根浮兼牙疏易摇，久之患牙痛。"他的理由是"刷牙子皆是马尾为之，极有所损。今时出牙者尽用马尾灰，盖马尾能腐齿龈"（明人周守中《养生类纂》引，明万历三十一年刊本）。这一弥足珍贵的史料证明，牙刷，最早出现可追溯到北宋徽宗年间。到南宋末年，吴自牧在《梦粱录》卷 13 记载，京城临安府（治今浙江杭州市）商铺销售的"诸色杂货"中，有"铙子、木梳、篦子、刷子、刷牙子……"。同卷《铺席》条，还记载宋理宗淳祐年间（1241—1252 年）"有名相传"的商铺中有在金子巷口开设的"傅官人刷牙铺"。可以说，姓傅的前任官员所开设的刷牙铺，是世界历史上第一家专门生产和销售牙刷的商铺。

欧洲人则到公元 1770 年左右才有了牙刷。

（本文刊载于《太原晚报》1991 年 9 月 5 日）

历史上最早的一首《上海》诗

中国历史上最早以"上海"为题的诗,当数南宋人张蕴所作《上海》诗了。该诗写道:

> 梦断三更鹤,芦边系短篷。听潮看海月,坐石受天风。物至秋而化,年来我亦翁。长歌相劳事,犹喜此樽同。

此诗载于张蕴的诗集《斗野稿支卷》(《南宋六十家集》之一),诗中描绘的"上海"应该是指上海浦。诗人在这里,既可静听潮水上涨的声音,又可观赏海上的明月。周围是一片芦苇地,诗人半夜三更被鹤唳惊醒,起身步出门外,划起小船。随后登岸,将小船缚在芦苇上,端坐石头,任凭晚风吹拂,听潮赏月。诗人后四句诗感叹自己年事已高,但差堪自慰的是可以长歌和饮酒。这首诗如同一幅轻描淡写的水乡图卷,反映了当时上海的情景。

张蕴,字仁溥,邗州人。邗州是宋代扬州的古称,唐武德七年(624年)曾以南兖州改称邗州,治所在江都县(今江苏扬州市),两年后复称扬州。此外,仅知其大约生活在宋理宗时期,其他经历则不得而知。清人编纂的《扬州府志》也仅录其姓名和这一诗集的名称,不及其他。

宋神宗熙宁五年(1072年),已出现了"上海浦"和"下海浦"的记载,这是指当时松江(今吴淞江)南岸十八条大浦中的两条。上海浦在华亭县东北九十里,流入松江。宋神宗时,上海已经发展成一个小型村落,官府在此设置酒务,负责酿造官酒销售或征收酒课。宋理宗时,又设置上海酒库,归两浙西路安抚使司管辖。上海酒库有时简称"上海库",官员由浙西安抚司"选辟"。

南宋末年,上海已设置市舶务,专管对外贸易。据周密《癸辛杂识》的记载:

> 永嘉有蔡起莘,尝为海上市舶。德祐之末(宋恭帝年号,1276年),朝廷尝令本处部集舟楫,以为防招之用。

同时继蔡为市舶者,还有天台人陈壁,入元朝后,天台人称陈壁为"前上海陈市舶家也"。张蕴《上海》诗写作时的上海情景大致如此。

(本文刊载于台北《历史月刊》1992 年第 48 期,后又载于《上海民革》1992 年 6 月 30 日。又以《最早的一首〈上海〉诗》为题,发表于《新民晚报》1997 年 9 月 14 日)

陈亮之死及其原因探索

如要研究陈亮的一生,编写陈亮的传记,就不能不探讨陈亮去世的具体时间,也不能回避陈亮的死因问题。

据现存的史料,陈亮于宋光宗绍熙五年(1194年)去世,但月数不详。陈亮的挚友叶适没有替陈亮单独起草一份墓志铭,而是将陈亮与王自中的墓志铭合写一起,载《叶适集·水心文集》卷24。这一墓志铭有关陈亮的生平写得十分简单,既无生年月日,又无卒年月日。有关陈亮的晚年情况,也只有寥寥数句:"同甫虽据高第,忧患困折,精泽内耗,形体外离,未至官,病一夕卒,哀哉!"只是说他在进士及第后,因为历经"忧患困折",致使"精泽内耗,形体外离",终于没有赶到建康府担签书判官厅公事之职,而患病一天,就寿终正寝了。叶适没有详细记载陈亮去世的时间,更没有明确交代陈亮所生何病。陈亮的墓志铭应该是有关陈亮生平的最原始的记录,遗憾的是过于简略了。叶适和辛弃疾都曾为陈亮写了祭文,也只是表达了他们对陈亮的深切悼念之情,根本没有涉及陈亮的去世时间和致命的病因。

《宋史·陈亮传》,应该是比较详细地记载了陈亮的一生事迹,但对陈亮之死的时间和病情只字不提,只是说:"授签书建康军判官厅公事,未至官,一夕卒。"

据近人何格恩编《陈亮年谱》(载《民族杂志》第三卷十一期,1935年)和颜虚心《陈亮生卒年月考》(载《国学论丛》第一卷一期,1927年1月)考证,陈亮的最后一篇文章即《吕夫人夏氏墓志铭》(《陈亮集》卷

30），说夏氏在绍熙五年二月二十七日下葬。由此证明，陈亮直到绍熙
五年二月二十七日还健在。又据叶绍翁《四朝闻见录》甲集《天子狱》
记载，签书枢密院事罗点在陈亮去世不久，在江西崇仁故里对人说：
"陈同父（按即陈亮）狱事急，吾未尝识之，怜其才援之吏手，箧内皆白
金也。同父死矣，吾故因子问而发之。"我们知道罗点死于绍熙五年九
月庚午（《宋史》卷 37《宁宗一》。原文记作"庚子"日，但九月只有庚
午，即十三日）。这说明陈亮去世的时间，为绍熙五年二月二十七日至
九月十三日之间，不一定就在是年的三月。此外，南宋末人李幼武编
《宋名臣言行录外集》卷 16《陈亮》记载，陈亮于"绍兴"（按"兴"字系
"熙"字之误）四年举进士，上亲擢之第一，授建康军节度判官。次年
卒，享年五十有五。也明载陈亮死于绍熙五年。但据陈亮自己所撰
《先姚黄氏夫人墓志铭》（《陈亮集》卷 29）、《祭妹文》（同上卷 25）等推
算，陈亮生于高宗绍兴十三年（1143 年），至绍熙五年去世，享年五十二
岁。李幼武记为"享年五十五"，显然错误。

　　陈亮死得极为突然。叶适为他写的墓志铭说他"病一夕卒"。元
朝人吴师道《敬乡录》卷 8，也作如是记录。皆没有指出陈亮究竟死于
何病。清人黄宗羲、全祖望编《宋元学案》卷 56《龙川学案》，载有全祖
望《陈同甫论》。该论引述南宋末年人方回的记载，说陈亮在"登第
后"，"以渔色死非命"。原来方回在《读陈同甫文集三跋》一文中写道：
"同甫魁天下而归，虐使桶匠，欲取其女，俾为方桶。桶可圆不可方，同
甫百端怒詈。匠恨甚，以桶刀杀之。水心（按即叶适）亦讳不书，曰'病
一夕卒'，非也。"（《桐江集》卷 3）把陈亮描写成为一个虐待工匠而强
娶其女的恶棍，后来反而被工匠用桶刀杀死。根据陈亮一生的道德文
章，我们基本赞成全祖望的意见，即方回的记载是"不可信者"。但要
完全否定方回的记载，也缺少根据。我们还见到一种似是而非的记载，
这就是元朝人盛如梓说："黄白之术……得之者，如龟毛兔角，为之致
祸者，十常八九。如韩魏公、明道、东坡，得之而不为；陈公亮为之，即病
指疽而死。"（《庶斋老学丛谈》卷下）这位"陈公亮"是谁呢？难道就是

陈亮吗？据苏辙《龙川略志》卷1记载,苏辙之兄苏轼"尝从事扶风",经常去开元寺观画。一名寺僧向苏轼提出,愿传授"以朱砂化淡金为精金"的方术,且送给苏轼一卷书,说:"此中皆名方,其一则化金方也。公必不肯轻作,但勿轻以授人。"还特地要求不可传给知凤翔府陈希亮。陈希亮"平生溺于黄白,尝于此僧求方,而僧不与。"苏轼回府,按配方煅烧大获成功。后来,苏轼遇到陈希亮,无意中言及配方事。苏轼经不住陈的再三请求,把配方给了陈。陈"试之良验",后来竟因炼丹而"病指痈而没"。陈希亮在《宋史》卷298有传,字公弼,死于英宗治平间(1064—1067年)。在孙升《孙公谈圃》中,陈希亮还被记成了"陈仲亮"。到元人盛如梓时,竟又将陈希亮讹为"陈公亮"。如此讹误,后人如稍不留意,就会把陈希亮的事安到陈亮的头上。

(本文刊载于《宋史研究通讯》1993年第2期)

文通师论宋史

　　1961年9月至1965年5月，我作为四川大学历史系中国古代史（宋史）专业的一名研究生，曾北面执经于蒙文通先生的门下。蒙老一生，历尽坎坷，转辗南北，在各大学任教近半个世纪。他的学生众多，遍布全国，真可谓桃李满天下。其中不少人听过蒙老讲授的宋史课，或者得到过蒙老的指点，后来大都在宋史的研究上有所成就，所以，蒙老在近几十年来对中国宋史学界的影响是十分深远的。不过，解放以后，蒙老一直没有正式带过研究生，所以我和贾大泉同志被史学界同仁称为他的两个"关门弟子"。与我们同时受教的，还有当时刚留校任助教的胡昭曦同志。

　　蒙老学识渊博，著述丰富。他所精通的学问，不仅有宋史，还有经学、古地理学、佛学、道教、先秦史、秦汉史、巴蜀史等。他对学生的指导更是孜孜不倦，循循诱导，还针对我和贾大泉同志的特点因材施教，提出不同的要求。我很幸运，适逢其会，亲聆蒙老这样一位道德学问为人敬仰的史学大师的教诲；加之，在研究生学习的前三年期间，正遇到群众性的政治运动暂时偃旗息鼓，客观上提供了一个安定的学习环境。在这段时间里，我遵照蒙老制订的计划学习宋代历史，从《御批通鉴辑览》、《续资治通鉴长编》，一直读到《宋史》、《宋会要辑稿》、名家文集、笔记、方志等。还涉猎了前人或同时代中外学者的许多论著。有关学习心得，我写入读书笔记，蒙老抽暇一一审阅，然后在见面时条分缕析地指出其中的不足之处和补正的办法。

此外,我还按照蒙老"要开阔眼界"的指示,不仅学习有关宋史的典籍,还阅读了一些唐、五代和元代的文献。凡是属于原始资料性质而自己感到兴趣的史料,我都抄录成卡片,然后分门别类地装入卡片箱中。这些卡片的内容,包括我毕业论文所使用的资料,还包括宋代的政治、经济、文化思想、风俗习惯、宗教迷信等各个方面。

当1972年我重操旧业时,这些卡片立即被视为珍宝,在工作中用上了,因而节省了许多宝贵的时间和手工抄写的劳动。每当翻阅这些卡片,总不免触景生情,从心里感激蒙老;亏得他的教导,我才使自己的目光放得远些,搜集资料的面较宽,给现在的工作带来很多方便,甚至可以说是终生受用不尽。因此,我今天在宋史研究上取得的点滴成绩,都是与蒙老当年的谆谆教导分不开的。

光阴荏苒,告别蒙老已经整整二十年了。如今,我已成为中年知识分子,并且像蒙老指导我学习宋史那样,开始带领宋史专业的研究生。因此,我想把蒙老在宋史研究上的成就和他指导我学习宋史的情况写出来,供同行和后辈们参考,同时也借此表达我对敬爱的老师的深切怀念之情。

一、研究断代史要熟悉通史,要前后对比

蒙老对中国古代的各段历史,从三皇五帝到明、清两朝,都有较为精深的研究。他不赞成年轻一代的史学工作者知识面过于狭窄,而使自己的目光短浅、无所创见。他认为,中国通史有其完整性、系统性和全面性,完整性又称整体性。他说:"所谓整体性,是一个问题前后都发生变化,成为各个系统;一个问题变化了,其他各个系统都要变化。彼此间必有内在联系,到各个系统有共同倾向时,历史才告一段落。"又说:"搞断代史,打通后,才能读活。看不出道理,书就是死的。"意思是,研究历史,特别是研究断代史,要懂得通史,搞通中国古代史。在中国古代,一个问题或一个方面前后总会发生变化,形成各个系统;一个

方面变化了,其他各个系统都要发生相应的变化。各个方面或系统彼此都有内在的联系,到各个方面或系统有了共同的倾向时,历史才告一段落。这样,就形成了历史发展的阶段性。后一历史阶段与前一历史阶段,必然在社会的各个方面有不同的特点;后一历史阶段与再后一历史阶段,又必然有不同的特点。所以,蒙老又进一步指出:"要打通来看历史,前后对比,就能找出许多问题。""历史上不论什么事件、制度,都须知其为什么,将其前因后果进行对比,就成为思想了,而不是故事。"运用历史对比法,找出各个历史阶段的异同,这就是蒙老教导我们的历史研究方法。蒙老还曾经果断地指出:"这就是辩证法。"因此,我认为这种研究方法可以避免割断历史,而能够把前后各个阶段组成一个既有区别又有联系的整体,事实证明,这种方法是比较科学的,是行之有效的。

我在学习和研究宋史时,因为受到蒙老的启发,较早注意采用这种研究方法,除了阅读宋代的典籍,还尽量多地浏览宋代前后的文献,广泛收集资料。在探讨具体问题时,在现有条件下,不仅掌握宋代的情况,而且尽自己最大努力去摸索前朝后代的变化;同时,对宋代本身也根据具体情况,摸索其前后阶段的变化及其影响。拙著《宋代社会研究》,就是用历史比较学的方法,将宋代的情况与唐代(特别是唐中叶以后)以及元代的情况进行比较,其内容包括社会经济(农业、手工业、商业、科技等)、社会阶级结构、土地制度、租佃制度、政治制度、军事制度、教育制度、科举制度、妇女社会地位、理学、人民群众阶级斗争等方面,还指出这些方面彼此的内在联系。该书还指出,中唐以后中国封建社会的变革,到宋代几乎完全定型。这里的所谓"定型",就是蒙老所说的"到各个系统有共同倾向时,历史才告一段落"中的"共同倾向"。当然,我认为,中国封建社会从中唐开始,到明代中叶出现资本主义萌芽以前,是它的发展时期;从中唐到宋代,是这一发展时期中的定型阶段。这就是蒙老所说的要打通来看历史和前后对比的研究方法的具体运用。诚然,我运用得如何,我所做的一些具体结论是否恰当,这些都有待于史学界专家学者加以鉴定。

二、较早注意到唐、宋之间的社会变革

　　蒙老生前没有明确提出过唐、宋之际社会变革的概念,也没有全面指出这一社会变革的所有方面。但是,他较早注意到这一社会变革,并把其中的许多问题告诉我们,要求我们去进一步加以探讨。

　　蒙老说过:"六朝时大姓几乎每县都有,不过三四户,当时县极大。宋初大姓还有记载,见《太平寰宇记》,但这是唐代的事。宋代无大姓。"在谈到中国历史的整体性时,蒙老又说:"唐代门阀消失,府兵变为方镇,租庸调变为二税,这算不算是一个整体? 魏晋宗教和文学,一直到唐中叶不要骈文,出现了散文,开始讲义理,禅宗盛行了。历史总不是偶然的。"这里,蒙老为我们指出了唐代中叶前后社会阶级结构的主体即统治阶级方面大姓或门阀的消失,又指出军事制度和赋税制度的变化,即由府兵制度变为方镇,租庸调变为二税制。蒙老认为,这些变化有其深刻的社会根源和内在联系,因而并不是偶然发生的。在指出阶级结构、军事制度和赋税制度的变化以后,蒙老又指出了唐代中叶前后意识形态领域中宗教、文学、思想的演变,讲到了佛教方面禅宗盛行,文学方面散文逐步替代骈文,思想方面义理之学开始出现,等等。

　　蒙老又在对照宋代和唐代的社会阶级结构和人身依附关系时说过:"宋代佃客比唐代多。如果生产不提高,大地主就不容易出现,地主大了,剥削加深。宋代人身依附关系比前削弱,但剥削方法更深刻,因为当时剩余产品增加了,而由此可见当时生产是发展了。"一方面指出宋代农村直接生产者的佃客在数量上比唐代增加,佃客对地主的人身依附关系比唐代减弱;另方面指出宋代的地主比唐代更大,地主对佃客的剥削方式更加深刻。蒙老在此特别强调社会生产的发展对于社会阶级结构带来的决定性的影响,认为只有生产力的提高,剩余生产品的增加,才能出现大地主,而这种大地主对农村直接生产者的人身束缚有所松弛,但对农村直接生产者的经济剥削方式则更加深刻。换言之,宋代的农村直接生产者是以承受比前更加繁重的经济剥削,而从地主那里换取一些人身自由权的。蒙老还进一步指出,在宋代,单纯的大地主而不具有官僚身份者是不大可能出现的。他说:"宋代不是官僚而当大地主还困难。不做官僚而可做大地主,大约是明中叶以后的事。"这就是说,宋代的大地主必须兼备官僚的身份才能立足于社会,其主要原因是在门阀地主退出历史舞台后,土地兼并比前激烈,土地所有权逐步集中,唯有官僚能够依靠自己的政治权势来霸占大批田产。另一原因,则正如蒙老所说:"宋代一开始就鼓励武人多置良田美宅,所以宋代土地集中不断扩大,失地者不断增加。"宋朝皇帝制定国策,鼓励武将们广殖田产,这既是促使地权逐步集中的原因之一,又是促使官僚兼大地主出现的原因之一。

蒙老还多次指出:"六朝以后,地权转换快。……唐以后,地主越来越多,力量分散,自耕农很多。"魏晋南北朝以后,门阀地主逐渐衰败,世代占有固定大地产的现象不断减少,促使土地所有权转移频繁。唐代以后,官僚地主的力量逐渐兴起,但他们已经不能世袭现有的官职和田产,因此随着土地的不断开垦,地主越来越多,自耕农也相对地增多。当然,这种现象在宋代并非自始至终都是如此,事实上,地主阶级内部争夺土地的斗争和地主富豪对自耕农土地的霸占,随着生产的发展而日趋激烈,出现了自耕农和地主数量逐步减少的趋势。于是,官僚地主所占有的土地越来越多。所以,蒙老又说:"北宋到南宋土地越来越集中。宋初限田的数字小,徽宗时数字大,可见地主越来越大。南宋未见限田。"还说:"地主到南宋时越来越大,可从限田量来看,到元朝赵天麟提出限田的数字就又大了。南宋末据谢方叔讲,占田万亩的地主已很多,土地越来越集中。"据《宋史》卷173《食货志》记载,宋理宗时谢方叔上言:"今百姓膏腴,皆归贵势之家,租米有及百万石者。小民百亩之田,频年差充保役,官吏诛求百端,不得已则献其产于巨室,以规免役。小民田日减,而保役不休;大官田日增,而保役不及。"这一记载有力地证明蒙老的上述结论是言之有据的。

三、断言宋代经济的发展超越汉、唐

　　长期以来,史学界有些同志较为强调两宋的积贫积弱,甚至有人认为宋代的社会经济处于发展停滞的阶段。这种观点在今天看来当然是不大正确的。蒙老则不然,他早在 60 年代初期,就不赞成这种观点。他依然采用历史比较学的方法,提出将宋代的生产力与前代(主要是汉、唐)进行比较。他多次说过:"宋代生产力超过汉、唐。"根据有二:一是宋代的户口、垦田、矿产等都比前代增加。二是宋代和元代都有人说过宋朝岁入财赋比汉、唐增多。如宋太宗曾说:"国家岁入财赋,两倍于唐室。"(《续资治通鉴长编》卷 37)叶适也曾说:"尝试以祖宗之盛时所入之财,比于汉、唐之盛时一再倍。"(《叶适集·水心别集》卷 37《外稿·财总论二》)他还列举了一些具体的数字。尽管宋朝的财赋收入,绝大部分来自对城乡直接生产者的剥削,但剥削量的上升同样也足以说明当时生产的发展。很难设想,没有生产的发展,封建国家的剥削岁入能够持续上升的。他说过:"唐末五代开始出现许多苛税杂敛,宋初尽量减,后来又逐步增加,这也正说明生产逐步提高了。"

　　我们知道,物质生产是一切社会生活的经济基础。随着物质生产的发展,人们逐步改变自己的生产方式,并且相应地改变自己的一切社会关系。唐中叶以后,正因为社会生产获得不断发展,所以社会关系的各个方面都跟着发生了变革,从社会阶级结构一直到思想领域、人们的风俗习惯等都出现了一些新的特点。反之,从社会关系各个方面的变化,也可看出那个时代的社会生产的发展。因此,蒙老从宋代的农业、手工业,尤其是从封建国家剥削收入的数量来考察社会生产的发展程度,这种研究方法是具有开创性的。蒙老断定宋代社会生产比汉、唐大有发展,这一结论不仅符合历史事实,而且是一种独特的见解。拙著《宋代社会研究》中有关宋代社会经济发展程度的估计和研究的方法,正是受蒙老的启发而作进一步探讨的产物。

四、对宋代商税和自然经济的估计

蒙老在宋代的商税和自然经济方面的研究,也有一些独特的见解。

1961 年,蒙老在《历史研究》第四期上发表了题为《从宋代的商税和城市看中国封建社会的自然经济》的论文,提出宋代仍然是自然经济占统治地位的时代,不存在大规模商品流转,一般城市是政治中心消费性城市。他提醒学者对于古文献上的某些不够明确、不够具体的记载,如带有文学意味的语言,应当审慎地对待。论文发表后,有位同志在《光明日报》上撰文提出异议。蒙老读后,又对宋代商税作了进一步的探讨,他的看法据我记录,可以归纳为以下几点:

第一,关于商税和生产的关系。蒙老指出:"商税是由人民的交换得来的,商税越来越多,说明经济的发展。"又说:"商税增加,说明虽是自然经济,但来自交换,故说明生产也发展了。"

第二,关于商税的性质和商品的内容。蒙老指出:"宋代商税主要看当时商品的内容。若商品大量流通,交通要道上的商税就会增多。"但是,"宋代只要是买卖,都要纳税,甚至有坊场钱。有的东西根本不是商品。宋代实际只有统捐。"

第三,关于商税的祖额。蒙老指出:"《光明日报》一文作者把宋代的商税看作是某一年的数额,实际上这些商税额是一个祖额。祖额一般是长期的一定的,他说的漏税毕竟不是长期的。他不了解宋代商税不够时,(官府)就要叫老百姓补上。《宋会要》所说,乃是一般的长期性的商税。不能说坐船的都是商人。"又说:"北宋商税的高低不同。熙宁十年后商税一般说减少了。《光明日报》一文作者说,如果不漏税,实际的商品流通量还要大。这里须注意祖额。祖额不一定能收足,有时要人家赔偿,有时则会多收。漏税是偶然的,也不单集中在长江。可以把全国不同的情况比较一下。"

　　第四,关于四川的商税。蒙老指出:"宋代四川商税尤重,原因是四川行铁钱(缺乏铜),铁钱几个才抵一个铜钱。所以《通考》所载是熙宁十年前的铁钱税额,故特别重。熙宁十年,川峡四路商税反而减少,原因是改用了铜钱。"

　　蒙老承认商税与生产的关系,商税的增加反映了商品交换的发展。但他认为,宋代有些商税并不征自商品流通,这种商税实际只是后代的统捐。同时,必须注意商税祖额的含义,祖额是长期固定的,如果商税的征收达不到祖额,征商官吏一定会想方设法勒索百姓补足,这些补足来的商税当然也不来自商品流通。四川商税前重后轻,原因是最初使用铁钱计算,后来改用铜钱。蒙老的这些观点是颇有见地的,他所提出的这些问题也是研究宋代商税和自然经济的学者理应首先解决的,否则,不仅无助于问题的解决,反而会徒增混乱。

五、关于熙丰变法的新见

　　蒙老对宋神宗和王安石所主持的变法作了深入的研究,他生前就已写成有关书稿,并毫无保留地把书稿提供给我们学习。在平日,他更是经常讲到这次变法运动。

　　首先,蒙老最不赞成使用"王安石变法"一词。他认为,王安石的新法在元丰年间被宋神宗改动很多,已与原来不尽相同,使用"王安石变法"一词不能代表元丰间的改革。另外,蒙老认为:"神宗在变法中起着主导作用,王安石不过出些主意而已。"因此,如同人们把宋仁宗时范仲淹主持的改革称为"庆历新政"一样,他主张改用"熙丰变法"一词更为准确。

　　其次,蒙老替宋神宗熙宁、元丰时期的各项财政收支算了一笔详细的经济账,且与此前此后的情况进行了比较。蒙老说:"宋史很有趣,就在于它的数字比历代都详细。""熙丰变法收入数字极重要,如役钱的收入、支出等。"确实,《宋会要》、《宋史》、《山堂先生群书考索》等书为后人保存了宋代的许多统计数字,虽然由于当时技术条件的限制,这些数字不可能完全准确无误,但据此能够看出一个大概则是无可置疑的。蒙老本着这个原则,详细搜集了现存的宋代特别是熙丰间的各种数字,然后加以对照和分析。这就是蒙老开创的研究熙丰变法的一个重要方法。

第三,蒙老肯定王安石实行新法的动机,又认为更应考察新法的社会效果。同时,他还主张"应侧重整个熙丰变法的历史必然性,不侧重于个人(按:指王安石)"。蒙老进一步分析说:"(历史上)变法总是在统治者感到危机之时,经济上也有极大的困难。""王安石变的法都是好法,但是否能全部达到目的呢? 因此要看当时的技术条件,又要看他对人民的生活起了哪些作用——是否有好处?"又说:"王安石确实没有重视大地主、大官僚的利益,如对抑制兼并的态度。"蒙老强调:王安石实行新法的目的是增加国家的财政收入。他说:"王安石为了什么要变法? 人们认为主要是解决阶级矛盾,实际上不是。他的许多文章都表面化,实质上则不然。当时主要问题在如何增加收入。司马光说财不在民则在官,主要是针对这一点讲的。"既注意实行新法的动机,又注意实行新法的社会效果,使两者有机地统一起来,蒙老的这种研究方法应该说是符合辩证唯物主义的要求的。

第四,蒙老对熙丰时期的各项新法都做了细致深入的研究。如募役法,蒙老认为,北宋初"让百姓的上户来负担衙前等役,这样把生活较好的百姓弄破了产"。王安石改行募役法,是"由国家出钱来雇,又叫他贴钱给国家。如果当衙前正够本而且能赚到钱,那么人们才愿受雇;如果老是蚀本贴钱,那么就没人受雇。免役钱的结果(其中二分为宽剩钱),宽剩了一笔钱。后来这个负担落在都保长身上。南宋的役法仍是王安石的那一套,最后才实行义役"。"从当时商品经济的发展不足来考察役法改革的失败,是正确的,因为当时民间货币缺乏"。如青苗法,蒙老指出:"青苗法救济的是贫穷的人,但它的毛病出在有钱人多借,可借到十五贯,没钱的少借。按理应该相反。青苗钱后来改为

转新换旧,直到徽宗时还有熙宁时放的青苗钱仍在收。"又指出:"神宗
说过,百姓拿了钱后还不起。抑配最不合理,有钱人配得多,穷人配得
少,这更不合理。徽宗时人民要借而借不到,那些吏却用百姓的名字去
借了。这是因为神宗时物价日益便宜,借了钱后,要还钱时必须卖出东
西,但物价低,得钱少。徽宗时大批钱抛出,市面上钱多,物因此贵,所
以许多人愿意去借。"又如市易法,蒙老认为,这里"有买贱卖贵的问题
在内。市易法许多东西改为官卖,用现钱现货。苏轼说过商人买卖本
是赊欠,然后赚钱。正因为市易改用现钱,所以促使商业停顿。解放前
大商倒号后,有很多欠账,仍不是现钱"。再如保甲法,蒙老说:"神宗
时保甲法也是扩大兵源的办法之一,当时保甲的数字多大!""王安石
保甲法也仅行于北方,很少行于南方。……王安石摆的九十几个将,大
都在北方,很少在南方。"通过蒙老对各项新法的扼要分析,可知他对
熙丰变法有很深入的研究,而且提出了很多独到的见解。

　　第五,蒙老对王安石的言与行进行了比较。在人才论方面,他指
出:"王安石着重于培养人才,在《万言书》中,认为当时缺乏人才。《万
言书》没有涉及经济问题,但变法都涉及经济问题。"又说:"王安石并
没有在培养人才之后进行变法,与《万言书》正相反。"长期以来,人们
都注意到王安石对培养人才的重视,但又忽略了王安石并没有在培养
人才以后再推行新法,所以在新法的实行过程中出现了很多弊病,以致
最后失败的事实。蒙老洞察到这一点,正说明他研究功力之深,确为一
般人所不及。

　　除此以外,蒙老还探讨了熙丰新法失败的原因及其影响等等,他的
许多见解都别具一格,对我们后学来说实在是极有启发。

六、论宋代的学术和思想

　　蒙老平日对宋代的学术和思想方面论述最多,表明他重视这方面
的研究,造诣很深。可惜当时我对此尚未摸索,所以只是一知半解地接

受下来,而蒙老也不希望我们立即去钻研这些东西(他主张首先学习经济史)。

值得首先介绍的是,蒙老所提出的研究宋代学术和思想的一个重要原则,即掌握"全"、"变"、"深"三个字。他说:"研究一个人的学说,必须贯通其学术的全体,不可孤立地找一两句发挥。一个人的学说先后总有变化。"又说:"现代许多人看古代哲学家,都从形迹上看,没有深入到他的理论之中。"蒙老的这些话指出了当时学术界存在的一些弊病,可谓一语中的;同时,也给我们指出了研究宋代学术和思想应该遵循的原则,实为至理名言。

其次,蒙老为我们概括出宋代学术、思想前后变化的一个轮廓。他指出,唐末五代藩镇割据,军阀混战,所以,"宋初许多理论都是针对唐末五代而发的"。当时"新学术的人大都在草野","孙明复讲《春秋》,主要是要尊王"。宋仁宗庆历年间,"新学术"兴起,"庆历以后,旧学完全消灭了"。"南宋人讲《春秋》,旨在攘夷"。"南宋时的学术风气,到理宗时可以说是开始变了。北宋的风气是排斥性强,各人都提出自己的见解。南宋后半期,陆游有一段文章很有代表性,说他反对北宋人排斥汉、唐。南宋一直到元代,把朱子地位抬得特别高,不是朱子的学问超过古今一切人。从离心力与向心力讲,从中唐以来离心力很强,到南宋向心力增强,所以经过元代一直到明代,于是把朱子的地位抬高了。这也是在这种风气下形成的。"当有学生问到程、朱是否都为统治阶级服务,蒙老回答道:"这一问题提得很可笑。"表明这是不言而喻的。接着,他又补充说:"帝王可以使用某人学说的某一部分,不一定是全部。"蒙老这些话虽然比较简短,但扼要地勾勒出了宋代学术、思想变化的脉络,这是他数十年研究的心得。

再次,蒙老对邵雍、周敦颐、二程、王安石、朱熹、陆九渊、叶适等宋代有代表性的思想家进行了深入的研究,提出了独到的见解。蒙老指出:"邵雍、周敦颐等人的学问与陈抟有关。周敦颐与二程的学说不同,二程不大承认他们的学问从周濂溪来。其实他们都是从陈抟系统下来的,周的学问大得很。周全是在做文章。"蒙老还提出了周敦颐和陈抟的学术思想是一脉相传的有力证据,遗憾的是我因为生疏而未曾记下。对于王安石,蒙老认为王安石的"学说是深","王安石恭维《孟子》,因此司马光反对。以后王安石改搞老、庄"。又说,王安石的思想和学派,"完全是讲老、庄,还信佛,王雱、吕惠卿这大批人都注老、庄。这些材料大部分在《道藏》里,可注意"。关于王安石和佛教的关系,蒙老指出:"王安石信禅宗,禅宗根本没有经,所以王安石注不了经。"对于朱熹,蒙老指出:"宋、明很多人说有物才有道,无物便无道,说'道不离气之外'。朱子讲理、气问题,认为有气才有理,但又有一处说'理先而气后',这是主观唯心论。如果孤立地说此话,就不是客观唯心主义。事实上,朱子的话应理解为理主气副。"对于陆九渊,蒙老说:"陆象山主张'吾心即是宇宙',一般人都说这是主观唯心论。'吾心即是宇宙',如果只承认我心,否定宇宙,这是主观唯心论;'宇宙便是吾心',这似乎是机械唯物论。……象山说的是人的认识问题、人与外界的关系问题,一个是能知,一个是所知。能知,是人不能离开宇宙;所知,是人的认识均在宇宙之中。说人所做的事没有私事,都是宇宙中的事。因此这并不涉及主观唯心论。"对于陈亮、叶适,蒙老指出:"陈氏恭维《文中子》与二苏(按:指苏洵、苏轼),朱子反之;陈氏骂理学,朱子骂浙学。""叶适对程、朱之学并不怎样反对。叶适等有其长处。我喜欢叶适的论史。宋人讲理学的人总讲井田,叶适则在一篇文章中显然为地主说话,不赞成夺地主的田(按:《水心别集》卷2《进卷·民事下》:臣以为儒者复井田之学可罢,而俗吏抑兼并富人之意可损)。在中国史上儒家很少敢这样讲过。我们常说'地主阶级的政权',在他的文章中讲得很清楚。"通过蒙老的这些论述,可以看出他对于宋代的这些思想家都有着相当深入的研究,所以他所提出的论点也都是一些力透纸背的真知灼见。

最后,蒙老对宋代的佛教、史学等也提出了许多新的见解。如对佛教,他指出:"宋人(按:指理学家)从理论上否定了轮回与长生,这在他们的书中是一贯的。佛学入中国，随后不再是印度的佛学，到禅宗时一点印度的味道都没有了。到全真教时，完全是将禅宗和理学糅合在一起。禅宗开始较早，理学迟一些。"又说："宋、明人都搞佛学。朱子反对佛、老，但也搞佛、老，如引用禅宗的东西。"又如对史学，蒙老指出："宋代哲学发达，所以史学发达。"等等。

由于我初学宋史时，对宋代学术尤其是思想史感到深奥难懂，未敢问津，因此蒙老的有些重要论述未能记下，或者虽记而不够准确与完整，至今想来，深感后悔。

七、谈宋代兵制

蒙老屡次谈到宋代的兵制。首先，他认为研究历代的兵制，要"从经济上考察"，由此说明"'兵'是一个必然结果"。同时，也应了解"每一朝代都十分重视前代的经验，进行补偏救弊，但那里成功了，那里又会出现新的弊病"。此外，还要"将其前因后果进行对比"，"知其为什么"。根据这三个原则，蒙老对宋代的兵制提出了一些看法。

其次，蒙老指出，一般人认为宋代兵制的特点是"将不知兵，兵不知将"，其实"汉、唐为卫、府，兵在府，府兵一旦有事，即命将出师；战争结束，兵归于府。明代为卫，兵养在卫。这些仍然是'将不知兵，兵不知将'"。他又进一步指出，宋朝人说这句话，"是与五代藩镇相对而言。论述宋代军队的特点或弱点，仅此一点是不够的"。蒙老将宋代军队与其他朝代相比，认为"将不知兵，兵不知将"由来已久，而且宋后也有这种情况，因此这不足以构成宋代军队不同于其他朝代的唯一特点或弱点。这一见解说明他宋代兵制的考察别具只眼。

第三，蒙老曾经提出宋代的募兵制有其"强迫性"，又有其"进步作用"。不过，他对此没有进一步阐述。他又指出："单从召募说，东汉已有募兵了。宋代的兵弱，不可用，其原因不单是募兵问题。"宋代军队战斗力弱，蒙老认为与宋朝统治者削弱将权有关。他说："宋代吸取唐代的教训,所以削弱将权,一些兵根本不打仗,只服役,而且毁掉了许多城墙。方腊打破几十个州县,因为都没有城墙。"他还指出:宋统治者"对武人束缚太严","宋初的边将尚有财权,可使用间谍,熟悉敌情。以后削弱兵权,敌情就不了解了。南宋高宗主和,收三大将的兵权,是因为他不放心武人。"当然,宋代士兵战斗力弱的原因不止于此,但这也是其中的主要原因之一。

　　第四,宋代的兵变屡屡发生,其次数之多在中国历史上是空前的。蒙老认为,对这些兵变,既要有"总的评价",又要有"具体分析",千万不可一概而论。蒙老的这一意见是完全正确的。

　　此外,蒙老还将宋代的军队与东晋初的军队比较其异同,又探讨宋代宦官、建都、边防与军队的关系等,也颇有新意,此处限于篇幅,不再赘述。

八、重新评价"奸臣"章惇

　　蒙老还对宋代的一些重要的政治家、思想家、史学家进行过评论。这里仅介绍他对章惇的重新评价情况。

　　《宋史》作者把北宋后期的政治家章惇贬为"奸臣",与蔡京、秦桧之流视为一丘之貉。蒙老则不然,他提出应该对章惇重新进行评价。他说:"章惇这人还好。"又说:"我不相信章惇是那么坏的人。哲宗死后,章惇认为端王赵佶'轻佻'。因为他讲了这句话,后来赵佶当了皇帝,就被贬斥。在这里,他把自己的利益置于度外,而当时很多人为了自己的利益而不敢讲话。他只有把利益、富贵都不放在心上,故能这样做。"原来在宋哲宗死后,朝廷大臣和皇太后在商议立新皇帝时,章惇反对端王赵佶(宋徽宗)即位,他说:"端王轻佻,不可以君天下。"话音刚落,曾布便叱责说:"章惇,听太后处分!"太后乃召赵佶入殿即皇帝位。这段历史比较完整地载于毕沅《续资治通鉴》卷86。但《宋史·章惇传》和《徽宗本纪》的正文都没有记载章惇的这段话,而仅见于《徽宗本纪》最后的赞语,一般人容易忽略。这表明蒙老对章惇的评价是有确凿根据的,也表明蒙老对问题的考察是多么的细致!

北宋末年的历史告诉我们,宋徽宗是一名优秀的画家和书法家,但又是一名昏庸的君主。赵宋统治阶级选择他来充当自己的总代表,而完全拒绝章惇的正确意见,说明他们已经腐朽透顶,以致注定要遇到灭顶之灾,如果不被北方的邻国金朝灭亡,也要为农民起义的斗争浪潮所淹没。章惇从平日的观察中了解到宋徽宗是一个"轻佻"的人物,不是有所作为的政治家,所以他不顾自身的利益,公然冒赵家的大不韪,反对立赵佶为帝。仅此一点,就足以证明章惇是一位有头脑的正直的政治家,不应把他贬入"奸臣"之列。蒙老的这一看法,必将对我们重新评章惇等历史人物大有裨益。

蒙老在宋史研究上范围很广,以上只是我最感兴趣的一些重要问题,其中难免挂一漏万。不过,从中已可看出,蒙老生前在宋史研究上按照历史唯物主义来考察各种问题,他排除疑难,摒弃旧说,独辟蹊径,提出新见,因而硕果累累,成绩斐然,有口皆碑。他的许多重要观点,业已得到国内学术界的公认,他的学生们包括我自己,正在他开辟的道路上努力完成他的未竟之业。显而易见,蒙老在宋史研究和教学上的杰出成就,蒙老对中国宋史学的突出贡献,使他无愧为中国现代的宋史学的奠基人之一。

(本文刊载于蒙默编:《蒙文通学记》,

生活·读书·新知三联书店出版社1993年版)

中国古代的"签"

　　中国古代的"签",作为食品的名称,屡见于史籍,到宋代则较为普遍。如宋代孟元老《东京梦华录》、耐得翁《都城纪胜》、周密《武林旧事》、《西湖老人繁胜录》、吴自牧《梦粱录》以及元代忽思慧《饮膳正要》等。具体名称很多。最早探讨签是何种食品的学者,是已故历史学家邓之诚先生。邓先生认为:"签之名,今都中食肆尚谓炸肥肠为炸签。"①最近出版的《汉语大词典》第八卷"签"字的义项之一,也以《东京梦华录》和《都城纪胜》为例,同时引用邓先生的这一说法,释为"炸煎食品"②。笔者认为,邓先生和《汉语大词典》编者的解释,仅仅部分地适用于元代,但并不适用宋代。

一、宋 代 的 签

　　根据各种史料,可以肯定,宋代的签只是一种将主要原料切成细丝而做成的羹。宋人赵叔向《肯綮录·签羹误》记载:"今人多不识'臙羹'字,直写作'签',士大夫亦如此。一云'脸'字。"③可见"签"原应写作"臙羹",士大夫为了简便,久而久之,就干脆用"签"字来代替。"签"也可以写作"脸"。宋人丁度等人所编《集韵》卷6《上声下》也记载:

①　《东京梦华录注》卷2《饮食果子》。
②　《汉语大词典》第8卷,汉语大词典出版社,第1263页左。
③　赵叔向:《肯綮录·签羹误》,《函海》本。

"脍……脍臘,羹属。"又记载:"脍臘,以猪肠、屑椒、芥、醯、盐为之。"《宋本广韵》卷4《賺第五十三》释"脍臘",与此相同。所谓脍臘,最早见于魏晋南北朝。北齐贾思勰《齐民要术》卷8《羹臛法》,载有脍臘法,是一种用猪肠为主要原料,细切成丝,而另加各种佐料做成的羹。这种羹的做法是将猪肠煮过后,切成三寸的段,纵切破,再切细,炒过,再加水、佐料、米汁等煮成。南朝梁顾野王《玉篇》,也释"脍臘,羹也"。不久前问世的《汉语大词典》第六卷"脍臘"条,也引用《齐民要术》,释为用猪肠加各种佐料煮成的羹类①。据此,笔者认为臘羹就是签,而脍臘是许多种签中的一种。

再从宋人的记载来考察宋代的签。著名诗人、书法家黄庭坚在一份简帖中写道:"庭坚再拜……炊为具一饭,热签羹、包子、三刀羹、淡菜羹、饭,午前饭毕幸甚。"②这一热"签羹"实际就是赵叔向所说的"臘羹"。签与臘字通用。可见这种签就是一种羹。宋神宗时,宰相王安石爱吃羊头签,有时正值阅读文书,他便将羊头签"信手撮入口,不暇用箸,过食亦不觉"③。宋理宗宝祐丁巳(1257年),洪巽《旸谷漫录》记载,洪巽在江陵府(治今湖北江陵),曾见知府举办宴会,雇一名从京都来的厨娘掌勺。知府命她做羊头签等名菜各五份。这位厨娘提出做5份羊头签,共需羊头10个;葱、蒜五碟,只"剔留脸肉,余悉掷之地"。治葱薤时,"取葱彻,微过汤沸,悉去须叶,视碟之大小分寸而裁截之,又除其外数重,取条心之似韭黄者,以淡酒、酰浸喷,余弃置了不惜"。知府的仆人们问她为何不用羊头上其他部位的肉,她答道:"此皆非贵人之所食矣。"仆人们将剩下的羊头捡起放到别处,她笑着说:"若辈(你们)真狗子也。"仆人们敢怒而不敢言。最后,厨娘做出的菜肴果然无不"馨香脆美,济楚细腻,难以尽其形容,食者举箸无赢余,相顾称好"。可见羊头签的主要原料只是羊脸左右两边的肉,以及葱心等。由此推

---

① 《汉语大词典》第6卷,汉语大词典出版社,第1387页。
② 岳珂:《宝真斋法书赞》卷14《宋名人真迹》。
③ 《朱子语类》卷130《本朝四》。

断,羊头签也是以羊头的肉为主要原料制成的一种羹,而决不会是炸肥肠。再据佚名《李师师外传》描述,李师师家招待宋徽宗的菜肴,有鹿炙、鸡酢、鱼脍、羊签等,以及香子稻米。这里的羊签,也不可能是炸羊肥肠,而只是以羊肉为主要原料的一种羹。

由此再看宋代文献中的各种签,如素签、鹅鸭签、鸡签(《东京梦华录》)、鸡丝签、鹅粉签、肚丝签、双丝签、荤素签、抹肉笋签、蚱蜢(梭子蟹)签《梦粱录》、奶房签、羊舌签、肫掌签、莲花鸭签(《武林旧事》),锦鸡签(《西湖老人繁胜录》),这些菜肴为何都以"签"字命名呢?原来签字可与籤通用,籤是细的意思①,引申到食物的名称就是细丝之意。上述的鸡丝签、肚丝签、双丝签,正反映这些菜肴的主要形态,但由于如同赵叔向所说,当时连士大夫都已不知道签的原意,因而将鸡签写成鸡丝签,肚子签写成肚丝签,两种切成细丝的菜炒成的羹写成双丝签,不免有画蛇添足之嫌。

以上说明,从魏晋南北朝开始,尤其到宋代,签是一种将主要原料切成细丝的羹,而不是炸煎食品或炸肥肠。

二、元代的签

"签"到元代,可能受蒙古族的影响,发展成为另外的两种食品,一是称为"鼓儿签子"的油炸羊肠,一是称为"酥签"的酥油茶。据元人忽思慧《饮膳正要》卷1记载,鼓儿签子用切细的羊肉5斤、羊尾1根,鸡蛋15个,加以生姜、葱、陈皮、料物、调和,填入羊白肠内,煮熟,切成鼓似的一段一段。再用豆粉和白面各1斤,另加咱夫兰和栀子为佐料,调成浆糊状,再拌鼓儿签子入小油中炸熟,即可食用。这种签是油炸羊肠,既不属于羹米,其主要原料也不呈细丝状。又据同书卷2《诸般汤煎》记载,酥签用金字末茶(茶叶末)两匙,泡入酥油内,搅拌,注入开

① 《宋本广韵》卷2《下平声》。

水,即成。这种签就是酥油茶。酥签与宋代的签还有一定的渊源关系,即都做成羹状。

综上所述,可见签在宋代是一种将主要原料切成细丝的羹,在元代是油煎羊肠和酥油茶。

（本文刊载于《中国烹饪》1993 年第 6 期）

嘉定五乡改名时间再考

近读吴义同志《嘉定建县时间等考证三则》，其二为《"五乡"易名时间考》。吴义同志根据高衍孙在嘉定十三年(1220年)九月初一所撰《创县记》和嘉定出土的宋理宗绍定三年(1230年)《周必强妻耿道真墓志》，认为五乡的改名应在嘉定建县后的2—12年间。(原文为"不早于嘉定建县前2年，不晚于嘉定建县后12年"。)同时，又指出"具体时间尚有待于新的史料发掘后方可确定"①。

我以为如果以嘉定十年为嘉定正式建县的时间，在建县时，知平江府赵彦橚和浙西提点刑狱王棐在呈报尚书省的"省札"中，提到"欲割昆山西乡之安亭，并东乡之春申、临江、平乐、醋塘，凡五乡二十八都，别为一县。就练祁要会之地，置立县治，以嘉定为名"②。这说明在建县前，不可能同时改换安亭和春申、临江、平乐、醋塘五乡的名字，甚至在建县的嘉定十年，赵彦橚和王棐也还来不及立即改换这五乡的名字。所以，在建县前二年，是不可能、也不需要同时改变五乡之名的。

据南宋理宗、度宗时大臣刘克庄记载，嘉定十一年(1218年)八月甲辰，宋理宗下诏：

> 平江府新创嘉定县，分置五乡，可易以依仁、循义、服礼、乐智、守信为名。

---

① 见《嘉定古今》1993年版，第134—135页。
② 范成大：《吴郡志》卷38《县记》。

刘克庄在诏书后特意注明这是"从守臣所请也"①。这有力地证明嘉定五乡的更名,是由平江府知府赵彦櫹向朝廷提议,依照仁、义、礼、智、信"五常"而另起新名的。当然,赵彦櫹在这一年七月已经办妥了致仕的手续,所以到八月嘉定县五乡改名的诏书下达时,他正好不在任上了。

顺便提及,嘉定五乡的更名情况是这样的,依照临江、平乐、安亭、醋塘、春申的顺序,改为依仁、循义、服礼、乐智、守信。

(本文原刊于张振德主编:《嘉定春秋》,

上海社会科学院出版社1994年版)

---

① 《玉牒初草》卷上《宁宗皇帝》,藕香零拾本,第5页上。

"米线"考

"米线"是中国传统食物之一,其中尤以云南的过桥米线最富盛名,其滋味之鲜美,吃法之独特,使人食后回味无穷。1965年,笔者曾在江西丰城县农村参加"四清",见到村里"米线"工场的制作过程,老表人把米线作为招待贵客的佳肴和馈赠的礼物。当地称它为"米粉"或"粉"。

米线的历史,可以追溯到公元一、二世纪的东汉。宋朝人高似孙引述东汉经学家服虔《通俗文》曰"煮米为糁",隋代谢讽《食经》曰"作糫法,近水则涩",提出宋朝"江西有所谓米缆,岂此类也!"[1]高似孙实际认为东汉的"糁"、唐代的"糫",与宋朝江西的"米缆"是同一类食品。《康熙字典》"糁"字,也引述《食经》曰:"作糁法,取蒸米一升,置沸汤,勿令过热,出,著新萝内。""糁"究竟是一种什么形状的食物呢?服虔、谢讽、高似孙,甚至《康熙字典》的编者,都没有说清楚,不过,从"糁"的偏旁"米"和字音"索",可知它一定是用米加工成绳索样的食物。高似孙所说"米缆",也是指用米加工成缆绳状的食物。服虔指出它的加工过程中必须"煮",这正是米线制作中的一个重要步骤。

"糁"字到宋代,可能为了简便,易于书写,去掉了"米"傍,直接写成"索"。宋神宗元丰五年(1082年),在集英殿大宴百官,第一道食品便是"骨头、索粉"[2]。骨头自然是排骨,索粉则是米粉即米线了。宋徽

---

① 《纬略》卷4《糁》。
② 庞元英:《文昌杂录》卷3。

宗时,东京开封的饭店里,据孟元老《东京梦华录》卷2《饮食果子》记载,"所谓茶饭者,乃……旋索粉、玉棋子……"说明索粉已经成为一种大众食品了。笔者发现,宋朝人还使用"索饼"一词。如南宋人林洪在《山家清供》一书中,介绍"玉延索饼"的制法,即以山药为原料,"如作索饼,则熟研滤为粉,入竹筒中溜于浅醋盆内,出之于水,浸去醋味,如煮汤饼法。"这种山药粉丝的制作过程,与现代米线的加工程序基本相同,只是原料不同而已。由此可见,索粉一般就是米线或米粉。至于宋代的面条,虽然仍使用"汤饼"一词,但越来越多地用"面"字来代替。如吴自牧《梦粱录》卷16《面食店》,叙述临安府(指今浙汇杭州市)的"分茶店"中的"面食名件"有三鲜面、炒鸡面、盐煎面、大熬面等。这些显然都属于正宗的面条一类了。

　　"米线"之称,最早见于南宋末人谢枋得的一首诗:《谢人惠米线》。该诗写道:"玉粒百谷王,有功满人寰。春磨作琼屑,飞雷落九关。翕张化瑶线,弦直又可弯。汤镬每沸腾,玉龙自相扳。银涛滚雪浪,出没几旋环。有味胜汤饼,饫歌不愁癏。包裹数十里,莹洁无点斑。兴师远持赠,此物正可颁。千万一日饱,不贵金数锾。长安权贵人,五鼎靳笑颜。玉食过九重,恨无土宇班。岂知有琼糜,天雨到市阛。愿献崆峒帝,马迷龙难攀。"[1]比较形象地描写出米线的形状、颜色、制作过程,便于运输、馈赠等特点,谢枋得甚至想把它奉献给崆峒帝(一指黄帝)享用,可惜因"马迷"而难以送达。

　　南宋时,有的地区还称米线为"粉"。洪迈《夷坚三志》己卷7《善谑诗词》,记载给事中王季明在宴席上作《粉词》:"妙手庖人,搓得细如麻线。面儿白,心下黑,身长行短。……收盘盏,寸肠暗断。"洪迈还说明"以俗称粉为断肠羹,故用为尾句"。这种"粉""细如麻线",当然不可能用手搓出,因为官员王季明不知道它的生产过程,所以必定是一种米线。

---

① 《叠山集》卷1,四库全书本。

南宋时,江西的"米缆",到明代有人讹为"米糷",见于宋诩《竹屿山房杂部》卷2《养生部二·粉食制》。宋诩特意在"米糷"下注明"糷"音"烂","谢叠山云米线"。谢叠山就是谢枋得。这进一步证明了米线与米缆的关系。

（本文刊载于《中国烹饪》1994年第11期）

宋朝皇帝"圣旨"的形成与颁布

北宋徽宗随意扩张皇权,破坏了原来行之有效的中央决策程序,扭曲了中枢权力结构的分权制衡关系,终于导致社会大动荡,宋室被迫南迁。

在中国封建社会中,统治者经过长期的摸索,不断总结经验和教训,到宋朝时,形成了一套比较完整、严密的中央决策制度。皇帝是最高决策者,拥有最后裁决权。中央决策机构有皇帝定期或不定期的坐殿视朝听政,宰相、执政在二府(北宋前期为中书门下和枢密院)理政和议政,朝廷官员集议,以及一些临时组成的决策机构。决策的依据和信息传递渠道,主要有各级官员的奏章、经筵官的议论、士民的上书等。同时,形成了一套中央决策和政策贯彻执行的程序和方式,并且使之逐步完善。

中央决策和政策形成书面文件的过程

宋朝皇帝通过各种信息渠道,掌握和了解各地区、各官署发生的情况,然后作出相应的决定。这些决定最初还没有形成具有法律效力的正式的"圣旨",因为其间有一个形成书面文件的过程。中书门下和枢密院、三司凡遇重要事情,必须奏告皇帝,或者各司、各地的奏章"进呈取旨",也申报皇帝裁决。中书门下的日常公事,一般由宰相和副相参知政事提出初步的处理意见,写成札子,进呈皇帝;皇帝如同意,即批"可"字。这种文书称"熟状"。遇到紧急公事,中书门下先予执行,再"具制草奏知",称"进草"。"草"是中书门下草拟的文稿,枢密院的文稿称"底",三司的文稿称"检"。在任命宰执大臣和台谏官时,皇帝将自己确定的人选写在纸上,称"词头",命"当制"官员起草正式委任书。

皇帝的指令,不论事情的巨细,原则上"非经二府者,不得施行"。宋史称:"初,国制,凡诏令皆中书门下议,而后命(翰林)学士为之。"这种以皇帝命令方式颁布的公文,统称"朝旨"或"圣旨札子批状",如由中书门下颁布的称为"敕",由枢密院颁布的称为"宣"。这说明,一切"诏令原则上均应出自中书门下和枢密院"。

三省制各司其职

宋神宗元丰改制,撤销中书门下,改行三省制,三省和枢密院在"圣旨"的形成和颁行过程中各司其职:中书省长官"面奉宣旨"公事,用黄纸书写,录送门下省,称"画黄";承受皇帝批降或复请得旨,以及进呈"熟状",得到皇帝批准画"可",也用黄纸书写,称"录黄"。枢密院的这类文书称"录白"和"画旨"。门下省承受中书省和枢密院移送的录黄、画黄和录白、画旨,皆留为底本,"详校无舛",再"缴奏得画",用黄纸书写,由本省长官"省审读讫",录送尚书省执行。以上由二府颁布的"敕"和"宣"都属于"圣旨"文书,都可称为"制书"。

朝臣有权抵制"内降"

宋朝皇帝还不时直接将批示从内宫颁付官署执行。这种文书称"内批降指挥"或"内降指挥"、"内降文字"、"中批"、"内批"、"中旨"等,简称"内降"。按照当时的中央决策制度,"内降"违背了决策程序,是不合法度的,朝廷官员有权加以抵制。比如宋仁宗时期,既是"内降"较多,又是遭到大臣们较多抵制的时期。有些官员、僧人通过内侍、宫女,向仁宗或太后谋求某些待遇优厚的官职、差遣,或者谋求减免赋税、减轻惩处。如官员徐奭请求"内降"以入翰林、知开封府,权三司使王拱辰曾"营求内降"以入"侍经筵"。许多"内降"确实遭到了朝廷官员的坚决抵制,未能得逞。如欧阳修知开封府不到两个月,每天接到的"内降"不下十来件,欧阳修皆"执而不行"。宰相杜衍"不肯奉行""内降","每至数十,即面缴纳",即当面退给仁宗。对于宫内各方面无休止的说情,仁宗呈现矛盾的心理;他有时下令废除"内降",要求对"内降指挥,百司执奏,毋辄行"。他曾对大臣说:"外人只知杜衍封还内降","不知朕以衍不肯而拒之者,过于(杜衍的)封还也。"同时,他又可能迫于来自太后等方面的压力,不免惩罚抵制"内降"最力的个别大臣,如枢密使曹利用因"奏抑内降恩",得罪了太后,被罢使、出判邓州。

北宋末期皇权扩张裁决权

有些官署不敢对"内降""执奏",只得奉行不误。当时,也有一些有远见卓识的官员看到,凡在皇帝停止"内降"的时期,朝廷政事必定清明。反之,必定是朝廷政事比较混乱、黑暗的时期。比如宋徽宗,他为了无限地行使最终裁决权,防止朝廷官员对自己的命令有所驳难,直接用"御笔"方式将命令颁发有关官署执行,稍有阻隔,便以"违制"罪论处。从此,全国政事唯自己所欲施行,大臣们不敢稍有异议。宰相蔡京为避免不同政见者的批评和反对,"故作御笔密进,而乞徽宗亲书以降,谓之御笔手诏,违者以违制坐之"。于是"事无巨细,皆托而行,至于不类帝札者,群下皆莫敢言"。这些御笔手诏无需中书省"造命"和门下省"审读",使成为"圣旨"文书。徽宗随意扩张皇权,破坏了原来行之有效的中央决策程序,破坏了中枢权力结构的分权制衡关系,终于导致社会大动荡,宋室被迫南迁。

两宋国家的长期稳定和社会经济文化的发展,正是历朝皇帝基本遵照中央决策制度形成"圣旨"文书并颁付执行的结果,而违背这一制度,随心所欲地以一孔之见当作"圣旨",必然会作出重大的错误决策,从而促成了两宋的灭亡。

（本文刊载于台北《中央日报》1994 年 10 月 14 日）

中国八股文的起源

　　八股文,是自宋至清代专供科举和学校考试使用一种特定的文体。由散文的章法、骈文的排偶和近体诗的格律三者综合而成。学术界历来把它定为明宪宗成化间(1465—1487年)开始。其实,早在宋仁宗嘉祐二年(1057年)正月苏轼参加礼部试时,所撰《刑赏忠厚之至论》,第二段即与第三段对偶,后又几处使用两行对句。三月,苏轼参加殿试,所撰《重巽以申命论》,用了许多字数多少不定的对句,而且出现了"官题"(即考官出的题目,明、清时称"出题")的痕迹。不过,这时的试文尚未形成定格,苏轼也自出机杼充分表达了自己的思想。

起源北宋　　成型南宋

　　宋神宗时,改革科举制度,进士科考试《诗经》、《尚书》等经义,另考论、策。朝廷颁行了"大义式",即举人应试《诗经》等经典之义的标准体式。《古今图书集成·文学典》载有王安石撰"经义式",收录《里仁为美》、《五十以学易》等六篇,这些文章的破题、承题都便用对偶句式。估计这六篇试文,就是朝廷颁布的"大义式"。哲宗时,扬名太学的"四俊"之一的张庭坚,其经义程文尤为当时推崇,所撰《自靖人自献于先王》被后人视为经义的范文之一。在该文中,出现了明显的官题:"此其相戒之言曰:'自靖人自献于先王'。"然后转入"原题"(明、清时称"前股"、"起比"):"盖于是时纣欲亡而未悟也……"这些试文的程式以古散文体为主,移植骈文的对偶句式和近体诗的破题、颔比、颈比、腹比、后比、结尾等名目,三者逐渐紧密结合,开始了一种新文体的形成过程。

南宋高宗、孝宗时期,进一步改革科举考试制度,规定了举人写论和经义试卷的体式,包括字数的限制和考官评分的标准(《绍兴重修通用贡举式》)。许多学者还进一步探索文章的章法、句法等,出现了评点之学,促使散文的写作趋向规范化。如吕祖谦的《古文关键》,陈傅良和陈亮等人的写“论”法,是其代表作。到宁宗初年,已经出现了经义试卷“全用套类”(《文献通考》卷328《选举五》),即使用现成章法、格式的现象。

八股章法与格式

帮助我们破译这一章法、格式密码的史籍,主要有南宋末年人魏天应选编和林子长笺解的《论学绳尺》和元代人倪士毅撰《作义要诀》。《论学绳尺》共十卷,是一部指导举人写“论”的专书,收录宋室南渡以来,省试中选的优秀的“论”三五六篇,每篇先写清属何种格,再列题目和作者,然后说明本题的出处和立说大意、评语。正文一般用“论曰”两字开头,最后用“谨论”两字结束。正文几乎逐句进行笺解,分析大意和前后呼应关系以及所属格式、句法等。根据各篇的笺解,可知这时“论”的格式,顺次为破题和接题(承题)、小调、缴结、官题、原题、大讲(讲题、讲段、论腹)、余意(后讲、从讲)、原经(考经)、结尾等十个段落。其中又以破题至缴结四个段落,总称“冒头”(冒题、冒子)。破题大都为三句或两句,有时也写四句,皆不用偶句。小讲参用偶句和散行。冒头结束后,再写一次题目(官题),然后发问或提出下文的任务,如“孰能……”、“请得而绎其说”、“请申之”等。官题后,都空一字,再进入原题,不少程文的原题用“尝谓”、“愚尝求”等开头,参用偶句和散行。大讲则常用“今夫”、“今观”等开头,皆用偶句,各段偶句间或用散行过接。结尾大都用散行,少数用偶句。各论逐句笺解中,使用了"股"、"脚"等字,表示一组互相对偶的排句的一方。还使用了"交股"一词,表示两句或两段交错对偶之法。

《作义要诀》一书,专述经义的写作方法,指出宋人写经义有破题、接题、小讲等"次序",且"拘于捉对"、"大抵冗长繁复可厌"。虽然"今(元代)之经义不拘格律",但也应分为冒题、原题、讲题、结题四大段落,冒题中包括破题、接题等。原题中包括起语、应语、结语。讲题后,还有余意和考经两段落。

《论学绳尺》和《作义要诀》以及其他一些宋代史籍所载这种分为十个段落的考试文体与明、清的八股文分为破题、承题、起讲(小讲)、领题(入题)、起股(前股、起比)、出题、中股(中比)、后股(后比)、束股(束比)、落下等十个段落,如出一辙。究其原因,两者一脉相承,后者是前者的继续和发展。

规范评分标准

严格地说,宋代的考试文体只是八股文的雏形。这种文体的出现,完全是适应科举和学校考选的需要而产生的结果,它使考官对试卷的评分标准有了一定的规范,减少了判分的随意性,增加了录取或黜落士子或学生的公正性。当然也带来一些弊病,如注重章法而忽视士子的思想见解,使程文往往空洞无物。

八股文的雏形,是两宋三百二十年官僚地主阶级集体智慧的结晶,当时的文学家、思想家、政治家以及无数的士子们,不论赞成者还是反对者,都曾经为这种文章体式的逐步形成作出了或多或少的贡献。这是不以他们的意志为转移的,他们也不可能预料到若干年后会形成如此体式的考试文体。

总之,中国的八股文起源于北宋,至南宋中期已形成基本的格式。不过,还有一些问题没有完全解决,如第六个段落"原题"到第十个段落"结尾"的分段不易辨清,有待今后进一步深入研究。

（本文为 1994 年 7 月 20 日在台北中央研究院史语所
演讲论文摘要,刊载于《中央日报》1994 年 8 月 19 日）

北宋人已经发明牙刷

拙作《辽朝和宋朝人最早发明牙刷》(载本刊第 19 期),提出中国人在世界上最早发明牙刷,具体时间为辽朝和南宋末年。拙作发表后,笔者继续搜集新的史料,终于从明朝人周守中编《养生类纂》①所引宋朝人温革撰《琐碎录》中找到新的记载,知道牙刷的发明和使用可以提前到北宋。《琐碎录》的记载是这样的:

> 早起不可用刷牙子,恐根浮兼牙疏易摇,久之患牙痛。盖刷牙子皆是马尾为之,极有所损。今时出牙者尽用马尾灰,盖马尾能腐齿龈。

说明"刷牙子"即植毛牙刷,是用马尾的毛制造的,但当时人们认为早晨使用这种牙刷不利于牙齿,会使牙齿疏松,牙根动摇,时间稍久,还会患牙痛病。这种认识自然是缺乏科学根据的,这或许与人们使用"刷牙子"的时间不长有关。

温革,福建惠安人,宋徽宗政和四年(1114 年)登进士第。宋室南渡初年,在福建路任官,做过南剑州(治今福建南平市)的长官。高宗绍兴十年(1140 年),罢秘书省正字,改任洪州(治今江西南昌市)通判②。绍

---

① 上海图书馆藏明万历三十一年(1603 年)刊本。
② 《建炎以来系年要录》卷138。

兴二十五年,权摄漳州军州事①。所撰《琐碎录》一书,今已失传。不过,从今存的《永乐大典》等书中,还能辑出许多内容,可以知其大概。

　　据南宋人周煇《清波别志》卷上记载,《琐碎录》"凡四百余条,悉论物理乃宣、政贵人所纂也"。所谓宣、政是指宋徽宗的年号宣和(1119年—1125年)、政和(1111年—1118年),"贵人"自然是指温革。这有力地证明温革《琐碎录》的写作年代在宋徽宗这段时间里。由此也说明,在这段时间里,北宋人已经发明用马尾的毛生产植毛牙刷了。

(本文刊载于台北《历史月刊》1995年第6期,
后又载于《新民晚报》2002年8月13日)

---

① 《永乐大典》卷 21984。

宋代的石烛不是石油

12月1日史谭先生《宋时又称石烛》一文,认为"石油在宋时又称石烛"。笔者以为,此说颇值得商榷。南宋著名诗人陆游在其所撰《老学庵笔记》卷5记载:

> 宋白《石烛》诗云:"但喜明如蜡,何嫌色似黳。"烛出延安,予在南郑数见之。其坚如石,照席极明,亦有泪如蜡,但烟浓,能熏污帷幕、衣服,故西人亦不贵之。

宋白(933至1009年)是北宋初年文臣,他的《石烛》诗说明当时已有"石烛"之称,而石烛点燃后可照明。石烛"色似黳","黳"即黑色。陆游则记载他在南郑(今陕西汉中市)曾几次见到石烛:石烛坚硬得如同石头,点燃后光线亮,但缺点是烟浓烈,会熏脏帐幕和衣服,所以西北地方的人对它并不是那么珍重。显然石烛不是呈液态的石油。

宋代的石烛究竟是一种什么东西呢? 据了解,实际是一种地沥青。地沥青是由树脂和石油、石沥青混合而成的可燃性有机岩石,质硬而粘,接近黑色。所以,准确地讲,宋代的石烛并不是石油,而是一种叫地沥青的岩石。

此外,必须说明,宋代人常常称石油为"猛火油",从来没有人把石油或猛火油称为"石烛"。

(本文刊载于《新民晚报》1997 年 12 月 21 日)

宋代的点茶技艺

福建建安百姓在斗茶时应用的冲点茶汤的技艺,被人们广泛接受。据《茶录》记载,点茶的技艺分为藏茶和炙茶、碾茶、罗茶、候汤、熁盏、点茶等程序。与今天的饮茶习惯相异的是,宋代点茶必须用茶叶粉为原料,具体办法为将茶饼用碾迅速碾碎成粉末,再用茶罗筛过。茶粉越细越好,所以要求茶罗十分细密,"罗细则茶浮,粗则水浮"。至于"候汤",即掌握点茶用水的沸滚程度,是点茶成败优劣的关键。唐代人煮茶,已经讲究"三沸":在第一沸时,加入少许食盐;在第二沸时,倒入茶末;到第三沸后,如果继续煮,茶水就过老而不可饮用(陆羽:《茶经·五之煮》)。宋代流行点茶法,虽与唐代的煮茶法颇为不同,但同样注意掌握水沸的程度即"汤候"。蔡襄《茶录》提出"候汤最难,未熟则沫浮,过熟则茶沉",认为必须掌握水沸的程度,才能冲点出色味上佳的茶汤。他的"候汤"法,只由点茶人凭自己的经验来掌握。到南宋理宗时,据罗大经《鹤林玉露》丙编卷3《茶瓶汤候》记载,罗大经的同年李南金提出,陆羽所说开水烧至第二沸为适度,仍有欠缺,应当在水过二沸而三沸刚到的时候点茶最好,即"当用背二涉三之际为合量"。李南金还写诗说明"背二涉三"之法:"砌虫唧唧万蝉催,忽有千车捆载来。听得松风并涧水,急呼缥色绿瓷杯。"罗大经认为此论虽精,但尚不够。因为点茶之法应该用"嫩"的沸水,"汤嫩则茶味甘,老则过苦矣"。如果在"声如松风涧水"时点泡,"岂不过于老而苦哉"!他主张在水沸后,将汤瓶拿离炉火,稍等片刻,到水完全停止沸腾后,再冲泡茶粉,这样才使"汤适中而茶味甘"。所以,他补写一诗:"松风桧雨到来初,急引铜瓶离竹炉。待得声闻俱寂后,一瓯春雪胜醍醐。"

在点茶前,还要用沸水冲洗杯盏,预热饮具,蔡襄称为"燲盏"。正式点茶时,先将适量茶粉放入杯盏,点泡一些沸水,将茶粉调和成膏,再添加沸水,边添边用茶匙击拂。点泡后,如果茶汤表面的颜色呈鲜白,"着盏无水痕"者为最佳。也就是说,经击拂激发,茶汤表面泛起一层含有游离物的浓厚泡沫(即沫饽),能较长时间凝住杯盏内壁不动,则为成功。宋代的斗茶,除了彼此比较茶汤的颜色,就是比较沫饽的多少和存留杯盏内壁时间的长短。

由点茶的程序,可以看出宋代茶诗中的"松风"一词确如王先生所论,为"专辇水沸之声"。不过,笔者以为,宋代还使用"涧水"、"桧雨"等词来比喻水沸之声。

应该指出,点茶既然用茶粉作原料,再用沸水点冲,所以人们饮用时必然连茶粉带水一起喝下。

(本文刊载于《新民晚报》1997 年 10 月 13 日)

也谈"帅府守卫牌"

编辑同志:

　　贵报 6 月 14 日载《帅府守卫牌与使司夜巡牌》一文,断定两枚铜牌都"出自北宋年间",我认为有误。

　　第一枚铜牌,该文说是"北宋徽宗崇宁末年,殿帅府太尉高俅掌握大权","走卒陆虞候献谋","特制白虎铜牌"。据《宋史》卷 21《徽宗纪三》记载,高俅直到政和七年(1117 年)正月才晋升太尉官阶。宋代没有制造和使用"白虎铜牌"的记载。

　　第二枚铜牌,背文有篆书"永昌卫指挥使司夜巡牌" 10 字。永昌卫是明代的地名,明太祖洪武三年(1370 年)以元代的永昌路改置,治所在今甘肃省永昌县。清世宗雍正二年(1724 年)降为县。明代初年始设卫所,作为军队的基本编制之一,所以在北宋或南宋不可能出现卫所制。显然,这枚铜牌如果是真品,也只是明代之物,而与宋代无关。

(本文刊载于《新民晚报》1997 年 7 月 12 日)

胡铨不是武将

　　贵报5月14日第28版《王庭珪的文字狱》，提到宋高宗绍兴间"著名爱国将领"胡铨上书要求斩秦桧。其实，胡铨是文臣，不是武将。据《宋史》卷374《胡铨传》等记载，胡铨（1102至1180年），字邦衡，江西吉州庐陵人，建炎二年登进士第。绍兴八年（1138年），胡铨时任枢密院编修官，上疏宋高宗，反对与金朝媾和，要求处死决策主和的宰臣秦桧等人，声振朝野，被除名，编管昭州。孝宗时，胡铨复官，以资政殿学士致仕。所以，胡铨不是"著名爱国将领"，而是"著名爱国文臣"。

（本文刊载于《新民晚报》1998年6月12日）

宋 代 的 排 档

　　自改革开放以来,神州大地的饮食业悄悄地刮起了一股饮食风。最初是各种风味小吃摊位列成行,顾客云集;接着是一些星级饭店、宾馆竞相仿效,在各自的豪华餐厅里摆出了"大排档"。"排档"一词便风靡全国。笔者几次去台北,也光顾过那里的"排档",不过名字改成了"便当",取其方便之意。

　　"排档"一词始于宋代的"排当"。当时,"排当"是设宴的意思。宋仁宗庆历三年(1043 年)七月,有官员奏申:"益州旧例,知州已下五次出游江并山寺排当,从(纵)民邀(游)乐,去城稍远。"①益州即成都府(治今四川成都),知州以下官员每年五次遇节日游览锦江和在离城稍远的山寺设宴。徽宗政和六年(1116 年),在颁布的诏书中提到:成都府路帅府和监司的长官每逢七夕节,"率皆登临"成都府大慈寺的门搂"宴饮","无复忌惮,吏民聚观,登临寺门事可罢"②。

　　南宋时,"排当"一词屡见不鲜。首先,使用在帝后宫廷设宴上,如宋孝宗淳熙八年(1181 年)大年初一和初二,孝宗连续两次在宫内设宴请已退位就闲的太上皇高宗和皇太后,史载:初一,"官家恭请太上、太后来就南内排当"。初二,"午正三刻,就凌虚阁排当"③。孝宗在位时间较长,皇太子赵惇(即光宗)在东宫有些等待不住,迫切希望孝宗早

---

① 《宋会要辑稿》刑法 2 之 26。
② 《宋会要辑稿》刑法 2 之 66。
③ (明)田汝成:《西湖游览志余》卷 3《偏安佚豫》。

日内禅,"数击鲜于慈福太后"后疑之,询问近侍,曰:'大哥屡排当,何故?'"近侍详告内情,太后才知道赵惇屡次"排当"请自己尝鲜的原因①。理宗时,"宫中饮宴,名排当"②。"排当"与"进酒"的内容略有区别。周密《武林旧事》卷2《磁花》记载:"大抵内宴赏初坐、再坐,插食盘架者,谓之排当。否则,但谓之进酒。"《武林旧事》还记载,每逢元旦、冬至,"后苑排办御筵于清燕殿,用插食盘架。午后,修内司排办晚筵于庆瑞殿,用烟火,进市食,赏灯,并如元夕"③。这自然也属"排当"。此外,每逢中秋、重九、冬至以及皇后开炉节都有"排当"④。这些"排当"的具体事务都由内侍即太监操办,所以"一有排当,则必有私事密启"。到度宗时,有人告诉度宗:"内侍用心,非借排当以觊羡余,则假秩筵以奉殷勤,不知聚几州汗血之劳。而供一夕笙歌之费?"内侍们依靠操办排当大捞油水,中饱私囊,当时有人写诗描写其奢靡:"花砖缓步退朝衙,排当今朝早赏花。玉链金鞍皇后马,香轮绣毂御前车。"⑤

其次,使用在官府和民间设宴请客上。理宗时人耐得翁撰《都城纪胜·四司六局》记载:"官府、贵家置四司六局,各有所拿,故筵席排当,凡事整齐,都下街市亦有也。当时人户,每遇礼席,以钱倩之,皆可办也。"临安府街市上私人经营的四司六局可以接受雇佣,为官府和贵家张罗排当。南宋末年,还出现"小排当"之称,这与宴请无关,而是贵族之家的演艺人按时比试。周密《齐东野语》卷17《笙炭》记载,当时一处王府专设"翠堂","专为诸姬教习声伎之所,一时伶官、乐师,皆梨园国工也。吹弹舞拍,各有总之者,号为部头"。又说:"每遇节序生辰,则旬日外,依月律按试,名曰'小排当',虽中禁教乐所无也。"

以上史实显示,宋代的"排当"不仅是"帝王宫中设宴之称"⑥,官府

---

①　田汝成:《西湖游览志余》卷2《帝王都会》。
②　(元)刘一清:《钱塘遗事》卷5《排当》。
③　《武林旧事》卷2《元正》。
④　《武林旧事》卷3《中秋》、《重九》、《冬至》、《开炉》。
⑤　《钱塘遗事》卷5《排当》。
⑥　《汉语大词典》第7卷,第659页。

或官员、贵族、富室大排筵席也可称为"排当"。总之,"排当"就是设宴之意。

（本文刊载于《中国烹饪》1998 年第 11 期。又以《宋代"排当"考》

为题,刊载于《团结报》1998 年 12 月 5 日）

韩国朱潜并非朱子的后裔

　　《团结报》第二〇六〇号第四版载金哲浩先生《孔子朱子后裔在韩国》一文,根据韩国《新安朱氏世谱·清溪公实纪》,提出朱熹次子朱埜之孙"翰林大学士"朱潜在南宋嘉定十七年春,"面对南宋王朝即将覆亡,痛心疾首",乃"携二男一女,袖藏家谱",东渡高丽。该文还提出朱潜之父朱钜"是一位具有民族气节的南宋武官,在抗元之战中殉国"。

　　笔者以为韩国《新安朱氏世谱》(以下简称《世谱》)关于朱潜和朱钜的事迹大部分是虚构的,不足为信。一、《世谱》记载,朱潜在宋宁宗嘉定十三年(1220年)"为选大学士,赐文科翰林院学士"。但宋代翰林院是由宦官管辖的专为皇帝提供天文、书艺、图画等服务的机构,不设大学士和学士。翰林学士院则设翰林学士承旨、翰林学士等,翰林学士院可简称"学士院",但不可简称"翰林院"。二、根据朱熹之婿黄榦在嘉定十四年(1221年)正月所撰朱熹的《行状》①,朱潜这时既无官职,且未应举,仅是一介布衣,他不可能在前一年已任"翰林大学士"或"翰林院学士"。三、据明代刘沂春编《乌程县志》卷5《秩官》:"朱潜,字文默,文公曾孙,建阳人。宝祐间任,徙居杭州。"证明直到宋理宗宝祐年间,朱潜还在湖州乌程县(今浙江湖州市)当县令,根本没有出过国。

　　《世谱·清溪(即朱潜之号)公行状》描述嘉定十七年朱潜登舟离宋境时,有"宝谟阁学士"王介、"龙图阁学士"彭方、王力行、"秘书阁学

_____

① 《勉斋集》卷36。

士"胡纮、文天祥等十位著名的文人学士赋诗送行。但据《宋史》卷400
《王介传》，王介早在嘉定六年病逝，到宋理宗端平三年（1236年）才追
赠宝谟阁待制。文天祥在嘉定十七年尚未出生，直到十三年后即宋理
宗端平三年五月才呱呱坠地①。胡纮在宋宁宗前期，秉承权臣韩侂胄
的旨意，不遗余力地攻击朱熹，把理学打成"伪学"，把理学家及其门人
打成"奸党"，掀起"庆元党禁"的波澜②。像胡纮这样一位激烈反对朱
熹和理学的急先锋，他怎么可能不顾辈份和年龄的悬殊，为朱熹的曾孙
朱潜赋诗送行呢？

　　《世谱·清溪公实纪》还记载，在宋宁宗开禧二年（1206年），朱潜
之父朱钜奉命与"车骑将军崔钖秀北伐"蒙古，力战殉节，朝廷赐谥，追
赠官爵，并追赠其父朱垫为"安阳侯"。但据上引朱熹之婿黄榦所撰朱
熹的《行状》，朱钜在开禧二年后十五年即嘉定十四年仍活在世上；同
时，他不是武官，而是文臣，他当时的官阶是从政郎（低级文官选人的
第五阶），差遣是行在杂买务杂卖场（类似今北京百货公司总店）的监
门官，正在临安府（今杭州市）任职。至于朱钜之父朱垫，开禧二年也
没有死。据上述朱熹的《行状》记载，朱垫到嘉定四年（1211年）病逝。
这就是说，朱垫在开禧二年后的第五年才去世，在开禧二年朝廷怎么可
能为健在的朱垫"追封"官爵呢？

　　韩国《世谱》与中国许多家谱、宗谱一样，在追溯祖先时，尽量攀龙
附凤，藉以光大门楣，但不免留下了一些破绽。

　　总之，韩国朱潜后裔是中国朱氏流传到海外的一支，是世界朱氏大
家庭的一员，但他们的祖先朱潜不是朱熹的曾孙，而是另外一位同名同
姓者。

（本文刊载于《团结报》1999年12月25日）

---

①　《文天祥集》卷17《文山先生纪年录》。

②　《宋史》卷37、卷38。

看宋代官员如何公费用餐

宋代官员众多,对各类、各级官员的公费用餐作出了种种规定:对许多官员每月发给固定的膳食津贴,或发给一些临时的膳食津贴。同时将官员挥霍公款吃喝、吃喝妨碍公务等纳入刑罚的制裁范围,在一定程度上扼制了官员乱花公款吃喝的行为,但宋代毕竟未能制止官员的不正当公费用餐,在朝廷政治腐败的时期,官员的公款吃喝之风就更盛。

一、宋代以前的官员公费用餐制度

宋代以前的官员公费用餐制度,最早可以追溯到西汉时期。公元前64年,汉宣帝下诏:"(吏)或擅兴徭役,饰厨传,称过使客,越职逾法,以取名誉,比犹践薄冰以待白日,岂不殆哉!"厨和传是指食、宿两件事,可见西汉时期已初步建立起地方官府招待过往官员的制度。不过,地方官府为了取悦客人,往往"逾法"即违反制度,擅自提高接待客人饮食和住宿的规格,其中"饰厨"正是官员公费用餐制度的内容之一。

隋、唐时期,朝廷在京师和各州郡都留有公廨本钱,由专人经营谋利,以供给官俸和吏禄、官厨食料、藩夷赐宴、六宫餐钱等费用。

唐代官员在上朝时还享有一种公费的午餐。元人马端临记载,自唐太宗开始,"常参官每日朝退,赐食,谓之廊餐"。常参官享用廊餐的地点就在皇帝举行"常朝"的宫殿的廊下。同时,中书和门下二省因为常设公厨,在朝参后回到本省的公厨用餐。至唐僖宗从蜀中回京,才取消了廊餐。

　　唐代宰相在任职期间,还可在政事堂享用特殊的午餐。有些宰相如唐玄宗朝的卢怀慎,遇"事皆推而不专",被人讥为"伴食宰相"。

　　概括以上可知:第一、官员在经过的地点,由地方官府负责供应公费膳食。第二、京师各司和各州郡用一部分"分廨本钱",供应官员和六宫的膳食。第三、官员平时在官府办公,享用"公厨"提供的工作午餐。宰臣在政事堂的专门餐厅用餐,称"堂食"。第四、常参官每逢朝见皇帝,由朝廷供应一顿午饭,称"常食"或"廊餐"、"廊下餐"。

二、宋代各类、各级官员的公费用餐规定

　　宋代在沿袭唐、五代官员公费用餐制度,大致有以下几个方面:

　　朝会酒食。朝会结束后,由朝廷招待官员午餐。北宋初,每月初一,在文德殿举行入阁仪式,最后由"閤门使宣放仗,皆再拜,赐廊下食"。官员在用膳时,有"阁内弹奏官"(即左、右巡使和閤门使、宣徽使)负责"廊下食行坐失仪、语喧"。

　　堂食。北宋时,正、副宰相在办公之日,在政事堂享用工作午餐。魏泰《东轩笔录》记载:"寇准拜中书侍郎、平章事,丁谓参知政事,尝会食于中书,有羹污准须,谓与拂之,准曰:'君为参预大臣,而与长官拂须耶?'谓顾左右,大愧恨之。"堂食由堂厨负责操办,堂厨的经费每月有定额。宰臣们吃堂食时,由一名吏人逐道朗读菜谱,宰臣点中后,堂厨立即做成送上,据说"此礼旧矣"。徽宗时,菜谱中有菜羹一味,因读音与宰相蔡京姓名相近,特改称"羹菜",后来就成为"故事"。蔡京曾设讲议司,官吏数百人。某天,"集僚属会议,因留饮,命作蟹黄馒头。饭罢,吏略计其费,馒头一味为钱一千三百余缗"。蔡京的这类会食极为铺张浪费,在经费上难免常常突破常规,出现超支。这

种会食制度,在宰执共同执政时,可以联络感情,协调行动,增加磋商的机会。

朝廷省、寺官员外出宴聚。1098 年哲宗下诏指出:"近闻省、寺官多私谒后族之家,或以邂逅为名,诸处宴聚,不可不戒。"这时太皇太后高氏(宣仁太后)临朝听政,权势熏赫,许多省、寺官员想与后族结交,借各种名义与之"宴聚",因此颁布诏书加以限制。

限制各级司法官员参加公费宴会。1034 年仁宗诏书规定:"天下狱有重系,狱官不得辄预游宴、送迎。"要求在全国范围内凡有重要案件且犯人在押的情况下,审讯官不得参加游宴等活动。限制各级司法官参加公、私宴会,甚至禁止进入酒肆会宴,主要目的是防止他们受到外界的影响,避免执法不公。

限制路级官员享用公费饮食。仁宗初年,诏书规定"诸道守任臣僚,无得非时聚会饮燕,以妨公务";同时,规定"其转运使、副巡历所至,杂遇公筵,方得赴坐"。要求各路官员不得随便赴宴,免得妨碍公务;转运使、副使外出巡视,只可参公宴。神宗时,文彦博判大名府,汪辅之新任该路转运判官,依照"旧例,监司至之三曰,府必作会",由监司治所的州府长官举办公宴招待,表示欢迎。文彦博故意怠慢汪辅之,不举行宴会。这一"旧例"说明,在转运使、提刑等官设置后又逐步形成了州府欢迎其到任的宴会制度。

州、县官员享用公费饮食的规定。宋代州、县官享用的公费膳食,有旬设、款待过往官员、犒劳军校、本地官员聚宴等数种名目。州、县官公费饮食的经费主要来源于公使钱。宋代的公使钱分为朝廷颁给的正赐钱和本地自筹的非正赐钱两种,正赐钱由朝廷拨付系省窠名的钱物,非正赐钱由本地拨付非系省的地方性收入。公使钱用于款待过往官员犒劳军校等。如果当地未设公使库,则按规定动用系省钱,或由朝廷另拨经费。

所谓旬设,顾名思义是每一旬用公费设宴款待本地的文武官员。但实际上不一定以旬为准,有的州一个月多达 5 次,主要视本地公使钱的储存多寡而定。旬设的场所为各州的"设厅",即州衙的正厅。旬设的参加者有一定的范围。且招待的范围可以不同,还是根据各自拥有公使钱的多寡而定。至于各州平时招待来往的官员和本地官府定期或不定期举办宴会,自然主要是由公费开支的。

州、县官的宴会一般还用妓乐助兴。可知知州、通判宴会时可用妓乐,其余的州、县官则在:一、参加本州公宴时;二、遇到外县庆祝圣节开启道场时;三、逢旬休日,允许使用妓乐。其他场合如用妓乐将依州学教授参预妓乐宴会法治罪。

有关武官享用公费膳食的专条。《庆元条法事类·迎送宴会》除规定各州的武官、将校等"每月一赐酒食"外,还规定:一、凡遇圣节、元日、冬至等节庆贺,各州轮流派武官参加宴会,同时另派武官带兵"量持兵仗,躬亲巡警,仍分兵守护甲仗、军资库"。正在岗位"巡警之官,不得预宴集"。

沿边官员公费用餐的规定。公元1048年仁宗依据翰林学士苏绅的建议,下诏:"沿边臣僚宴会,自今并毋得以女妓祗应。"禁止沿边的官员在公宴时召唤女伎助兴。后来又下诏:"河北,河东、陕西沿边,今后不得夜间筵会,及今[令]逐路经略安抚使、转运、提刑司觉察;如违,奏裁。"禁止北边三路官员在夜间举办宴会,时刻对辽朝和西夏保持警惕。《庆元条法事类·馈送》规定,沿边州和镇、塞"应干办官属,唯听受到、发酒食。其余供馈及一季内再至,虽酒食,各不得受。违者,杖一百。所送官司,罪亦如之。"规定这些下级官员在差出办事时,只能享用到达和离开时各一次公费酒食。

三、宋代官员的各种膳食津贴

宋代官员还按月领取膳食津贴。膳食津贴最初有餐钱或食钱,后来逐步增多,有厨食钱(食钱)、厨料米面、折食钱等数种。神宗元丰官制改革前,在京官员餐钱如下:一、按照职位每月给予一定的餐钱。其中宰相和枢密使、宣徽使、知枢密院，每人 50 千；参知政事，35 千；枢密副使、同知枢院、签书枢密，各 25 千；秘书监、判三馆、谏舍以上任三馆职者，各 5 千；天章阁侍讲，10 千；崇政殿说书，7 千；修撰、直馆阁、校理、直龙图阁、检讨、校勘官，各 3 千；国子监判监、直讲，各 5 千；知审刑院，15 千；审刑院详议官，10 千；二、依机构为单位，每月给予一定的餐钱。其中三司，共 200 千；学士院，共 100 千；中书堂后官，共 120 千；枢密院承旨以下，共 270 千；宣徽院吏属，共 30 千。这些餐钱均给本机构的官吏。三、京城诸司库务仓场的监官，依照升朝官和京官、诸司使副、承制等不同的官阶，每月分为若干等，每等给予一定的餐钱。其中升朝官，分为 20 千至 5 千（原文 5 千作"五十千"，误）共 8 等；京官，分 15 千至 4 千，共 5 等；诸司使副、承制、崇班，分 20 千至 4 千，共 7 等；阁门祗候、三班，分 15 千至 2 千，共 9 等；内侍，分 8 千至 2 千，共 7 等。

1131 年宋高宗下诏"裁定则例，永为定法"。将折食钱共定 11 等，每等比"旧例"都有减少，这一记载显示：一、京师官员的折食钱全称"御厨折食钱"，又可简称"折食钱"。二、共分 11 等，原定第一等为 84 贯多，第十一等 30 贯多，新法第一、二、十一等比原定减少了一半左右。三、此制从北宋时已经实行，此时只是恢复旧制，从而减少了数额，以减轻国家财政负担。

官员还可领取临时的膳食津贴。徽宗时监司和帅司及其官属等在"廨宇所在"遇有公宴，允许收取"折送供不尽酒食"。既然是"折送"，就必定折成现钱，不可能"吃不了兜着走"即领取食物。宁宗时，各州举办宴会时，宾客允许折送，而各机构在动用公使钱举办宴会时，则不允许计算价钱折送。

四、宋代官员公费用餐制度的主要特点

与前代相比，宋代政府将官员挥霍公款吃喝和吃喝妨碍公务等纳入刑罚的制裁范围,而实际又仅给予种种行政处罚,这就是宋代官员公费用餐制度的主要特点。

朝廷要求官员平时宴饮不致妨碍公务。宋代确有一些官员因为乱用公款宴请客人,受到制裁。1044 年,发生了震动朝野的"奏邸狱案"。这是一件涉及挥霍公款用餐的案件。原来,宰相杜衍之婿集贤校理、大理评事苏舜钦这时任监进奏院,九月末,他与另一位监进奏院、右班殿直刘巽一起"循前例,用鬻故纸公钱召妓女,开席会宾客"。御史中丞王拱辰得悉此事后,指使其属提出弹劾,于是苏舜钦和刘巽"俱坐自盗","并除名勒停";参加这一宴会的其他人如直龙图阁兼天章阁侍讲王洙,集贤校理刁约和江休复、王益柔等 10 多位"知名士"都被"斥逐"。尽管在奏邸狱案发后直到当代,曾有许多文人学士为苏舜钦等人鸣不平,甚至称此案为"冤案",但此案的处理在客观上对澄清当时的吏治起过一定的作用,使官员们在动用公款吃喝方面有所收敛,以免触犯刑律。

宋代反对官员整天吃喝玩乐、挥霍公款、不理政事;在法律上,规定了严重挥霍公款吃喝和过度吃喝的官员将被绳之以法,受到刑罚的制裁。但是。即使真正判刑,充其量也多者不过判 2 年徒刑,少者仗 100或 80 下。

在这种现状下,宋代多数官员都是心安理得地享用各种公费膳食和领取膳食津贴。其中有一些官员本属饕餮之徒,每天举行宴会,觥筹交错,乐此不疲,却并不受到惩罚。比如高宗时,宰相秦桧专权,其妻王氏娘家的子弟"皆用事"。其中"有王子溶者,为浙东仓司官属,(平江府)郡宴必与提举者同席,陵忽玩戏,无所不至,提举者事之反若官属。"以后,王子溶又知吴县,"尤放肆。郡守宴客初就席,子溶遣县吏呼伎乐伶人,即皆驶往,无敢留者。上元吴县放灯,召太守为客,郡治乃寂无一人"。慑于秦桧的权势,路、州长官反而听命于官属,他们举办的公宴就必然失控,费用也无以限制。为了刹住官员挥霍公款吃喝的风气,宋朝廷还屡次发布一些照应性诏书,而且其公费用餐制度尽管已形成一套比较完整的制度。但实际上惩治不及时,打击不严厉、所起作用仍极为有限。

（本文分上、下刊载于《观察与思考》1999 年第 11、12 期,后以《宋代官员的公费用餐制度》为题又刊载于《反腐败导刊》2001 年第 3 期）

大 宋 饺 子

　　饺子是中国传统的面食点心,它至少已有两千多年的历史。1978年 10 月,考古工作者在山东济宁地区滕县薛国故城清理春秋晚期一位薛国国君的墓葬时,发现一套铜礼器中有一合铜簠(音 fǔ)锈蚀一起,里面装着满满的白馄饨(即饺子),排列有序。饺子呈三角形,每只长 5 至 6 厘米,最宽处 3.5 至 4 厘米(宫衍兴:《〈饺子的由来〉之补充》)。应该说,这是迄今为止在中国发现的最早的饺子实物。春秋时期约在公元前 600 年至 480 年之间,距今有 2 500 年左右,这证明饺子已有悠久的历史。

　　在中国古代,饺子一直称为"馄饨"。现代所说的馄饨,因为制皮较薄,当时似乎还没有出现。三国魏人张揖撰《广雅》说:"馄饨,饼也。"北齐时,颜之推说:"今之馄饨,形如偃月,天下之能食也。"①由此推断,"馄饨"即今饺子,在北齐时已相当普及。1968 年,考古工作者又在新疆吐鲁番县阿斯塔那——哈拉和卓唐代墓葬中,发现了十几只形状完好的饺子。这些饺子放在一只木碗中,样子正与颜之推所说"形如偃月"的"馄饨"一般。唐中宗时,尚书令韦巨源的"食帐"中,有 24 种"馄饨",它们的"花形、馅料各异"②。这说明到唐代时,"馄饨"在民间更为普及。

　　到北宋时,"馄饨"依然是民间喜爱的一种食品。同时,又出现了

---

① 　段公路纂、崔龟图注:《北户录》卷 2《食目》"浑沌饼"条。
② 　陶穀:《清异录·膳羞》。

"馄饨"、"扁食"等名称。孟元老《东京梦华录》卷4《食店》记载,徽宗时,汴京(今河南开封)有"馄饨店"以及"素分茶",供应顾客"旋切细料馄饨儿"。同书卷2《州桥夜市》,也记载有"细料馄饨儿"。卷6《十六日》记载,正月十六日汴京仍在庆祝元宵节,"都下卖鹌鹑骨饨儿……"南宋时,临安府(今浙江杭州)街市晚间有"顶盘挑架者,如鹌鹑馄饨儿……"①吴自牧《梦粱录》卷13《夜市》也记载临安有"担架子"的小贩沿街叫卖"馄饨儿"。同书卷16《荤素从食店》还记载在"沿街巷陌盘卖"的"点心"中有"馄饨瓦铃儿"。周密《武林旧事》卷6《市食》记载,临安的食品中,第一种为"鹌鹑馄饨儿"。

　　馄饨究竟是怎样的一种食品呢?有的辞书笼统地解释为一种有馅的面食,有的古籍在注释中认为就是饺子。笔者以为,第一,据北宋人宋祁《宋景文笔记》记载:"关中人以腹大为胍肛(上音孤,下音都),俗因谓杖头大者亦曰胍肛,后讹为骨杂。杂,平声。"②馄饨与胍肛、骨杂同音,馄饨显然也因"腹大"而得名。这说明馄饨是一种有馅的食品,中间鼓腹。第二,北宋时同时使用"馄饨"和"馄饨"二词。如上述《东京梦华录·食店》"馄饨店"与"素分茶"中的"旋切细料馄饨儿",几乎同时出现。南宋时,"馄饨"和馄饨在一书中虽不同时使用,但在前后出现。如《梦粱录》卷13《夜市》载有"馄饨儿",同书卷13《天晓诸人出市》又记载临安"六部前"的饭店供应"丁香馄饨,此味精细尤佳"。《武林旧事》卷6《市食》载有"鹌鹑馄饨儿",同书卷3《冬至》又记载临安民间每逢冬至节"享先,则以馄饨,有'冬馄饨,年馎饦'之谚。贵家求奇,一器凡十余色,谓之'百味馄饨'"。由此估计,馎饦与"馄饨"必定有所不同。第三,据宋人话本《简贴和尚》描写,在东京开封府,一位"官人"来到王二开办的茶坊里,"等多时,只见一个男女托个盘儿,口中叫:'卖鹌鹑馄饨。'官人把手打招,叫:'买馄饨儿。'僧儿见叫,托盘儿入茶坊内,放在桌上,将条篾篁穿那馄饨儿,捏些盐,放在官人面前,道:'官

① 耐得翁:《都城纪胜·食店》。
② 陶宗仪:《南村辍耕录》卷1《云都赤》。

人吃馂饨儿'"。由此推断,馂饨是一种有馅的面食,而且外皮相当牢固,所以可用细篾片穿连起来。同时,馂饨都放在盘子出卖,而不是在现场放在锅、炉中蒸煮或煎烤,边做边卖。据此,笔者认为馂饨不可能是必须边煮边卖的一般饺子,也不可能是必须边蒸边卖的蒸饺,而应该是食油煎炸成熟的锅贴。这种锅贴经常以鹌鹑肉为馅料,有时也用素馅,是当时一种脍炙人口的美食。

北宋末年,即宋钦宗靖康元年(1126 年)十二月,金军占领汴京,钦宗被金军扣留在兵营中。据宋人石茂良《避戎夜话》记载,金军"供送上(按指钦宗)左右寝食皆如法,并吃馄饨扁食,乃金人御膳也"①。这里的"馄饨扁食"是一种食品,还是两种食品呢?笔者认为只是一种食品,即饺子。因为宋人称饺子为"馄饨",金朝女真族人称饺子为"扁食",石茂良为了说明这两个名称本指一种食品,所以干脆将两个名称连在一起写,同时,又可写明"馄饨"的造型呈扁形。这与前述《梦粱录·荤素从食店》中把馂饨称为"馂饨瓦铃儿"是一个意思,用"瓦铃儿"说明馂饨的造型。

总之,到宋代时,饺子的制作技艺获得进一步发展,除保留传统的"馄饨"即水煮的饺子外,还创造出新的品种油煎而成的馂饨即锅贴。宋代的锅贴常用鹌鹑肉做馅料,用油煎熟后,由小贩装入盘中,沿街兜售。小贩在出售时,用细竹篾穿成一串,递给顾客,再在锅贴上撒上一些盐。至于金朝女真人则称饺子为"扁食",这种称呼至今仍在北方许多地方沿用。

(本文刊载于《中国烹饪》2000 年第 8 期)

---

① 徐梦莘:《三朝北盟会编》卷 71。

宋代角子考

宋代沿用前朝旧习,称饺子为"馄饨"。与此同时,出现了一种称为"角子"或"角儿"的食物。现代有些辞书和有关中国古代饮食史的著作,都认为"角子"或"角儿"就是饺子。如《汉语大词典》释"角子"为"饺子"。黎莹《中国的食品》①认为"北方人大都称为饺子,古代也叫'角子'、'银元宝'……"吴少华《饺子起源的传说》②提出:"饺子,又叫'馄饨'、'角子'、'扁食'等。"笔者以为,宋代称饺子为"馄饨"、"扁食"确是事实,但"角子"、"角儿"却很难说就是饺子。

北宋时,似乎尚未使用"角子"或"角儿"之称。到南宋孝宗淳熙年间(1174—1189年),宋朝设宴招待金朝使臣等,酒食共九盏:"第一,肉、咸豉;第二,爆肉,双下角子;第三,莲花肉、油饼、骨头……"③南宋末年人吴自牧《梦粱录》卷3《宰执、亲王南班、百官入内上寿赐宴》记载,每年四月初八日,是皇太后生日,皇帝和宰执以下百官为皇太后祝寿。"御宴"共九盏,至第三盏"方进下酒咸豉、双下驼峰角子"。上述《汉语大词典》"角子"条即以《梦粱录》这一记载为证,认为"双下驼峰角子"就是饺子。周密《武林旧事》④卷6《市食》记载,临安府(今浙江杭州)的食店中有"金铤裹蒸、市罗角儿(原注:宋刻"餀儿")、宽焦薄

---

① 人民出版社1987年版,第23页。
② 《解放日报》1989年6月14日,第6版。
③ 陆游:《老学庵笔记》卷1。
④ 中国商业出版社1982年版。

脆"等。"金铤裹蒸"就是现今江浙地区民间流行的用米粉蒸成的定胜糕或得胜糕,呈银锭的样子。"宽焦薄脆"现今仍在北方流行。此处"市罗"不清楚是什么意思。同时,"角儿"是否就是"馉儿"呢?看来也不是。同书同卷《蒸作从食》,记载当时各种蒸作的面食,其中有"春饼、胡饼、韭饼、诸色馉子、诸色包子、诸色角儿……"说明"馉子"或"馉儿"与"角子"或"角儿"不是同一造型的面食。同书同卷《果子》,还记载各种糖果中有"玉柱糖、乳糖狮儿、薄荷蜜、琥珀蜜、饧角儿、诸色糖蜜煎"等。这里的"饧角儿"显然不是面食,而是像现在呈三角形或多角形的水果糖,或像现在苏州的粽子糖。同书卷7记载,孝宗淳熙六年(1179年)准备在九月十五日举行明堂大礼,先在十三日"北内送天花蘑菇,蜜煎山药、枣儿,乳糖,巧炊火烧、角儿等"。这里的"角儿"显然是与"火烧"一类的面食,不像是用水煮或蒸出的饺子。同书卷9《高宗幸张府节次略》记载,绍兴二十一年(1151年)十月,高宗率百官到清河郡王张俊府第作客。张府设宴款待高宗和宰相秦桧等文武百官,其中"听叫唤中官等五十分,各食五味:斩羊一斤、馒头五十个、角子一个、铺姜(一作"羊"字)粉饭、下饭咸豉,各酒一瓶"。"中官"指太监,"分"即"份"。张府为他们准备了50份食品,每份菜肴5种,包括斩羊1斤、馒头50个、"角子"1个等。这里的馒头一定比较小,而"角子"则不可能是饺子,因为每人只分给1个,未免太少了。

　　归纳以上史料,笔者以为,宋代的"角子"或"角儿"肯定不是饺子。《梦粱录》卷3《宰执、亲王南班、百官入内上寿赐宴》载有"角子",卷13《天晓诸人出市》载有"丁香馄饨",卷16《荤素从食店》又载有"细馅夹儿、笋肉夹儿、油炸夹儿、金铤夹儿、江鱼夹儿"、"夹子"等。"角子"与"馄饨"、"夹子"、"夹儿"出现在同一书内,说明三者不会是同一种食品。同时,"角子"也不仅仅是一种食品,第一种是有馅的面食,应该与北京现在流行的糖三角、素三角及广东的油食相似,不过宋代的"角子"有许多种馅。第二种是糖果,则是多角形的水果糖。至于"驼峰角子",估计是在造型上一边呈半圆形突出,犹如驼峰。此外笔者还以元代的"角儿"佐证。元人忽思慧《饮膳正要》卷 1 载有"水晶角儿"、"撇列角儿"、"时（莳）萝角儿"等三种"角儿"的配料和具体做法，最后上屉蒸熟或用油炸熟、铛内烙熟。有关"水晶角儿"的制法，还流传至明代，见明人高濂《遵生八笺·饮馔服食笺》下卷《甜食类》"水明角儿法"。可见这三种"角儿"不太像饺子，而更像现代的糖三角、素三角之类的面食。

（本文刊载于《中国烹饪》2000 年第 1 期）

硫磺与人体自燃

近年报刊时有国内外人体自燃的报道。这类事例,由于事出突然,人们来不及抢救和研究,自燃者已立即化为灰烬,因此科学家至今无法作出解释。

笔者在古籍中见到两则宋代的人体自燃的实例,现介绍给读者。一是宋人张知甫撰《可书》记载:福建有一名士大夫,学到服硫磺法后,连服了三十年,以致"遍身通明,色如硫磺"。有一天,他点烛,不小心将尚有火星的纸灰落到手上,马上火起,"遍身烧燃如枯柴,顷刻而尽,虽水救之,亦不能止"。

二是宋人王明清撰《挥麈录余话》卷2记载,宋徽宗时有一名年轻的官员叫王称,是殿帅王恩之子,颇有才学,并得到徽宗的宠信。一天,徽宗召他入宫,要他试服一位"异人"精炼的丹砂,说"服之可以长生久视"。王称不敢有违,立即将"色如紫金"的丹砂吞下。不料,"才下咽,觉胸间烦躁之甚",一会儿又"烟从口中出"。回到家,王称就不治身死。在大殓后,王称的遗体又在棺中哔剥作响,随即"火出其内,顷刻之间,遂成烈焰,室庐尽焚"。这场大火还延烧了开封府的几百家邻居,最后只找到王称的枯骨在剩下的灰烬中。

以上两则宋代人体自燃的实例全与服用硫磺或丹药(常以硫磺为主要成分)有关,不知对探究人体自燃之谜有无裨益?

(本文刊载于《新民晚报》2001 年 7 月 31 日)

中国古代的餺飥

　　周磊先生《释餺飥及其他》一文①,提出中国古代的"餺飥"就是新疆维吾尔族的民族食品之一抓饭,是唐玄宗朝从西域传到中原的。笔者认为,周磊先生所释并不能令人信服,因为他所掌握的史料较为有限;同时,解释餺飥为抓饭的理由仅仅从语音角度进行推断,以为新疆维吾尔族语称抓饭为"Polo",与餺飥语音相近(向达先生最早提出此见),证据似嫌不足。

一、魏晋南北朝时已有"餺飥"

　　据笔者所知,"餺飥"一词的出现要早于唐代,最迟至南朝梁武帝时人们已开始享用它了。南朝梁太学博士顾野王(519—581年)著《玉篇》,最早提到了"餺飥"。据《宋本玉篇》卷9《食部第一百十二》记载:"餺,卑吉切,餺飥,饼属。""飥,洛河切,餺飥。"②《大广益会玉篇》卷9《食部第一百十二》关于"餺"、"飥"的释文与此相同。北宋真宗朝陈彭年等《重修玉篇》③,在"餺"字的释文中省却"饼属"二字,"飥"字则与上相同。按:顾野王《玉篇》成书于梁武帝大同九年(543年)。

　　《玉篇》较东汉许慎《说文》增加了许多新字,如"饮"、"馄"、"饨"

---

① 载《中国语文》2001年第2期。
② 顾野王:《宋本玉篇》卷9《食部第一百十二》,北京中国书店1983年版,第185页。
③ 陈彭年:《重修玉篇》,四库全书文渊阁本台北商务影印本。

等，"饆"、"饠"二字也属新增之列。这反映社会生活方面的内容日益丰富。由此可见，"饆饠"的最早出现是在魏晋南北朝时期，具体时间为公元543年以前，所以不可能迟到唐玄宗开元、天宝时期（713—756年）才从西域传入中原。同时，"饆饠"是一种成形的饼，而不是米饭。

二、唐代的"饆饠"

到了唐代，有关"饆饠"的记载增多，除周磊先生文中提到的李匡义《资暇集》卷下、释慧琳《一切经音义》卷37《陀罗尼集》第12卷、段成式《酉阳杂俎》卷7《酒食》和续集卷1《支诺皋上》等四条外，实际上，还有一些唐人的文献值得注意。如卢言《卢氏杂说》："（唐代）翰林学士每遇赐食，有物若毕罗，形粗大，滋味香美，呼为'诸王修事'。"①此条在宋真宗时人钱易所编《南部新书》中全文转录，不过有关"毕罗"写作"有物若毕罗衫绝大"②。显然，"衫"是"形"字之讹，因为中国古代不曾有称为"毕罗衫"的东西。又如北宋初年人孙光宪著《北梦琐言》卷3记载："唐刘仆射崇龟，以清俭自居，甚招物论。尝召同列餐苦荬饆饠，朝士有知其矫，乃潜问小苍头曰：'仆射晨餐何物？'苍头曰：'泼生吃了也。'朝士闻而哂之。"③刘崇龟假装廉洁，邀请同僚只吃一种用苦荬菜（属菊科植物，带苦味，嫩叶供食用）做馅的饆饠。有的朝官不相信刘的日常饮食如此清苦，悄悄向刘身边的小仆人打听刘早饭吃了什么，才知刘吃了"泼生"。此处"泼生"一词，各家词书均未收录，笔者疑即"泼撒"。江蓝生、曹广顺编著《唐五代语言词典》"泼撒"条，释为"江淮民间年终时家人宴集"④，笔者以为或可引伸为"宴席"。

南宋中期人高似孙撰《蟹略》一书⑤曾转引唐代刘恂《岭表异录》

① 卢言：《卢氏杂说》，《说郛》商务本卷73。
② 钱易：《南部新书》，丛书集成初编本。
③ 孙光宪：《北梦琐言》卷3，上海古籍出版社1981年版。
④ 江蓝生、曹广顺编著：《唐五代语言词典》，上海教育出版社1998年版，第285页。
⑤ 高似孙撰：《蟹略》，四库全书文渊阁本台北商务影印本。

关于馎饦的记载。《蟹略》卷 2《蟹馔》说:"蟹馎饦:《岭表异录》云:'以蟹黄淋以五味,蒙以细面,为馎饦,珍美可尚。'"这也证明唐代的馎饦是用"细面"为皮包裹多种馅料而制成的面食,与米饭无关。

回头再看唐释慧琳撰《一切经音义》①。周磊先生所引"𪍠𪍠"条"顾公云":"今内国𪍠𪍠,以油酥煮之。案:此油饼本是胡食,中国效之,微有改变,所以近代方有此名。……胡食者,即馎饦、烧饼、胡饼、搭纳等是。"从慧琳列举的四种"胡食"中,除"搭纳"不详何种食物外,烧饼和胡饼都是面食,馎饦自然不会例外。《一切经音义》卷 37《广大宝楼阁善住秘密陀罗尼经》中卷释"饻饼"说:"音甲,饼,馎饦之类,著脑油煮饼也。"这进一步说明馎饦属于饼类,而且与饻饼相似。所以,唐代的馎饦不可能是抓饭。

三、辽、宋、金时期的"馎饦"

辽、宋、金时期,有关馎饦的记载更多,馎饦既是皇家宴会即"御膳"桌上的一种食品,又是民间的一种美食,还用于食疗。宋真宗时编定的字书《广韵·入声卷第五·质第五》记载:"馎:馎饦,饵也。"②宋仁宗宝元二年(1039 年)丁度、宋祁等编纂的《集韵·入声上·质第五》记载:"馎、𪍱:馎饦,饼属,或从麦。"③显然,馎饦是面食,所以也可以"从麦",而不可以"从米"。宋神宗时,朝廷"设御茶酒",宴请百官,在食物中有"天花饼、太平毕罗、干饭、镂(缕)肉羹、糖油饼"④。宋徽宗时,朝廷所设"御酒"的第五盏,用于"下酒"的食物基本同上,其中仍有"太平毕罗"⑤。宋孝宗淳熙间(1174—1189 年),朝廷在集英殿设宴款

---

①　释慧琳撰:《一切经音义》,上海古籍出版社 1986 年版。

②　《广韵》,北京中国书店 1982 年影宋本。

③　丁度、宋祁等编:《集韵》,上海古籍出版社 1985 年影印本。

④　庞元英:《文昌杂录》卷 3,丛书集成初编本。

⑤　孟元老:《东京梦华录》卷 9《宰执亲王宗室百官入内上寿》,中国商业出版社 1982 年版。

待金朝使臣,第五盏仍为"太平毕罗"等①。

最能说明饆饠不是抓饭的文献是宋代的两种医药总集。第一种是宋太宗太平兴国三年(978年)医官王怀隐、王祐等编类《太平圣惠方》。②该书卷96《食治》的疗方之一(第3098页)是这样的:

> 治脾胃久冷气痢,劣瘦甚者,宜食猪肝饆饠方:獖猪肝一具,去筋膜;干姜,半两,炮裂剉;芜荑,半两;诃梨勒,三分;煨用皮;陈橘皮,三分,浸去白瓤;缩砂,三分,炒。右捣诸药为末,肝细切,入药末一两,拌令匀,依常法作饆饠,熟煿。空心食一两枚,用粥饮下亦得。

疗方之二(第3119—3120页)是这样的:

> 治下焦虚损羸瘦,腰胯疼重,或多小便,羊肾饆饠方:羊肾,一两,对去脂膜,细切;附子,半两,炮裂,去皮脐,捣罗为末;桂心,一分,捣罗为末;干姜,一两,炮裂,捣末;胡椒,一钱,捣末;肉苁蓉,一两,酒浸一宿,括去皱皮,捣末;大枣,七枚,煮熟,去皮、核,研为膏;面,三两。右将药末并枣及肾等,拌和为饆饠,溲面作饆饠,以数重湿纸裹,下煻火灰中煨,令纸焦药熟,空腹食之,良久,宜吃三两匙温水饭压之。

疗方之三(第3124页)是这样的:

> 治脾胃气弱,不能食饮,四肢羸瘦,羊肝饆饠方:白羊肝,一具,去筋膜,细切;肉豆蔻,一枚,去壳,末;干姜,一分,炮裂,末;食茱

萸，一分，末；芜荑仁，一分，末；荜拨，一钱，末；薤白，一合，切。右
先炒肝、薤欲熟，入豆蔻等末。盐汤溲面，作馎饦，炉里煿熟。每日
空腹食一两枚，极效。

第二种是宋徽宗政和年间（1111—1118 年）由宋徽宗赵佶挂名编
定的《圣济总录》①，该书卷 188《食治门》，经过对《太平圣惠方》的筛
选，原来的三个馎饦食疗方法减去了两个，仅保留了一个，且作出了一
些修改。这个疗方（第 3104 页）是这样的：

> 治冷劳气痢瘦甚，猪肝馎饦方：猪肝一具，勿著水，去筋膜，切
> 作柳叶片子；干姜，炮裂；芜荑，微炒；陈橘皮，浸汤，去白，炒令黄
> 色；各一钱。诃梨勒，炮，去核；缩砂仁；各二钱。右六味，除猪肝
> 外，捣罗为末，糁肝片上，拌令匀，用面裹作馎饦，以三重湿纸裹，安
> 于煻灰火中煨取熟，空心饱食之。

以上四个食疗方显示，馎饦是一种用湿面做皮、包裹各种馅料而烤
或煨熟的面食。在烤或煨时，也可以用湿纸包裹面皮，目的是防止湿面
皮沾到火灰，同时可以帮助面皮包住各种馅料，使之成为扁圆形或圆形
的食品。

馎饦在辽朝和金朝也相当盛行。辽朝僧人行均撰《龙龛手鉴》记
载："䭅：正音甲，饼，馎饦属也。"②宋孝宗淳熙四年（1177 年）正月，南
宋敷文阁待制张子政充当贺金国生辰使，到达泗州，金朝设宴款待张子
政。宴会的部分菜单如下："次供馒头、血羹、毕罗、肚羹、荡羊、饼子、解
粥、肉蔍羹、索面、骨头盘子……"③说明辽、金时期的馎饦仍是一种用
面皮包裹而成的面食，深受人们喜爱。

———————————

① 赵佶编：《圣济总录》，人民卫生出版社 1992 年版。
② 行均撰：《龙龛手鉴》，丛书集成初编本。
③ 周辉：《北辕录》，丛书集成初编本。

四、饆饠并没有失传

必须提到,早在 1988 年,蒉明先生就在《饆饠考》[①]一文中,首次引用了《太平圣惠方》的三个食疗的"饆饠方"。同时,他提出现今西餐中的"排"或"攀"(piē)即是中国古代的饆饠。"排"是一种大型的多馅饼状西点,有甜、咸两种,甜的作点心,大都选用水果等作馅料;咸的当菜肴,常用家禽、肝泥、海味作馅料;都用面皮制作外壳;"排盘"造形,焖炉烤黄。笔者十分赞同他的见解,在笔者参加编写《辽宋西夏社会生活史》时已采用了他的结论。不过,笔者认为"piē"译作"派"似乎更加合适,以便与现今的"排"用作肉食的"大排"、"小排"加以区别。此外,笔者认为,饆饠是在魏晋南北朝时期传入中国的,我们知道,在南北朝及其以后不断从海外传入一些东西,它们传入中国的途径既可经由西域,又可经由海路,所以饆饠也不一定是从西域传入的。

（本文刊载于《饮食文化研究》2004 年第 2 期）

[①]　载《中国烹饪》1988 年第 7 期,第 21—22 页。

中国宋史研究会第十届年会暨
唐末五代宋初西北史研讨会开幕词

各位领导、各位学者：

  由西北师范大学主办，北京大学、河北大学、宁夏大学、兰州大学协办的"中国宋史研究会第十届年会暨唐末五代宋初西北史研讨会"，今天在这里隆重开幕了。来自全国各地的学者，以及来自香港和台湾地区，日本、美国、韩国等国的著名学者和知名人士共160多位，聚集一堂，切磋学术，这必将进一步推动中国宋史、隋唐五代史、西北地区历史文化的研究向纵深发展。

  中国宋史研究会成立迄今已近23年了，在已故会长邓广铭先生、漆侠先生的领导下，召开过九届年会，出版了9册论文集。这些论文集反映学者们的研究成果，在研究会的组织和推动下，整体上已经达到了较高的水平。研究会的会员，不断增加，现在已经发展到298人，分布在全国各地。我们希望有更多的学者能加入到研究会，以有助于宋史研究的联系和交流活动。

  在过去近23年的时间里，我们的宋史研究取得了突飞猛进的发展，尤其是20世纪的90年代以及本世纪的头两年半时间里，写出了许多宋史研究方面的专著和大批论文，也培养出了许多宋史研究方面的杰出人才。在这里，我们不能忘记邓广铭先生、漆侠先生、陈乐素先生、王云海先生、程应镠先生，他们在宋史研究方面穷毕生的精力，作出了杰出的贡献，留名青史，我们将永远怀念。此外，健在的徐规先生、李埏先生、李涵先生、吴天墀先生、胡昭曦先生等宋史专家,他们为我们精心培养了许多博士和硕士。我们知道,不少硕士论文发表后成为重头文章,而博士论文的分量更重,出版后倍受学术界的关注。

回顾过去的近23年,总结经验,展望未来,我充满了信心。我初步设想,在今后:

第一,加强会员间的团结,以增加研究会的凝聚力。

第二,充分发扬民主,鼓励正常的学术讨论和学术批评,养成学术争鸣的良好风气和习惯。

第三,不断开拓创新,扩大视野,拓宽思路。学问是无止境的,我们每个人的生命、精力毕竟有限,但我们可以坚持努力,做出对得起后人的成绩来。比如,不久前湘西龙山里耶古城出土了二万多枚秦简,有20多万字,经初步研究,大大地丰富了秦朝历史文化的内容。最近,有人发现了王安石的神道碑(不全),这也是新的资料。有关王安石的坟墓,明初是否迁回江西临川,目前也开始展开了讨论。

第四,遵守学术规范,尊重别人的研究成果。

第五,下次年会应在何时何地举行,由哪个单位承办,规模多大,各位学者都可以提出意见。

除年会以外,我觉得去年11月浙江大学历史系(包伟民教授)主办的总结20世纪宋代政治制度研究情况的小型研讨会的经验值得介绍、推广,那次研讨会大多是中、青年,会议讨论得很好。去年5月,北大召开的唐宋妇女史国际研讨会以及河北大学宋史研究中心召开的宋代经济史研讨会,开得颇为成功。所以,我想今后研讨会除年会外,还可举办中、小型的专题研讨会,使活动的形式多样化,以便调动大家的积极性。

最后,我谨代表中国宋史研究会,向这次学术研讨会的组织者——西北师范大学、北京大学、河北大学、兰州大学、宁夏大学,向支持这次学术研讨会的各位领导,表示衷心的感谢,感谢他们组织了这次盛会和付出的辛劳。

　　我预祝研讨会圆满成功！预祝与会的学者们、女士们、先生们身体健康、愉快！

　　谢谢诸位。

（本文刊载于朱瑞熙、王曾瑜、李清凌主编：

《宋史研究论文集》第十辑，兰州大学出版社 2004 年）

蒙文通先生在中国
宋史学上的开创之功
——兼评张荫麟、陈乐素、邓广铭
三先生对宋史研究的贡献

  蒙文通先生是 20 世纪我国著名的历史学家和经济学家。他一生的学术成就涉及面广,包括中国民族史、古代学术思想史、佛教史、道教史、史学史、古地理、经济史,还包括宋史、先秦史等。正如著名历史学家郦家驹先生所说:"在我国老一辈著名历史学家中,能够像蒙先生这样,在如此广泛的领域里,都贡献了精湛论著的学者,是为数极少的。"①作为蒙先生的关门弟子之一,笔者因为才疏学浅,对蒙先生治学的真谛领会不深,仅在宋史研究领域作出了些微成绩,因而只能在此介绍蒙先生在宋史领域的学术成就,介绍他在 20 世纪中国宋史学上的开创之功。不当之处,敬请专家学者指正。

一、20 世纪头 30 年中国的宋史研究

  20 世纪的中国,经历了清朝末年、民国时期和中华人民共和国前五十一年等三个历史阶段,社会制度发生了翻天覆地的变化。从清朝末年起,随着西方史学理论和研究方法的逐步传入,以及新史料的发

---

① 郦家驹:《深切怀念蒙文通先生》,载蒙默编:《蒙文通学记》,生活·读书·新知三联书店 1993 年版。

现，中国学术界逐渐重视对宋代历史的研究，从酝酿到形成相对独立的学科，并且涌现一批又一批成绩卓著的专家，推出许多颇有学术价值的研究著作和论文。

不能否认，20 世纪头三十年内，中国的历史学家和其他学界的许多专家学者，在宋史领域作出了一些堪称开拓性的工作，留下了一些论著。诸如梁启超对王安石及其变法的研究，康有为对宋代职官制度的研究，王国维对宋代戏曲的研究等，皆成绩卓著，影响深远。

1908 年，梁启超撰成中国历代人物传记之一《王荆公》。1930 年上海商务印书馆出版时，改名《王荆公传》。1935 年，上海世界书局在印制《王临川集》时，又将此传附在卷首，改为《王安石评传》，梁启超运用西方的史学、经济学和政治学的理论和研究方法，重新评价王安石及其变法，认为王安石是"中国大政治家"、"大文学家"，并将各项新法归纳为民政、财政、军政、教育、选举等类，他将各项新法与当时欧、美政治进行比较，提出青苗法"颇有类于官办之劝业银行"；募役法"令出代役之税，以充募资，……其办法极类今文明国之所得税"；方田法如同"近世所谓土地台帐法"；将兵制最接近于今世的德国、日本之陆军编制法；保甲法"最初之性质"，"与今世所谓警察者正相类明甚"。同时，他对有关王安石的记载加以考订，如指出宫观祠禄官的设置"远在熙宁以前"，并不始于王安石。又如以前学者说王安石认为《春秋》是"断烂朝报"，他指出这是曲解王安石的原意，王的原意是"实尊经，非诋经也"。梁启超的上述研究确实有开创之功，但缺点是对王安石及其变法评价过高，如认为免役法"实国史上、世界史上最有名誉之社会革命"；同时，与当时欧、美政治的比较也颇不恰当①。

1903 年，康有为用笔名"明夷"，在《新民丛报》第 46 至 48 本，发表《宋官制最善篇》一文。该文指出，宋代官制的"五善"为"中央集权"、"分司详细"、"以差易官"、"供奉归总"，"州郡地少"。"凡此五者，皆

---

① 梁启超：《王安石评传》，世界书局 1935 年版。

中国历朝所未有,非迂学所能识者也"。他也将宋朝各官署的设置与当时欧、美各国进行比较。比如他认为宋朝"集供奉之职于一司",而"今俄、英、日皆有宫内省,以一司尽统诸司,供奉者既简既肃,而又不与国政、民政之官相杂乱,岂不清切乎? 故宋制最精妥矣。"至于"分司详细",如设置吏部,"此与各国内务部无异矣"。又如三司、户部的设置"可谓析之至详,虽今各国理财之司,备极精密,无以过此。"该文强调宋代官署的设置出于当时现实的需要,具有合理性、优越性。这些观点与清代初年以来学者贬低宋代官制大相径庭,体现了一种历史进化论,对后来的学者极有启发①。

1912 年,王国维著《宋元戏曲史》一书。该书将宋代的戏曲分为滑稽戏、小说杂戏、乐曲、宫本杂剧段数四部分,指出唐、宋滑稽戏即杂剧,宋杂剧"纯以诙谐主",但与唐朝不同的是"其中脚色较为著明,而布置亦稍复杂;然不能被以歌舞"。宋代的小说即"说话","但以口演","以叙事为主",与杂剧"但托故事者迥异"。傀儡至宋"最盛","种类亦最繁",有悬丝、走线、杖头、药发、肉、水傀儡等多种,"宋时此戏,实与戏剧同时发达,其以敷衍故事为主,且较胜于滑稽剧"。影戏是"自宋始有之",也"专以演故事为事","此亦有助于戏剧之进步者也"。傀儡和影戏,演其"形象",但"非以人演也"。在乐曲方面,宋代称"歌舞相兼者"为"传踏","恒以一曲连续歌之","每一首咏一事,共若干首,则咏若干事"。同时,出现了"诸宫调",是"合诸曲以成全体者",而又"合若干宫调以咏一事"。王国维力图从宋代的杂剧,小说,傀儡、皮影等杂戏,来探讨后代戏剧的起源。他提出北宋已经有"戏曲",但"其体裁如何,则不可知",因此仅能从周密《武林旧事》所载"官本杂剧段数,多至二百八十本",推断"今虽仅存其目,可以窥两宋戏曲之大概焉"。他的

① 康有为:《官制议》,第 4 卷,《宋官制最善》,载《近代中国史料丛刊续编》第四辑,台北文海出版社影印本。马洪林:《康有为大传》,辽宁人民出版社 1988 年版,第 646 页《生平大事年表》载:"1903 年……著成《官制议》。"

结论是"真正之戏剧,起于宋代"①,王国维还对宋代的金石学等课题作过探讨②。

此外,这一时期还有胡适,何炳松、陶希圣、张星烺、张其昀、柳诒徵、汤中、竺可桢、吴其昌、周予同、吴廷燮、赵万里等许多著名学者,对宋代的思想、政治史、人物、文献、科技、史学、唐宋间社会变迁等做了研究。但是,他们对宋史的研究有几个共同的特点,一是他们都成为宋史研究园地的匆匆过客,犹似蜻蜓点水,浅尝辄止,或仅如一颗流星,一闪而逝,尚未出现专攻宋史的学者。二是仅对宋代的某一具体方面进行探讨,缺乏对宋朝历史的整体研究,也缺乏对宋朝历史地位的深入思考。

总之,梁启超、康有为、王国维等学者在宋代历史某一方面的研究立下了开拓之功,但当时也还没有形成一个相对独立的学科,即中国宋史学,因此,他们所做的一切只是为中国宋史学的创立做了酝酿的工作。

二、蒙文通等先生开创中国宋史学之功

从 20 世纪三十年代起,中国宋史学由酝酿期进入开创期,笔者以为,由于中国国土辽阔,高等学校和研究机构众多,中国宋史学的开创过程呈现多元化的倾向,这就意味着为中国宋史学立下开创之功的不仅仅是某一位学者,而是至少有四位,即蒙文通先生、陈乐素先生、张荫麟先生和邓广铭先生。

笔者依照他们四位的年龄,开设宋史课程的早晚,培养宋史研究的后备力量、宋史研究方面的建树等四个标准,来肯定他们在 20 世纪开创中国宋史学的功绩。

---

① 王国维:《宋元戏曲史》,商务印书馆 1943 年版。
② 王国维:《宋代之金石学》,载《国学论丛》第 1 卷第 3 期,1928 年。

　　首先,从他们四位的年龄考察。蒙文通先生生于 1894 年,卒于 1968 年。陈乐素先生生于 1902 年,卒于 1990 年。张荫麟先生生于 1905 年,卒于 1942 年。邓广铭先生生于 1907 年,卒于 1998 年。可见他们四位中,蒙文通先生居长,邓广铭先生最年轻。

　　其次,从他们开设宋史课程的时间先后考察。据笔者了解,可以断定蒙文通先生和张荫麟先生几乎是同时开设宋史课的,或者蒙先生略早于张先生,蒙先生在北京大学史学系,张先生在清华大学历史系。桑兵在《晚清民国的国学研究》一书中指出:

　　　　到 20 世纪 30 年代,"北平的学术界里充满着'非考据不足以言学术'的空气。与此相应,各大学的史学课程日趋专门化。1931 年北京大学史学系的课程比此前有明显变化,主要表现于:一、通史断代化,中国史分为上古、汉魏、宋史、满洲开国史……"①

牛大勇在《北京大学史学系沿革纪略(一)》一文中指出:

　　　　二十年代末期至三十年代中期,北大史学系专任教师以及为史学系授课的校内外学者还有(以姓氏笔划为序):……赵万里(宋史、中国雕版史、中国史料目录学)……蒙文通(周秦民族思想、魏晋南北朝史、隋唐五代史、宋史、中国史学史)……

牛大勇所依据的资料是"北大档"中的"《史学课程》,1931—1932 年"和《国立北京大学文学院课程一览》,1932—1937 各年度"等。笔者以为,这些档案资料当然是可信的第一手材料②。又据蒙文通先生哲嗣蒙默教授撰《蒙文通先生传略》记载,蒙文通先生"一九三三年,教授于北京大学,讲《周秦民族与思想》……一九三六年,移居天津,教授于河

---

①　桑兵:《晚清民国的国学研究》,上海古籍出版社 2001 年版,第 80 页。
②　《北大史学》第 1 辑,北京大学出版社 1993 年版。

北女子师范学院"①。笔者还可提供一个旁证,邓广铭先生在生前数次对笔者说:"我们是一师之出。"邓先生此话显然事出有因:邓先生 1932 年至 1936 年在北京大学史学系就读,邓先生必定在这四年中曾聆听蒙先生的宋史课。刘浦江同志也撰文指出:"大学时代,邓广铭也上过两门属于这个领域的专业课,一门是蒙文通讲授的宋史。"②可见,蒙文通先生在 1933 年至 1935 年间在北京大学开设了宋史课。

至于张荫麟先生开设宋史课的时间,据桑兵《晚清民国的国学研究》一书记载:

> 清华(大学)历史系从来就重视大历史和相关学科的训练……蒋(廷黻)担任系主任期间,该系课程有所调整,如 1929 年将"历史研究法"改为"史学方法",将中国上古、近世史改为宋辽金元等断代史……至 1934 年,因为开设本科与研究院共修课程,专门化趋势进一步加强,如断代史分为秦汉史,(魏)晋南北朝史、唐史、宋史、明史、清史……③

说明清华大学历史系是从 1934 年开设宋史课的。又据张其凡同志《两宋历史文化概论》一书记载:

> 1933 年冬,他(按即张荫麟先生)自美国回国后,在清华大学历史、哲学两系任教时,即在历史系每周开设宋史课。这是迄今所知本世纪以来最早在大学专门开设宋史课的开端。1940 年春,张荫麟赴贵州遵义,任浙江大学史学教授,兼史地研究所导师,继续开设宋史课,培养青年学子,由此开浙江大学宋史研究之风气④。

---

① 蒙默编:《蒙文通学记》,生活·读书·新知三联书店 1993 年版,第 187—188 页。
② 刘浦江:《邓广铭与二十世纪的宋代史学》,载《历史研究》1999 年第 5 期。
③ 桑兵:《晚清民国的国学研究》,上海古籍出版社 2001 年版,第 81—82 页。
④ 张其凡:《两宋历史文化概论》,广东人民出版社 2002 年版,第 215—216 页。

据此,大致可以判定张荫麟先生在清华大学历史系开设宋史课的时间
上限为 1934 年,下限为 1939 年底。再据张敦恒、张云台先生撰《张荫
麟在清华——为老校友张荫麟逝世 60 周年而作》回忆:

> 1934 年至 1935 年张荫麟为清华大学哲学系与历史系合聘专
> 任讲师……在历史系为本科及研究院(生?)主讲共修学程。
> 《中国学术史》、《宋史》(第二年开班)①。

据此,可以进一步肯定张先生在 1934 年尚未开设宋史课,而是要到
1935 年一、二月才开始。至于开设宋史课的时间下限,据李埏先生撰
《张荫麟先生传略》记载:

> 1935 年暑期后,(张荫麟)应当时教育部之聘,编撰高中历史
> 教科书(后来改为专著,即《中国史纲》),于是向清华告假,专事著
> 述。1937 年"七·七事变"爆发,他南下浙江……②

可见 1935 年暑期后他就离开清华,实际上不可能开宋史课了。因此,
笔者认为张荫麟先生在清华大学历史系开设了一个学期的宋史课,时
间为 1935 年一、二月至七月。

以上说明蒙文通先生和张荫麟先生差不多同时在北大和清华开设
宋史课,蒙先生也可能比张先生略早,但具体时间目前无法确定。

再其次,从培养宋史研究的后备力量考察,蒙文通先生性格豪爽,
对后辈晚生诲人不倦,循循善诱,得立其门墙者,多能自成其学。最早
的专治宋史的学生,当数中国著名的宋史专家邓广铭先生。尽管蒙先
生早年在北大史学系所讲授的宋史课的内容如今已经无从知晓;尽管
邓先生与蒙先生后来在宋史研究上有许多不同观点,如邓先生肯定王

---

① 《张荫麟先生纪念文集》,汉语大词典出版社 2002 年版,第 281 页。
② 《张荫麟先生纪念文集》,汉语大词典出版社 2002 年版,第 248 页。

安石及其变法,而蒙先生虽基本肯定王安石其人,但对王安石变法(蒙先生认为用"熙丰变法"一词更准确)从实践和社会效果分析持全盘否定的态度,然而邓先生在宋史上接受蒙先生的启蒙教育却是不争的事实。稍后,曾在 20 世纪四十、五十年代先后于四川成都、北京"受业"于蒙先生的另一位宋史专家郦家驹先生,1978 年 12 月撰文《深切怀念蒙文通先生》①,指出蒙先生在宋史研究方面的种种成就,以及蒙先生指导学生研究宋史的方法。显然,郦先生是蒙先生学生中的另一位在宋史研究颇有成就的专家。郦先生自 1987 年 9 月至 1994 年 6 月任中国宋史研究会副会长,著有《中国史稿》第五册(1983 年,主要作者之一)、《宋史研究论文集》(1984 年,另一主编是邓广铭先生)、《试论关于韩侂胄评价的若干问题》(1981 年)、《北宋时期的弊政和改革》(1983 年)、《两宋时期土地所有权的转移》(1988 年)、《秦桧传序》(1999 年)等。20 世纪六十年代前期,蒙先生招收贾大泉同志和笔者为宋史专业研究生,胡昭曦同志为助教。在蒙先生的悉心指导下,我们三人十多年后,都学有所成,自成一家。胡昭曦同志主要著作有《四川古史考察札记》(1986 年)、《宋代四川战争史料选编》(第一作者,1984 年)、《宋蒙(元)关系史》(第一作者,1992 年)、《宋理宗宋度宗》(第一作者,1996 年)、《宋代蜀学研究》(第一作者,1997 年)、《胡昭曦宋史论集》(1998 年)、《四川书院史》(2000 年)、《巴蜀历史文化论集》(2002 年)、《宋代蜀学论集》(2004 年)等。先后担任四川大学古籍整理研究所副所长、研究生部主任、图书馆馆长、四川联合大学人文社会科学院院长、中国宋史研究会副会长、四川省中华儒学文化研究中心副理事长、重庆大足石刻艺术研究会副理事长等。贾大泉同志主要著作有《宋代四川经济述论》(1985 年)、《宋代四川纸币》(2002 年)、《宋代四川绘画》(1986 年)、《钓鱼城与南宋政权》(1994 年)、《薛田与交子》(1996 年)、《宋代的纸币发行和纸币政论》(1996 年)等。历任四川省社会科学院历史研

---

① 蒙默编:《蒙文通学记》,生活・读书・新知三联书店 1993 年版,第 101—118 页。

究所所长等职。笔者主要著作有《中国通史》第 5、6、7 册（主要作者之一，1978 年、1979 年、1983 年）、《宋代社会研究》（1983 年）、《宋代笔记小说选译》（1991 年）、《中国政治制度通史》宋代卷（1996 年）、《辽宋西夏金社会生活史》（第一作者，1998 年）、《嫏嬛集》（2001 年）、《白鹿洞书院古志五种》（1995 年）、《传世藏书·宋、金、元别集》（1996 年）等。先后任范文澜、蔡美彪先生的助手，现任中国宋史研究会会长、岳飞研究会副会长、庐山白鹿洞书院院长等。经过蒙先生的长期努力，为中国宋史学界、为四川大学历史系的宋史研究奠定了雄厚的基础。

1942 年，张荫麟先生不幸英年早逝，年仅三十七岁。张先生在清华大学历史系、浙江大学史地系培养了许多学生，其中在宋史方面的高足有丁则良、李埏等先生。丁则良先生是张先生在清华大学任教时的学生之一。20 世纪四十年代发表四篇宋史论文：《王安石日录考》（1941 年）、《杯酒释兵权考》（1945 年）、《沈括生卒年考》（1947 年）、《读"沈括编年事辑校后记"》（1948 年）。五十年代发表三篇论文：《北宋初年王小波、李顺起义的性质》（1950 年）、《关于宋初王小波、李顺的起义》（1951 年）、《关于北宋初年王小波、李顺起义的几个问题》（1954 年）。李埏先生自 1938 年 8 月开始，在昆明西南联合大学史学系从张先生学习宋史，主要著作有《中国封建经济史论集》（1987 年）、《中国古代土地国有制史》（第一主编，1997 年）、《宋金楮币史系年》（1996 年）、《不自小斋文存》（2001 年）等，还编写《中国封建经济史专题》、《唐宋经济史》、《宋代史稿》、《唐宋社会的等级分析》等教材和讲义，用于教学①。1996 年至 2002 年任中国宋史研究会副会长，兼任云南省经济史学会理事长、云南省钱币学会副会长等。

陈乐素先生自 1942 年至 1954 年先后任浙江大学史地系、历史系教授，一度兼史地研究所导师。1978 至 1979 年，在原杭州大学历史系任职，创设宋史研究室。1979 年，南下广州，在暨南大学历史系担任教

---

① 林文勋：《李埏先生传略》，载《不自小斋文存》，云南人民出版社 2001 年版，第 935 页。

授,创办宋史研究室。1978 年,任浙江省历史学会会长。1980 年至
1990 年,任中国宋史研究会副会长。在四、五十年代,陈先生继张荫麟
先生之后,培养了一批宋史研究生,为浙江大学的宋史研究奠定了雄厚
的基础。他的高足有著名宋史专家徐规、宋晞、程光裕等先生。徐规先
生 1940 年秋至 1942 年在贵州遵义浙江大学总校史地系,读过张荫麟
先生开设的唐宋史等三门课,所以实际也是张荫麟先生的学生。1947
年开始发表宋史论文。主要著作有《李焘年表》(1963 年)、《王禹偁事
迹著作编年》(1982 年)、《沈括事迹编年》(1988 年)、《刘锜事迹编年》
(1992 年)、《仰素集》(1999 年),另有精心点校的李心传著《建炎以来
朝野杂记》(2000 年)等。1987 年至 2002 年任中国宋史研究会副会长,
兼任岳飞研究会会长等①。宋晞先生也曾亲承张荫麟先生之教,1947
年起发表宋史论文,主要著作有《宋史研究论丛》第 1 辑(1962 年)、第
2 辑(1980 年)、第 3 辑(1988 年)、第 4 辑(1992 年)、第 5 辑(1999 年)、
《宋史研究论文与书籍目录》(1983 年)、《宋史研究论文与书籍目录续
编》(2003 年)等。1949 年 8 月赴台湾工作,参与创办中国文化大学
(原名中国文化学院),先后任史学系主任、所长、第四任校长和文学院
院长;多年主持"宋史座谈会",成为台湾宋史学界的领袖人物,为海峡
两岸宋史学者的沟通作出了杰出贡献。程光裕先生主要著作有《宋太
宗对辽战争考》(1972 年)、《唐宋茶史论稿》(1985 年)、《宋元时代泉
州之桥梁研究》(1969 年)、《宋代明州之著名山寺》(1987 年)等。

　　邓广铭先生从 1946 年返回北平后,直到 1998 年逝世,一直在北京
大学任职。1950 年,晋升教授。1978 年,任北大历史系主任。1980 年,
创建中国宋史研究会,连任四届会长。1981 年,创建北大中国中古史
研究中心,连续十年任中心主任。邓先生一生培养许多宋史研究生,其
中最有成就的是漆侠先生。1948 年,漆先生考入北大,成为邓先生的
第一位研究生。漆先生主要著作有《王安石变法》(1959 年)、《宋代经

---

① 　徐规:《仰素集·自序》,杭州大学出版社 1999 年版。

济史》(1987、1988年)、《求实集》(1982年)、《知困集》(1992年)、《探知集》(1999年)、《宋学的发展和演变》(2002年)、《中国封建社会经济史》(第二总主编,1996年)等。1992年至2001年,任中国宋史研究会会长。历任河北大学历史研究所所长、宋史研究中心名誉主任、中国农民战争史学会理事长、河北省历史学会会长等。此外,还有不少曾经接受过邓先生指导的历史系本科生和研究生,其中后来成为宋史专家的有(大致依年龄为先后)陈振、陈智超、梁太济、王曾瑜、吴泰、张希清、邓小南等同志。

第四,从对宋史研究贡献的早晚和大小考察,蒙文通先生并不专治宋史,1927年、1928年相继撰成的名著《古史甄微》和《经学抉原》,是两部影响深远的研究中国上古史的专著。1935年蒙先生发表《评〈史学散篇〉》一文。1937年,发表《论北宋变法和南宋和战》。1938年,发表《〈宋史〉叙言》(为《中国史学史》讲义的内容之一)。以上两文可能是蒙先生在北大历史系所开设“宋史”课的部分内容。1942年,发表《跋〈宋史全文续资治通鉴〉》。1943年发表《宋明之社会设计》、《宋代史学》(即《中国史学史》第三章第一、二、四、六、七等节)。1946年,撰写《跋华阳张君〈叶水心研究〉》①。1948年,发表《王介甫〈老子注〉佚文》。据蒙默先生为该文所写跋,得知蒙先生辑于1947年前后任四川省立图书馆馆长时。同年,又发表《陈碧虚与陈抟学派——陈景元〈老子〉、〈庄子〉注校记》②。及至五十年代和六十年代初,蒙先生在1955年发表《从〈采石瓜洲甀亮记〉认识到宋代野史中的新闻报道》。1957年,发表《中国历代农产量的扩大和赋役制度及学术思想的演变》。1958年,撰写《鸿沟通塞考》、《道教史琐谈》等文,皆涉及宋史。1961年,发表《从宋代商税和城市看中国封建社会的自然经济》等论文。从

---

① 载《蒙文通文集》第3卷《经学抉原》,巴蜀书社1995年版。按该文蒙先生生前并未刊出,据手稿原文撰于“丙未仲夏”,即民国35年(1946年)农历四月。

② 载《蒙文通文集》第6卷《道书辑校十种》,巴蜀书社2001年版。蒙默先生在该文跋中指出蒙先生此文与40年后容肇祖辑辑《王安石〈老子注〉辑本》(中华书局1979年版)的异同和优劣。

1954 年至 1958 年,还撰写《北宋变法批判七件》稿,传授给历届学生和研究生。蒙先生的这些文章均以深邃的智慧,独特的视角,探讨宋代的一些重要课题,每一篇都提出了发人深省的新的见解,在全国宋史论文尚少的年代尤其引人注目,影响深远。1987 年至 2001 年,蒙先生的著作《蒙文通文集》第一卷至第六卷陆续出版。

张荫麟先生天赋聪颖,才思敏捷,精通史学和哲学,是一位很有才华的历史学家,他一生撰写了宋史论文二十多篇,且发表时间较早。1925 年,发表《宋燕肃、吴德仁指南车造法考》和《宋卢道隆、吴德仁记里鼓车之造法》。1930 年,发表《关于朱熹太极说之讨论》。1936 年,发表《南宋亡国史补》、《南宋初年的均贫富思想》、《南宋末年的民生与财政》、《端平入洛败盟辨》和《沈括编年事辑》。1937 年,发表《宋初四川王小波、李顺之乱》和《宋史兵志补阙》。1938 年,发表《宋儒太极图说之转变》。1939 年,发表《北宋的土地分配与社会骚动》、《陆象山的生平》和《陆学发微》。1940 年,发表《宋代南北社会之差异》、《南宋之军队》和《〈刘锜与顺昌之战〉自序》。1941 年,发表《〈顺昌战胜破贼录〉疏证》、《燕肃著作事迹考》、《宋太祖誓碑及政事堂刻石考》、《宋太宗继统考实》、《宋朝的开国和开国规模》和《北宋的外患与变法(上)》。1942 年他病逝前后,发表《北宋的外患与变法(下)》、《宋武功大夫河东第二将折公墓志铭跋》、《北宋关于家庭制度之法令》、《北宋四子之生活与思想》(未完稿)等。这些论文反映张先生视角宽广,内容包括北宋和南宋的政治、经济、制度、科技、思想、人物、农民起义等,多有开创性的课题[1]。

陈乐素先生一生以宋史研究为主,是中国又一位德高望重的宋史学界元老。1933 年,陈先生发表处女作《宋徽宗谋复燕云之败》。1934

---

[1] 张云台编:《张荫麟文集》,教育科学出版社 1993 年版。张其凡:《两宋历史文化概论》,广东人民出版社 2002 年版,第 216 页。另,张其凡同志认为张荫麟先生共发表宋史论文三十多篇,但据徐规先生《张荫麟先生著作系年目录并序》(徐规先生《仰素集》,杭州大学出版社 1999 年版)统计,实际为二十六篇。

年至 1936 年,连续发表《徐梦莘考》、《三朝北盟会编考》和《宋初三馆考》三篇论文。1946 年,发表《直斋书录解题作者陈振孙》、《宋史艺文志序文证误》和《四库提要与宋史艺文志之关系》。1947 年,发表《南宋定都临安的原因》和《主客户对称与北宋户部的户口统计》。1948 年,发表《余靖奏议中所见北宋庆历时社会》和《读宋史魏杞传》。1978 年至 1979 年,陈先生赴原杭州大学历史系任职。1979 年,发表《宋代的客户与士大夫》。1982 年,撰就《流放岭南的元祐党人》,发表《珠玑巷史事》。1983 年,撰就《略论〈直斋书录解题〉》,发表《袁本和衢本〈郡斋读书志〉》和《桂林石刻〈元祐党籍〉》。主要著作有《求是集》第一集(1986 年)、第二集(1984 年),《宋元文史研究》(1988 年)、《宋史艺文志考证》(2002 年)等。陈先生在宋史方面的最大贡献,是对一些宋代史籍目录著作如《直斋书录解题》、《郡斋读书志》和《宋史·艺文志》等的深入研究;其次是对宋代社会问题的开拓性研究。

　　邓广铭先生 1932 年夏考入北京大学文学院史学系就读①,1935 年发表《浙东学派探源——兼评何炳松〈浙东学派溯源〉》。1936 至 1937 年,主要研究陈亮和辛弃疾。1936 年,发表《陈亮狱事考》、《陈龙川斩马盗马故事考辨》和《〈陈亮年谱〉纠谬》。1937 年,发表《〈辛稼轩年谱〉及〈稼轩词疏证〉总辨正》、《辨陈龙川之不得令终》、《朱唐交忤中的陈同甫》。1944 年,出版专著《韩世忠年谱》和《陈龙川传》,发表《陈桥兵变黄袍加身故事考释》和《宋太祖太宗皇位授受问题辨析》。1945 年,出版专著《岳飞》,发表《赵匡胤的得国及其与张永得李重进的关系》。1947 年,出版专著《辛稼轩年谱》,发表《〈宋史〉岳飞、张宪、牛皋、杨再兴传考辨》。1948 年至 1949 年,连续发表《〈宋史·职官志〉考正》、《〈宋史·刑法志〉考正》。五、六十年代先后撰写《王安石》(1953 年)、《岳飞传》(1955 年)、《辛稼轩传》(1956 年),《稼轩词编年笺注》(1957 年)、《中国史纲要》宋辽金部分(1962 年),发表《爱国词人辛稼

---

① 邓广铭先生:《邓广铭学述》,浙江人民出版社 2000 年版。

轩》(1954 年)、《论赵匡胤》(1957 年)、《南宋初年对金斗争中的几个问题》、《唐宋庄园制度质疑》(以上 1963 年)。1975 年,出版《王安石——中国十一世纪时的改革家》。1979 年,出版此书修订本,发表《"責龙痛饮"考释》。八、九十年代,邓先生集中精力做了以下几件工作:一、修订有关岳飞和王安石的旧著,1983 年出版《岳飞传(增订本)》,1997 年出版《北宋政治改革家王安石》。二、校点陈亮等文集,198 年出版《陈亮集》校点增订本,1989 年出版司马光《涑水记闻》(与张希清同志合作)。三、修订《中国史纲要》宋辽金史部分,1995 年和199 年再版。四、主编《中国大百科全书·辽宋西夏金史》,1988 年出版。五、修订辛弃疾年谱和辛词及诗文笺注,1993 年出版《稼轩词编年笺注》再次增订本,1995 年出版《辛稼轩诗文笺注》(辛更儒同志负责笺注),1997 年出版《辛稼轩年谱》增订本。六、发表论文三十多篇,内容包括王安石、岳飞、陈亮、辛弃疾等人的史实、文献、思想,还有宋学、北宋兵制、宋朝家法等重要课题。1994 年,出版《邓广铭学术论著自选集》。1997 年,出版《治史丛稿》。邓先生晚年仍然思想敏捷,笔耕不辍,刊获尤多,不愧为宋史学界的领军人物。

　　除上述四位先生外,对中国宋史学的创立也有添砖加瓦之功的学者还有金毓黻、聂崇岐、张家驹、吴天墀、全汉昇、朱士嘉、王振铎、朱希祖等先生,这些先生有的早年主治宋史,成绩卓著,但后来转攻其他断代史;有的专研宋史,但天不假年,无法作出更大的贡献,令人惋惜。

三、结　语

　　笔者以为,第一,20 世纪中国宋史学的开创过程,呈现多元化的倾向。

　　第二,曾经为中国宋史学立下开创之功的学者,主要是蒙文通、张荫麟、陈乐素、邓广铭四位先生。

　　第三,蒙文通先生和张荫麟先生最早在中国最著名的学府北京大学、清华大学开设宋史课,蒙先生似比张先生还要早一些。

第四,蒙文通先生和张荫麟先生及陈乐素、邓广铭先生都为中国宋史学界培养了一些优秀人材。蒙先生的学生有邓广铭、郦家驹两位先生,还有胡昭曦、贾大泉同志和笔者。张荫麟先生的学生有丁则良、李埏等先生。陈乐素先生的学生有徐规、宋晞、程光裕等先生。邓广铭先生的学生有漆侠先生及陈振、陈智超、梁太济、王曾瑜、吴泰、张希清、邓小南等同志。

第五,四位先生对宋史研究的贡献因各人境遇的不同而出现差异。蒙文通先生于 1968 年 6 月因受迫害而含恨辞世,他一生研究宋史自1935 年至 1968 年约有 34 年,前后共撰写宋史论文、书稿等近三十篇、部。笔者十多年前在《文通师论宋史》一文中提出:蒙先生在宋史研究和教学上的杰出成就,他"对中国宋史学的突出贡献,使他无愧为中国现代的宋史学的奠基人之一"①。至今看来,仍是实事求是的评价。张荫麟先生一生钻研宋史近十七年,发表论文二十六篇,可惜生不逢时,遇上抗日战争,虽然身处大后方,但因极度匮乏的物质条件,终于积劳成疾,与世长辞。张先生在宋史教学和研究上的突出成就,证明他也是中国 20 世纪宋史学的另一位奠基人。陈乐素先生发表宋史论文较早,他的一生撰写的宋史论文和著作也不少,在宋史教学和研究上卓有成就,自然是又一位中国 20 世纪宋史学的奠基人。邓广铭先生一生专治宋史,时间长达六十多年(1935 年至 1998 年),加之身体健康,精力充沛,直到晚年仍能聚精会神,撰写论著,因此他在教学上培养宋史研究的后备力量人数最多,可谓桃李满天下;在研究上成绩卓著,成果累累,可谓著作等身。因此,他是中国 20 世纪中国宋史学的最重要的奠基人。

（本文刊载于《蒙文通先生诞辰110周年纪念文集》,
线装书局 2005 年版）

---

① 蒙默编:《蒙文通学记》,生活・读书・新知三联书店 1993 年版,第 184 页。

由清嘉庆《南翔镇志》探索
云翔寺的发展轨迹

　　七年前,笔者十分荣幸地接受了嘉定区地方志办公室之邀,负责整理点校清代嘉庆《南翔镇志》的工作。次年,该书由上海古籍出版社作为"江南名镇志"之一正式出版①。在该书的整理点校过程中,笔者发现南翔镇有着深厚的历史文化积淀,而这些积淀正反映在清代嘉庆(1796—1820年)间编纂成书的《南翔镇志》中。其中,有关云翔寺的记载尤为详尽,为后人留下了许多弥足珍贵的文献资料。本文试以《南翔镇志》为主要文献,探索云翔寺的发展轨迹。

一

　　嘉庆《南翔镇志》其实经过了南翔四代学者的努力,历时两个世纪多。这四位学者是杨志达、张承先、程攸熙和陈栩。此外,为了保证镇志成为一部信史,张承先和程攸熙还聘请一些学者和官员协助编纂,负责校订史实、绘图等。杨志达最早编撰《槎溪志》或《槎溪里志》三卷,清康熙五十一年(1712年)完稿,未曾刊刻留传。约乾隆四十一年(1776年),张承先据此续编,仍称此名,也未刊印。至嘉庆十一年(1806年),程攸熙在张承先稿本的基础上,删繁订讹,并增补近三十年

---

① 　(清)张承先著、程攸熙订,朱瑞熙标点:《南翔镇志》,上海古籍出版社2003年版。

的史事,改名《南翔镇志》,于次年由寻乐草堂付梓。民国十二年(1923年),陈栩依据嘉庆木刻本和传钞本精心校勘,由凤暑楼铅印成书。

通观嘉庆《南翔镇志》,可以肯定这是一部内容比较完备的乡镇志。它记述了南翔的历史沿革、盛衰起伏、人文习俗,具有较高的价值,是研究上海人文历史的重要文献之一。笔者发现它收录了宋代以后历朝有关南翔寺的文献,有许多诗文已经失佚,成为绝无仅有的史料。其中诸如宋代康复古《(南翔寺)建山门并桥记》、张商英《南翔寺诗》,元代僧宏济《南翔寺重兴记》、杨维桢《齐师鹤诗》等,均为今人所编《全宋文》、《全宋诗》及杨维桢等诗文集所失收,足资补其不足。甚至连清代著名学者钱大昕的《重修敕赐云翔寺大雄殿记》一文,既为清代嘉庆间编《潜研堂文集》遗漏,又为近年编印的《嘉定钱大昕全集》[①]所无。

以上充分说明,清代嘉庆《南翔镇志》是我们今天深入研究云翔寺历史的不可或缺的文献。

二

与历史上许多宗教机构和学校的出现、发展一样,云翔寺也经历了一个从无到有、从小到大的曲折过程。依据嘉庆《南翔镇志》及其他文献,笔者以为云翔寺的创建和发展经历了以下三个阶段。

第一阶段,是创建阶段。许多文献都把云翔寺的创建定在南朝梁武帝天监(502—519年)年间,有的更直接肯定建于天监四年(505年)。笔者以为,凡创办一所佛寺,需要两个条件,一是佛寺所在地必须具备一定的经济基础,即地方的经济实力足够兴建一些建筑物,充当传播佛教的场地。二是出于当地一定数量的民众的信仰需要,他们有余资捐赠僧人,充作建寺、赡养僧人的费用。正如近年很多学校纪念校庆一百周年,它们追溯百年前即清朝末年起源的学校都没有规模很大

---

① （清)钱大昕:《嘉定钱大昕全集》,江苏古籍出版社 1997 年版。

的,也就是数十百名学生而已。同样,云翔寺最初也就是"精舍"的规模,仅有几间屋而已,作为勉强修禅和讲授佛学的处所。南宋范成大《吴郡志》卷 46《异闻》记载:"昆山临江乡有南翔寺,初掘地得石径丈余,常有二鹤飞集其上。僧有齐法师者,即此地作精舍,聚徒居之。……因名寺曰南翔,寺西有村曰白鹤。"①此时之所以仅停留在"精舍"的规模,是因为当地即后来称为"南翔"的居民点,百姓并不很多,所以财力有限。笔者从当时经常有白鹤飞至推测,此地濒临吴淞江,江边必有大片的湿地,可供群鹤活动;湿地附近也有空闲地段,可供后来称为开山祖的德齐在此建造精舍。还有一个重要因素是当时统治者不遗余力地推崇佛教。梁武帝朝是佛教进入全盛的时期,他大力推崇佛教,自己充当苦行僧,舍弃皇帝的生活享受,甚至多次舍身佛寺,再由群臣用几万万贯把他这位"皇帝菩萨"赎回。由于他的推动,各地竞相兴建佛寺②。在这种历史条件下,僧人四出行游,传播佛法,因此德齐法师建起后来称为"南翔寺"的精舍是完全可能的。这一说法也得到部分清朝学者的赞同,诸如《大清一统志》卷 71 记载:"旧名南翔寺,梁天监中,始作精舍。"但是,清朝有的学者提出"南翔寺鹤迹石,相传梁天监时,高僧德齐思营兰若,随有双鹤南来,飞翔于此,施者千亿,遂成雄刹。"③将当地的信众人数扩大至"千亿",而"精舍"变为"雄刹",显然是言过其实,难以采信。

　　第二阶段,是初步发展阶段。至唐、宋两朝,云翔寺获得了初步的发展,而且经历了曲折的过程。这一阶段有以下几点值得注意,一是至今云翔寺还留有唐朝的"尊胜陀罗尼经幢题刻"。该题刻记载第一幢,唐朝咸通八年(867 年)十二月初五日建,捐幢人为莫少卿,"置院老僧"为行齐,"院主僧"为文脩。第二幢,唐朝乾符二年(875 年)八月十八日

---

① 范成大:《吴郡志》卷 46《遗闻》,载《宋元方志丛刊》第 1 册,中华书局 1990 年版,第 997 页。
② 范文澜:《中国通史》第 2 册,人民出版社 1978 年版,第 479—481 页。
③ 顾瑞鏖:《鹤迹石赋》,载《南翔镇志》卷 10,第 145 页。

建,莫少卿再次捐献,"永充供养","□老宿僧"为行齐,"院主僧"仍为文㑇①。在咸通(860—874)年间以前,佛教曾经历唐武宗会昌(841—846年)年间的"灭佛"运动,佛教受到了极大的打击。但因为唐懿宗重采崇佛政策,咸通十四年(873年)还下诏供奉官李奉建等赴法门寺虔请佛骨,甚至亲临长安安福门"降楼膜拜,流涕沾臆"②。所以,佛教得以迅速恢复元气。《南翔镇志》记载该寺"寺基,在唐时一百八十亩有奇"。笔者以为还是可信的。到北宋太宗太平兴国五年(980年)三月和五年三月,云翔寺僧又两次重修上述的经幢,题名为僧子湘并"小师庆恩、庆明"及"院主僧子昌"、"比丘妙聪、思职"、"殿主僧文广"等。这正是云翔寺仍然存在并继续从事宗教活动的最好物证。尽管到北宋末即徽宗时,统治者极力推崇道教,宣和元年(1119年)正月,下诏命改佛为"大觉金仙",其余称"仙人"、"大士"。又改僧人为"德士","易服色","称姓氏","寺为宫,院为观"③。可以肯定此时云翔寺也会受到严重影响,不过由于北宋很快被金朝灭亡,此事便无人提起了。

二是北宋有景祐四年(1037年)康复古所撰《建山门并桥记》④,南宋则有宁宗嘉定九年(1216年)释居简所撰多篇诗文,诸如《南翔寺僧堂记碑》、《南翔寺九品观记碑》、《南翔寺大殿碑阴记》、《南翔长忏观堂记》(又称《南翔院观堂记》、《平江南翔忏院记》)、《南翔修造化粮榜》、《南翔远老干麦豆庄疏》、《经槎溪南翔寺诗》等⑤。这些诗文除记载了云翔寺殿、院、观、堂的修建工作外,还记录了该寺的经济活动。

三是在唐、宋两朝得到朝廷赐给"寺额"。唐文宗开成(836—840年)年间,获赐"南翔寺"额。南宋端平(1234—1236年)年间,再次获

---

① 慧禅主编:《云翔寺志》,上海人民出版社2009年版,第73页。
② 《资治通鉴》卷252,咸通十四年三月,中华书局1986年版,第8165页。
③ 《宋史》卷22《徽宗四》,中华书局1985年版,第401页。
④ 《南翔镇志》卷10《杂志·寺观》,第2460页。
⑤ 居简:《北磵集》卷2、卷7、卷9等,载文渊阁《四库全书》第1183册,台北商务印书馆1986年版。

赐此额,由丞相郑清之题匾①。由此正式得到政府的承认。

四是直到南宋理宗绍定(1228—1233 年)年间,云翔寺仍然是一座规模并不很大,在社会上影响较小的寺院。笔者注意到此时范成大撰《吴郡志》,该书卷 32 至卷 36 用共五卷的篇幅,记载"郭外寺",即平江府(治今江苏苏州)治以外,包括长洲县、吴县、昆山县、常熟县、吴江县的许多寺庙,其中就是没有一座嘉定县的寺院。之所以出现这一情况,只可能是因为南翔寺规模和社会影响不够大,所以尚不能引起范成大的注意。

第三阶段,是充分发展阶段。至元、明、清三代,云翔寺获得了充分的发展。这一阶段有一点值得注意,这是由于元朝南翔的社会经济得到迅速发展,居民增多,南翔原有一座南翔寺逐渐不能满足当地居民佛事活动的需要,而南翔寺的规模如地域范围已经接近极限,于是到元成宗大德初年(1297 年)、泰定帝泰定(1324—1327 年)年间,相继兴建起两所佛寺,即大德初僧良珦创建大德万寿寺,泰定间僧义荣创建泰定万寿寺。这两座佛寺历经明、清二代,屡经修缮和扩建②。在同一镇上,同时存在三座规模相当、相距不远的佛寺,而且长期保持香火旺盛,这只能说明当地民众有此需要,财力也足以供应众多僧人的需要。佛寺的多寡,是佛教盛衰的主要标志。元、明、清三代,尽管社会历史的发展呈现出曲折的过程,但云翔寺在这 600 多年时间中,凭着顽强的生命力得到了充分发展。

(本文刊载于慧禅主编:《立信求实的探索——云翔寺志论文集》,上海辞书出版社 2010 年版。又刊于嘉定区地方志办公室编,张建华主编:《练川古今谈》第五辑,2010 年,内部发行)

---

① 据释宏济:《南翔寺重兴记》,载《南翔镇志》卷 10,第 138 页。该志撰者之一程攸熙提出"宋绍定中,赐寺额,丞相郑清之书",与宏济所载"宋端平,丞相郑清之为大书其匾"略异。据《宋史》卷 214《宰辅五》,郑清之系理宗绍定六年(1233 年)十月任右丞相兼枢密使,端平三年(1236 年)十二月罢为提举临安府洞霄宫,第 5612—5616 页。

② 《南翔镇志》卷 10,第 152—156 页。

范文澜没有"史谏""大跃进"

中央党史研究室前副主任李新先生在《百年潮》1997年第5期发表《范文澜的"史谏"》一文,认为范文澜在1958年夏天写作的《中国通史简编》①隋唐部分时,利用描写隋炀帝的骄奢"史谏""大跃进"。李新文中写到:

当我们正在"大跃进"中吹嘘"吃饭不要钱"的时候,范文澜在他的书中,详实地写出了隋炀帝的骄奢……他在书中明白地通过东市商人的口,向西域人说:"隋朝富饶,酒食照例不要钱。"这对当时的"大跃进"岂不是当头棒喝!我看到这里,觉得很刺眼,因对范老说:"范老,你的书毛主席是一定要看的,你在这里写吃饭不要钱,而且是写隋炀帝,这样写好吗?"范老毫不迟疑地回答道:"就是要让他看嘛!我写的都是事实,有凭有据,怕什么?"随后还补充一句:"要让所有的领导人都看看,中国的历史经验丰富得很,应该以史为鉴嘛!"……毛主席后来是否看到范老的这一段书,不得而知。但陈毅是看到了的。秋天,我到北京医院看病,见陈毅在那里写大字,范老在一旁赞赏……随后说起范老写的书,陈毅说"你那四卷书是不朽之作,可以传世的。你把隋炀帝的骄奢,写得活灵活现,写得太好了!隋文帝俭,隋炀帝奢,老子好不容易

---

① 范文澜《中国通史简编》共四卷,1976年以后列为《中国通史》前四册。

积攒起来的家当,儿子不几年就给糟蹋光了。那样的皇帝,怎么能不亡国呢?"陈毅越说声音越大,越激昂,而且很愤慨,四周的病人都围过来听,极表同情。这一幕情景,我至今未忘。

据我们所知,李新先生叙述的这件事似乎影响深广,不少人信以为真。如《同舟共进》2009 年第 5 期刊登冯锡钢先生《李新笔下的陈毅》一文,说 1958 年秋季,"陈毅赞赏范老,当着诸多病员的面,直斥隋炀帝的骄奢,其藉古喻今的用意是心照不宣的"。似乎范老《中国通史简编》确实"影射"大跃进。又如新近问世的朱维铮先生所著《重读近代史》①一书,在其中《岂可说先人闭目塞听?》一文中说:"范文澜魂归道山快四十年了,按照他在'大跃进'时代的'反潮流'言论",等等,也把子虚乌有的所谓范文澜同志 1958 年"影射"或"史谏""大跃进"的说法当做真有其事。

我们认为,李新先生的上述说法有以下几点值得怀疑其准确性:

第一,我们不妨把范老《中国通史简编》四卷本中有关隋炀帝的描述,与 1941 年 5 月的延安本对照一下。延安本第三编《封建经济的发展到西洋资本主义的侵入——隋统一至清鸦片战争》第一章《南北统一时代——隋》第二节《隋朝溃败》,叙述隋炀帝杨广即位后召集诸蕃酋长到洛阳城,"诸蕃入丰都市(洛阳东市)交易,(杨)广先命整饰店肆,瞻宇如一,盛设帷帐,珍宝充积,人物华盛,连菜摊也用龙须席铺地,蕃客走过酒食店,店主邀入就座,醉饱散去,不取报酬。骗蕃客说,中国富饶,酒食照例不取值,蕃客惊叹。有些蕃客知道虚伪,见缯帛缠树,说中国穷人很多,衣不蔽体,为什么不给他们,却来缠树,市人惭愧不能回答"②。

延安本称西域诸国使者和商人为"蕃客",称隋朝为"中国",除此以外,与解放后的四卷本的内容基本相同。其中尤其值得注意的是,延

---

① 朱维铮:《重读近代史》,上海文艺出版社集团中西书局 2010 年 8 月版。
② 范文澜:《中国通史简编》,新知出版社 1949 年 4 月长春第 3 版,第 244—246 页。

安本已经有"骗蕃客说,中国富饶,酒食照例不取值,蕃客惊叹",与四卷本说"告诉客人们,隋朝富饶,酒食照例不要钱"几乎一样。难道说,早在1941年5月范老在延安就有先见之明,预先知道17年后在"大跃进"和"人民公社"运动中农村会出现"吃饭不要钱"这类荒唐的事?

第二,1958年夏秋,全国工农业领域的大跃进正处于如火如荼的高潮中,人们出于对党和毛泽东的完全信任,对此深信不疑,积极参加其中。范老身处北京,正忙于编写通史,不可能对"大跃进"有丝毫怀疑。大跃进的"恶果",实际上要到1959年春才显现出来,可是这时有几个人能知道呢?到我们知道"大跃进"和"人民公社"运动曾造成国内大批百姓饿死,那要迟至"文革"后的九十年代了。

第三,范老在1958年"大跃进"的大环境中,他是努力紧跟的。在4月28日《人民日报》发表的题为《历史研究必须厚今薄古》(又载同年《历史教学》第6期)一文中,他说:"面临着工农业生产大跃进的形势,科学工作也必须大跃进,历史研究也不例外。历史科学工作者谁都想跃进,谁都想大大的跃进,干劲是足够的,问题在于如何跃进。"于是范老联系实际到要在史学界提倡"厚今薄古"和"兴无灭资",开展百家争鸣,史学界领导干部"要种试验田",他说:"可能有些学术工作者懒惰不想跃进,或者跃进不得其法,领导者起示范作用,可以使懒者变勤,不得法者得法。"最后,他特别联系"大跃进",说:"还有一点,也是更重要一点,经过全民整风运动,六万万人都跃进了。农民向四、五、八大跃进,工人更是了不起,十五年在钢铁和主要工业产品产量方面要超过和赶上英国,每天看报,使人每天兴奋。在这种情况下,社会科学部门有不跃进的人甚至有些还是领导工作者,那就很不好了。"

我们认为,范老说他"每天兴奋",确是发自内心的真话。范老身处全国"大跃进"的大环境,他自然要跟上形势。别忘记,他还是中国科学院历史第三研究所的所长。作为一所之长,1958年2月13日至15日,范老参加了中国科学院研究所所长会议,会议中心议题是"争取科学工作的大跃进"。会议第一天,院长郭沫若作《科学界的精神总动员》,传达毛泽东的指示,勉励大家"鼓足干劲,多快好省,一心一德,又红又专,重视劳动,服从组织,加强合作,实现规划"①。3月5日至12日,范老参加了国务院科学规划委员会第五次会议,中心议题是"科学为生产,跃进再跃进",会议向全国科技界提出了一个"光荣的战斗任务:科学必须为生产大跃进服务"②。8月,范老主持制订了《中国科学院历史三所1958—1962年工作纲要》,这是一个具体落实"大跃进"措施的计划。其中第四条为"遵循鼓足干劲,力争上游,多快好省地建设社会主义的总路线",在保证质量的前提下,力争提前完成或超额完成工作计划。第六条为集中所内力量,五年内写出一批分量较大的著作:中华人民共和国史、中国现代史、中国近代史、帝国主义侵华史、中国通史简编。同时写出其他专著和通俗读物52种、论文450篇③。显然,这是一个"大跃进"的科研计划。我们认为,每个人不免要受时代的局限,包括我们自己。俗语说,上什么山唱什么歌,这是不以自己意志为转移的。范老自然也受到他所处时代的局限,1958年的中国大陆都在为工农业生产的"大跃进"而欢欣鼓舞的时候,范老不会对此发表异议,而且他在全所五年工作计划中带头制订了"高指标"。在这种情况下,范老不会用《中国通史简编》来影射"大跃进",这是可以肯定的。

　　第四,1958年秋,陈毅不可能对范文澜说那样的话。因为,范文澜《中国通史简编》第三、第四卷要到1965年才出版。据范文澜《中国通史简编》的《第三编说明》④,他是在1957年6月至1959年9月,"写完了隋、唐、五代十国的政治经济部分和吐蕃、回纥、南诏共六章"。在《说明》最后,范文澜署了"一九六五年四月于中国科学院近代史研究所"。这证明《中国通史简编》第三、第四卷是1965年4月前完稿而后交给人民出版社的。据中国社会科学院近代史研究所编《范文澜历史

① 《科学通报》1958年第6号,第164页。
② 《科学通报》1958年第7号,第202页。
③ 《科学通报》1958年同上第8号,第6—7页。
④ 范文澜:《中国通史简编》第三、第四卷。

论文选集》记载,1965 年 4 月《中国通史简编》出版了第三卷,11 月出版了第四卷。所以,1958 年秋,如果陈毅能读到的《中国通史简编》,仅是第一、第二卷,内容写到魏晋南北朝,根本没有隋、唐、五代乃至隋炀帝的内容。由此证明,李新同志所说陈毅和范文澜的那段对话是值得怀疑的,至少时间有误。

第五,范老作为一位杰出的马克思主义史学家,早在延安时期编写旧本《中国通史简编》时,由于时代的需要,他不免有些地方"借古说今",也就是影射国民党反动派。比如借吴蜀联合拒魏来类比抗日民族统一战线,借孙权来类比国民党反动派破坏统一战线,把孙权描写成了几乎是全部黑暗的人物,等等。对此,范老 1954 年在《关于中国历史上的一些问题》一文中已经作了"自我检讨",认为有关三国吴、蜀的描述"不符合当时的历史事实",因而都是"非历史主义的观点"。所以,在以后编写《中国通史简编》时,凭着对党的真诚和对毛主席的崇敬,他不会仍旧使用影射的方法来表达他对当时现实如"大跃进"的意见或不满。

第六,李新的"回忆"也有不准确之处。如在《范文澜的"史谏"》中,他还说:"在延安……范老讲'经学',毛主席每讲都亲自去听。"其实,范老在延安新哲学会年会共讲了三次中国经学简史,毛泽东去听了前两次,后一次因生病没有去成。1940 年 9 月 5 日,毛泽东写信给范老说:"第三次演讲因病没有听到。"①这证明"每讲都亲自去听"的说法不准确。

总之,我们认为,说 1958 年范老反对"大跃进",又说范老 1965 年出版的《中国通史简编》影射大跃进,都是值得商榷的。范老 1941 年已经在《中国通史简编》中叙述隋炀帝"骄奢"淫佚的主要内容了,1965 年版只是改写得更通俗、更丰满,他根本没有借此进行"史谏"的主观用意。隋炀帝"骄奢"淫佚属于统治阶级的消费,1958 年的"大跃进"则属

---

① 载《毛泽东书信选集·致范文澜》,人民出版社 1983 年版,第 163 页。

于毛泽东的头脑发热、急于求成、高指标、瞎指挥、浮夸风和"共产风"，前者属于消费领域，后者属于工农业生产领域，两者性质不同，根本不可类比。1954年范老刚反思即"自我检讨"1941年版的缺点是用过"影射"国民党反动派的手法，存在"非历史主义的观点"，不可能四年刚刚过去，他又一次用"影射"手法来反对"大跃进"。我们认为，范老在1965年版《中国通史简编》中叙述隋炀帝"骄奢"淫佚，只是秉持他一贯的"平实"写史原则，尽可能讲清那段历史事实，并非比附1958年的"大跃进"。至于读者包括陈毅同志、李新同志等据此引申出何种想法，那是读者自己的事，但不可强加到范老头上。现在，虽然有人高度评价范老在中国史学上的成就以及他的高风亮节等等，这种主观愿望无可厚非，但千万不要把他写成一位超越时代的人，这就违反事实，其效果适得其反了。

（本文与王灿合作，刊载于《炎黄春秋》2011年第2期）

南宋临安府的饮食文化

南宋是中国历史上社会经济比较发达的时期。与汉、唐相比，尽管疆域较小，而且自建国伊始连遭北方金军的侵扰，到后期又遭蒙元的进攻，直至被元朝灭亡，但由于农业、手工业、科学技术等方面的不断发展，社会生产取得了显著的成就。在此基础上，人民的物质生活得到了提高，尤其是在饮食上比汉、唐时期的人们得到更多的享受。

北食与南食的融合

北宋时期形成北食与南食两大饮食系统，南宋时期临安府的北食与南食两大饮食系统的区分逐步缩小，呈现融合的趋势。北食以麦面制品为主食，荤菜以羊肉为主；南食以稻米制品为主食，荤菜以猪肉为主。南宋临安府的面食店比前增多，面制食品更加丰富。

北宋末南宋初，北方大批官员、百姓的南移，使南方的风俗习惯逐渐发生变化。首先是在饮食方面，吃面食的人大量增加，南方人也普遍喜爱面食。许多赴任的官员、吏员，经商的生意人，谋生的工匠、路伎艺人，求学和参加科举考试的士子，从军的士兵等，都来到"行在"临安府。尤其是遇各种节日，"湖山游人，至暮不绝。大抵杭城胜景，全在西湖，他郡无比，更兼仲春景色明媚，花事方殷，正是公子王孙，五陵年少，赏心乐事之时，讵宜虚度？""至如贫者，亦解质借兑，带妻挟子，竟日嬉游，不醉不归。"如元宵节，"公子王孙，五陵少年，更易纱笼喝道，将带佳人美女,遍地游赏"。如清明节,"官员士庶俱出郊省坟,以尽思时之敬。车马往来繁盛,填塞都门。宴于郊者……宴于湖者……,都人不论贫富,倾城而出"。端平二年(1235年),耐得翁撰《都城纪胜·食店》云:"都城食店,多是旧京师人(按指北宋东京)开张,如羊饭店兼卖酒。……南食店谓之南食、川茶分饭。盖因京师开此店,以备南人不服北食者。今既在南,则其名误矣。"北宋末孟元老撰《东京梦华录》卷4《食店》云:"大凡食店,大者谓之分茶……更有川饭店,则有插肉面、大燠面、大小抹肉淘、煎燠肉、杂煎事件、生熟烧饭。更有南食店:鱼兜子(一种烧卖)、桐皮熟烩面、煎鱼饭。"南宋末吴自牧《梦粱录》卷16《面食店》云:"向者汴京开南食面店、川茶分饭,以备江南往来士夫,谓其不便北食故也。南渡以来,几二百余年,则水土既惯,饮食混淆,无南北之分矣。"

南宋四川百姓嗜好吃大蒜,辣椒要到明代才传入。

糖 食 的 增 多

沙糖的生产。南宋史绳祖:《习斋占毕》卷4认为先秦时出现"柘浆",是"取蔗汁"之始。陆游:《老学庵笔记》卷6载,唐太宗时,始"以甘蔗汁煎"成"沙糖"。宋代广东、广西、福建、蜀中、江西,皆煎蔗汁为干白沙糖、糖霜(冰糖、石蜜)。各种糖果和甜食。临安府"小儿戏耍"的"戏剧糖果之类",有行(一作"打")娇惜、宜娘打秋千(一作"宜娘子秋千"。又标点作"糖宜娘、打秋千"或"宜娘子、秋千稠糖")、稠糖葫芦、吹糖麻婆子孩儿。又有十般糖、花花糖、荔枝膏、缩砂糖、五色糖。"沿街叫卖小儿诸般事件"有麻糖、缒子糖、鼓儿饧、铁麻糖、芝麻糖、小麻糖、杨梅糖、荆芥糖等。在孝仁坊卖红权子,卖皂儿膏、澄沙团子、乳糖浇(一种白糖奶油)。众安桥卖澄沙膏、十色花花糖。太平坊卖麝香糖。庙巷口卖杨梅糖、杏仁膏、薄荷膏、十般膏子糖。中瓦子前卖十色糖。"糖煎尤多担仗抬木架子",有乳糖鱼儿(一种牛奶糖)、玉柱糖(一种方糖)、杨梅糖等。

蜜煎,有蜜金桔、蜜木瓜、蜜林檎、蜜金桃、蜜李子、蜜木弹、蜜橄榄、昌园梅、十香梅、蜜枨(橙)、蜜杏。雕花蜜煎一行,有雕花梅毬儿、红消花、雕花笋、蜜冬瓜鱼儿、雕花红团花、木瓜大团儿、雕花金橘、青梅荷叶儿、雕花姜、蜜笋花儿、雕花澄子、木瓜方花儿。

五间楼是南宋孝宗时"福客糖果所聚"之地,即临安府专门运销福州、泉州食糖、水果的一个批发市场。五间楼前大街坐铺中瓦前,有虾须卖糖、福公个背张婆卖糖、洪进唱曲儿卖糖、鱼龟顶傀儡面儿舞卖糖、白须老儿看亲箭度闹盘卖糖(一作"千千车"、"轮盘儿"。一种吸引少年射箭中的而奖励糖果的转盘)、标竿十样卖糖、效学京师古本十般糖等。出现了许多用音乐、舞蹈等娱乐来吸引老幼顾客的卖糖摊头或店铺。

朝天门里有朱家元子糖蜜糕铺。

总之,与唐朝人相比,由于沙糖的增产和大量糖果点心的出现,宋朝人更有口福;而作为南宋的实际都城,各地的沙糖和糖果点心源源不断地运销临安府的市场,生活在临安的人们比外地的百姓更有口福。

米食和面食的花式、品种增多

面食主要有汤饼、面条、牢丸、馒头、包子、馉饳、角儿、馄饨、毕罗、月饼、油饼、蒸饼等。米食主要有各种糕点、团子、圆(元)子、粽子、米果、米线等。

"自淳祐年有名相传者":临安府保佑坊前张卖食面店、金子巷口陈花脚面食店。

临安府早市,有六部前丁香馄饨,"此品精细尤嘉"。夜市有太平坊口原东京脏三家销售的猪胰胡饼,大内前的卞家从食,街市王宣的旋饼,望仙桥的糕糜。这些"市食点心"在夜间有"顶盘挑架者","遍路歌叫"，临安人已经习以为常，但"远方僻土"前来旅游的人便"以为稀遇"。

还有毕罗（即西餐中的"派"——一种西方传入的面食）、馉饳（即锅贴和饺子）、角子（糖三角和粽子糖）、牢九（原作"牢丸"，即包子、汤圆——为避宋钦宗赵桓的御讳而缺"丸"字的最后一笔）。

烹饪技术的提高和著名菜肴的普及

"都下市肆名家驰誉者"或"向者杭城市肆名家有名者"：临安府官巷口光家羹、寿慈宫前熟肉、钱塘门外宋五嫂鱼羹、涌金门灌肺。

临安府的夏菘鸡毛菜。

每年清明前，临安府各官酒库开煮时，有鱼儿活担。

签，是一种将主要原料切成细丝而做成的羹。宋人赵叔向《肯綮录·签羹误》载"今人多不识'鐵羹'字，直写作'签'，士大夫亦如此。一云'臉'字"。臉鐵，是许多签的一种。羊头签，是以羊头两边脸颊的肉为主要原料的一种羹。临安府有荤素签、蝤蛑签（梭子蟹）、锦鸡签、鸡丝签、鹅粉签、肚丝签、双丝签、抹肉笋签、奶房签、羊舌签、肫掌签、鸭签、莲花鸭签。

巴鲊，有算条、影戏、盐豉皂角铤、玉版鲊（即鲟鳇鱼鲊）、鹅鲊、骨鲊、旋鲊、寸金鲊、大鱼鲊、桃花鲊、三和鲊、切鲊、饭鲊、红羊巴；银鱼鲊、蟹鲊、糟藏大鱼鲊、雪团鲊、荷包鲊；鱼肉影戏、胡羊巴、黄雀鲊、春子鲊、蚬鲊、藕鲊、冬瓜鲊、笋鲊、茭白鲊、鲊菜、旋炙巴儿、海蜇鲊、鹿肉巴子。南宋末、元初方回说："'八珍'之五曰'捣珍'，以牛、羊、麋鹿、麇脊侧肉，锤以柔之。吃乃今杭人巴鲊铺所谓红羊巴也。今用猪脊膂肉，柔醢而风之腊干之上。……凡今巴铺，有鹿脯、獐巴脯、鹿条及此红羊也，削而生食，谓之削脯；煨而锤搥之，谓之搥脯、松脯。"比较详细地记录了巴鲊，原来是用盐、姜、桂等佐料加工、再风干成的肉食和蔬菜，如咸鱼、咸鸡、咸鸭、咸笋、榨菜等。

瓶 酒 与 酒 瓶

随着宋代造酒技术的不断提高和酒产量的逐步增加,使越来越多的佳酿涌入商品流通领域,成为大宗商品之一。在酒的商品化和酒文化的发展过程中,酒瓶的大量制造和广泛使用无疑起到举足轻重的作用。唐代人们饮酒时,多以升、斗来计量。到宋代,人们虽然在酿酒方面仍多以石、斗来计算,但在销售时普遍以瓶作为计量和计价单位。南宋绍兴二十一年(1151年)十月,高宗等人去清河郡王张俊家玩,张俊隆重接待。张俊将招待宰相秦桧的食物列为第一等,有烧羊一口、大碗百味羹等,还有酒30瓶;副宰相的食物列为第二等,有烧羊一盘、各食10味,酒6瓶;侍从官等的食物列为第三等,各食7味,酒5瓶;环卫官的食物列为第四等,各食5味、酒2瓶;其余官员的食物列为第五等,各食3味、酒1瓶。

社会上对酒瓶的大量需求,使各地瓷窑纷纷烧制酒瓶。各路主管财政的官署转运使司下都设有瓶场,派遣低级武官担任监官。南宋临安府的周围州、县大多设立瓶场或瓶窑。如湖州长兴县官营的造酒场称"和平酒库",与它配套设置的造酒瓶场称"和平瓶窑"。临安府的官营瓶场,设在余杭门外第三闸。上海还是一个不大的居民点时,就已设有一个官营的酒务,称"上海务"或"上海酒库",专门酿造和经销各种官酒,南宋时属嘉兴府华亭县(今上海松江)界。

考古学界命名的"韩瓶",其实就是宋代普普通通的酒瓶,早在北宋已经使用了。

（本文刊载于《生活品质》2013年第4期）

弹 眼 落 睛

　　多年来，嘉定以及上海的报刊在描写人们遇到突发事件时，都喜欢用"弹眼落睛"一词，以圆睁双眼表示惊讶。但是，都没有进一步思考"弹眼落睛"一词的用字是否准确。笔者认为，以"弹眼"二字表示圆睁双眼，是合理的，但"落睛"就有问题。"落睛"应该怎样理解呢？睛即眼珠、眼球，成语中有"目不转睛"，俗语中有"定睛一看"等，说明在正常情况下"睛"是可以转动或一定不动的。除非眼睛受重伤，"睛"才可能落出眼眶外，可是这并非"弹眼落睛"的本意。

　　中国古代没有"弹眼落睛"此词。在描写人们或动物瞪着双眼的表情或生来眼睛很大时，大都使用"露睛"二字。

　　古代描述唐代窦晓的外貌，说他"形容短小，眼大露睛"。刘义恭《白马赋》描写白马的外表和气质云："竦身轻足，高颡露睛，气猛声裂，步远视明。"旧题五代南唐宋齐邱撰相面之书《玉管照神局》卷上引《通仙录》说："……若折眼露睛，不过中年须夭死。"宋代陈师文等编《太平惠民和剂局方指南总论》卷下"论小儿慢惊证"说："及睡中露睛，唇白，手足冷，口中气亦冷。"清代王植《皇极经世书解》卷14《观物外篇之十》记载："人睡有露睛者，水族之气也。……皆自然之理也。"把睁眼睡觉的人与"水族"即鱼类联系起来，似乎这种人沾了鱼类的气，因为鱼类是不闭眼的。

　　以上说明"弹眼落睛"的"落"字是不对的，"落"（luò）虽与

"露"（lòu）字音相近，但用意不同，所以应该改用"弹眼露睛"才比较准确。

（本文刊载于《嘉定报》2013 年 6 月 18 日）

明朝的嘉定闲话

明朝的嘉定闲话或话语,是一个有趣的课题,多年来似乎尚未有人注意。近读明朝的一些短篇小说,其中有几篇有关嘉定的故事,使用了嘉定的方言,反映了明朝的一些嘉定话。这些话语大部分沿袭至今,少部分则已经消失。现不揣浅陋,撰写此文,介绍给读者,并向方家请教。

第一篇是《一声天雷诛七凶》,载听风堂主人选编《醒世恒言·续编》①。这篇小说叙述嘐城乡(今嘉定旧城区)的一位农民全家被一伙恶霸欺负及这伙恶霸最后受天报应的经过。小说开头说:

> 话说苏州府嘉定县有一嘐城乡,有一个乡民姓阮名胜,行一,
> 人取他个号叫敬坡。母亲温氏,年已六十多岁。一妻劳氏,年才二
> 十多岁,也有几分颜色。至亲三口,家里有间小小住屋,有五七亩
> 田,又租人几亩田,自己勤谨,早耕晚耘,不辞辛苦。那妇人又好得
> 紧,纺得一手好纱,绩得一手好麻,织得一手赛过绢的好布,每天光
> 梳头、净洗脸、炊煮三餐外,并不肯偷一日的闲。能得六七家邻舍,
> 也住得散,他也不肯走开去闲话。家中整治些菜蔬,毕竟好的与婆
> 婆,次些的与丈夫,然后自吃,并不贪嘴。就是家事日渐零落,丈夫
> 挣不来,也没个怨怅的意思,琐碎话头,莫说夫妻相安,婆婆喜欢,
> 连乡里乡间也都传他一个名,道阮大遇得个好家婆,又勤谨,又贤

---

① 听风堂主人选编:《醒世恒言·续编》第 29 卷,北京十月文艺出版社 1994 年版,第 477 页至 488 页。

惠。但是妇人能干,能不出外边去,这全靠男子。

这里称丈夫的母亲为“婆婆”,称好妻子为“好家婆”,称妻子勤俭治家为“贤惠”,称彼此说话是“闲话”。

随后,这篇小说描写阮胜家里“一个老人家老了,吃得做不得。还亏家中劳氏能干,只是纺纱,地上出的花有限……纺了纱,织了布”。称棉花为“花”,省去了“棉”字,至今仍是嘉定人的习惯。又描写因为家里“穷苦过日子”,“劳氏每日只煮粥,先饆几碗饭与阮大吃,好等他田里做生活;次后把干粥与婆婆吃,道他年老饿不得;剩下自己吃,也不过两碗汤、几粒米罢了。”这里的“饆”字,是指将水分挤出,使米饭接近干饭,吃干饭就不容易饿。这是嘉定话中的特殊用语。描写劳氏的服装说:“穿的衣服,左右是夏天,女人一件千补百衲的苎布衫,一腰苎布裙、苎布裤”。这里的“千补百衲”、“苎布衫”、“苎布裙”、“苎布裤”,也是过去嘉定话中的常用语,称衣服缝缝补补为“千补百衲”,“苎布”则指麻布,笔者解放前小时候就穿过苎布衫。小说描写“前村周亲娘”的形象时说:“年纪比一嫂大五七岁,每天蓬子头、赤子脚,一发丑杀子人。”形容一个人整天上不梳头、下不穿鞋为“蓬子头”、“赤子脚”、“丑杀子人”,这类话仍旧沿袭到现代,嘉定人还是这样讲的。还记载劳氏的为人与世无争说,不管旁人怎么“撩拨他,争奈这劳氏是懒言语的,要甚物事递与了他,便到机上织布、车边纺纱,任他戏着脸,只当不见。说着话,一只耳朵进,一只耳朵出,只做不听得一般,真是没处入凿”。这里使用“物事”一词代表东西,简称织布机为“机”、纺纱车为“车”,还用了“一只耳朵进,一只耳朵出”的熟语。其中“入凿”一词,是指钻空子或乘机,此词如今似乎不见使用了。此外,还使用了“(一)床被枲(xi)”、“棉胎”、“锄头”、“铁扒”等用具名。特别有趣的是记载了当时的骂人话:“只见劳氏便竖起眉,睁着眼,道:‘臭小乌龟,那介轻薄!’”

这篇小说在叙述日常生活时,使用一些至今嘉定人还耳熟能详的词语。如"可可天启七年,这一年初夏百忙里,阮大母亲温氏病了个老熟。劳氏日逐去伏事,纺织工夫没了一半。"阮胜"对着劳氏道:'我娘儿两个亏你拾得这性命,但病死与饿杀,总只一般。不若你另嫁一个,一来你得吃碗饱饭……'劳氏道:'宁可我做生活供养你们,要死三个死,嫁是不嫁的。'"这里的"百忙"、"老熟"、"饿杀"、"吃碗饱饭"、"做生活"、"供养"等,都是一些嘉定百姓的方言。此外,还有讲男女结婚为"做亲",婚事介绍人向男家或女家提亲为"说亲",互相帮助称为"相帮",帮助别人称为"帮衬",收拾人的遗体称为"收尸",打死人称为"打杀人",打水稻的场地称"打稻场",能言善辩称为"会话",欺负他人称为"欺昧",骂穷的人为"穷鬼(ju)",看望亲戚朋友称为"望"。

由于社会的发展,有些语词现在已经从嘉定俗语中消失了。如提到明朝人的服装,庾盈"戴了一顶瓦楞帽,穿了一领葱色棉绸缎袍,着双宕口鞋,一路走将过来"。这种"瓦楞帽"是元朝沿袭下来的蒙古族男子常戴的一种帽子,用藤、篾编成,有方、圆两种。在帽子顶部,一般都有饰物或顶子(嘉定话称嘀子)。"宕(dàng)口鞋",大约是一种阔口的布鞋。现在这种帽子和叫法早就从嘉定人的习俗中不见了。还有,现在常用表示"怎么"的嘉定话"哪能"或"能馨(嘉定话读亨)",这篇小说里都用"仔么"一词。如庾盈道:"来望他娘儿两个,不知仔么死了。"又如史继江道:"只是仔么死得快,恰好你来见? 也有些说不明。"此词现已不大使用了。

第二篇是《徐茶酒乘闹劫新人,郑蕊珠鸣冤完旧案》,载凌蒙初著《二刻拍案惊奇》卷25①,也是记述明朝发生在嘉定的故事。这篇故事开头讲明:"却说直隶苏州嘉定府有一人家姓郑,也是经纪行中人,家事不为甚大。"该故事中讲到姑娘出嫁为"过门",姑娘出嫁前夕要请"篦头剃脸"者即"整容匠""整容开面",称新娘为"新娘子"或"新妇",

---

① 凌蒙初:《二刻拍案惊奇》卷25,上海古籍出版社1983年版,第501—512页。

新郎的父亲为"公公"，婚礼时陪伴新郎、新娘者为"傧相"，送新娘到男家为"送亲"，家中的主妇为"家主婆"，赴结婚的亲友家宴会为"吃喜酒"，庆祝新婚的礼仪为"花烛"，陪伴客人为"陪客"，能说会道的滑头者为"油嘴光棍"或"油花光棍"，逃跑为"奔脱"，事情办好为"停当"或"结局"，打破脑袋为"头都打开"，殴死人为"打杀"，欺骗别人为"哄他"，一起凑钱办事为"合了本钱"，抵赖为"赖"、"顽皮赖骨"。还用了一个"揎"字，这是嘉定人表示从上跳下的动作，行动迅速。

　　第三篇是《错调情贾母詈女，误告状孙郎得妻》，同上书卷35[①]，乃是记述发生在明朝吴淞的故事。据我所知，明朝时吴淞属于嘉定县管辖。所以，这篇故事也与嘉定有关。这篇小说开头讲明："话说吴淞地方，有一个小官人，姓孙，也是儒家子弟。年方十七，姿容甚美。隔邻三四家，有一寡妇，姓方。嫁与贾家，先年其夫亡故。"然后讲孙小官与邻居贾家姑娘闰娘相爱，最后有情人终成眷属。其中称呼年青人为"小官人"，姓孙则称为"孙小官"。现今嘉定话里，一般称丈夫为"小官人"，得自宋朝习惯称当官的为"官人"。于是后来逐步变为尊称年轻人为"小官人"，再变为称丈夫为"小官人"。此外，小说里妻子称丈夫的父亲为"公公"，称丈夫为"老公"，尊称邻居的女长辈为"妈妈"。骂年轻人或小孩为"小猢狲"，骂别人睡懒觉为"挺着尸"。咽口水为"咽唾"。眼睛看错人为"眼花撩乱认错"。事情为"事体"，事情的来龙去脉或轻重为"清头"。与人说话为"闲话"，说一句话为"说句把话"。马桶为"马子"。白天为"日里"。抽空为"捉空"。出门见人办事为"出头露面"，说话噜里噜苏为"唠唠叨叨"，男女眉目传情为"眉来眼去"，说话太多为"多嘴"，发泄怨气为"出气"，畏缩不前为"缩缩駑駑（nǔ）"，干脆为"索性"，冤枉为"冤屈"，替冤屈而死者索命为"讨命"，事情的进展程度为"光景"，互相帮助为"相帮"，骗人为"哄"，两人相遇为"撞着"，拖延时间为"担阁"，里面为"里头"，从昏迷中苏醒为"苏醒

---

① 凌濛初：《二刻拍案惊奇》卷35，上海古籍出版社1983年版，第650—659页。

转来"。其中,也有一些词语可能已不再使用了。如形容某人生气为"夹着气盅",现在只讲"光火"。

（本文刊载于嘉定区地方志办公室编:《嘉定古今谈》第十辑,
内部刊行,2015 年版。又刊于《嘉定报》2015 年 10 月 27 日）

钓鱼岛是中国固有的领土

——以日本井上清教授《关于钓鱼岛等岛屿的历史和归属问题》为中心

一

　　钓鱼岛及其附属岛屿自古以来就是中国的固有领土，这有充分的历史依据。9 月 14 日，中国外交部发言人姜瑜在例行记者会上说，中国是最早发现钓鱼岛并且行使有效管辖的国家，她建议关心这一问题的人士读一下日本京都大学教授井上清所写的《关于钓鱼岛等岛屿的历史和归属问题》一书。

　　我手头恰好保存了这本书。这本书是 1973 年 12 月由北京生活·读书·新知三联书店出版的，但仅作为"内部资料"发行，共 118 页，内封中间印有"内部参考　注意保存"八个字。因为当时正值"文革"，书后未印总字数和册数，估计印数不多，如今一般不易找到。这本书是由我的一位中国科学院近代史研究所（"文革"后属中国社科院）已故挚友、翻译组邹念之先生翻译的。1974 年 1 月，他将他所得的样书分送我一册。

　　据该书底页，注明作者井上清教授"现任日本京都大学教授"。该书收入他的两篇论文，一是《钓鱼岛等岛屿（"尖阁列岛"等）的历史和归属问题》一文，原刊《历史学研究》1972 年 2 月号；二是《钓鱼岛等岛屿的历史和领有权》一文，原刊日本现代评论社 1972 年出版的文集《钓鱼岛等岛屿("尖阁列岛")的历史之剖析》(《"尖阁"列岛—钓鱼诸岛史的解明》)。

据现代中国政区图,钓鱼岛位于福建福州市东边、台湾基隆市东北一百一二十海哩,再东面的岛屿称赤尾屿;再东面是琉球群岛,与日本本土很远。(见《中国政区图》)据井上清教授说:"目前在日本称为'尖阁列岛'的岛屿,指位于北纬二十五度四十分到二十六度、东经一百二十三度二十分到一百二十三度四十五分之间,分布在中国东海的小岛屿群。"他指出:"在中国文献上,最迟在十六世纪中叶,从明朝嘉靖年间(按公元 1522—1566 年)以来,即已有钓鱼屿(或称钓鱼台、钓鱼岛)及黄尾屿等名称,是具有文字记载的岛屿的一部分。"至于"日本将这些岛屿统称为'尖角列岛',是 1900 年(明治三十三年)以后的事。一九〇〇年,冲绳县师范学校教员黑岩恒奉学校之命前往这些岛屿进行了探险、调查,而后在《地学杂志》上发表的报告论文中提出了这个名称。"(第 1 页)

井上清教授提出的理由很充分,既有中国方面的文献,也有日本方面的文献。为了大家对钓鱼岛有一个直观的了解,我首先介绍他引用的一幅日本学者画的地图《琉球三省并三十六岛之图》。该地图附于日本人林子平著《三国通览图说》(日本天明五年即公元 1785 年秋,清乾隆五十年,东京须原屋书店老板须原市兵卫印刷出版,藏东京大学附属图书馆),是一幅彩色图,大体中央位置有"琉球三省并三十六岛之图"的题记,左下方用小字记载了"仙台林子平图"的署名。

此图从福建省福州到冲绳本岛那霸的航路绘有北线和南线两条,南线从东向西,连接花瓶屿、彭佳山、钓鱼台、黄尾山、赤尾山,这些岛屿都同中国本土一样被涂成淡红色。北线的各个岛屿当然也和中国本土涂的同一颜色。(第 44 页)井上清教授在该页边注二说明,林子平为什么要对台湾和中国本土用不同的颜色加以区别,他从林子平另一幅"可以称之为东亚全图的图""推测":"也许在林子平看来,台湾虽是中国的领土,但不能算是中国本土的附属岛屿,正如小笠原群岛虽是日本的领土,但和九州南方岛屿不同,不能算是日本本土的附属岛屿一样,所以用与日本本土不同的颜色加以区别。与此相同,他把台湾也涂上了与中国本土及其附属岛屿不同的颜色,难道这不是可能的吗?"(第45页)

井上清教授后来还收集到林子平的《三国通览图说》及所附"琉球三省并三十六岛之图"的几种彩色抄本,有一幅地图上涂的颜色"琉球为深褐色,中国本土和钓鱼岛等岛屿都是浅褐色,日本是深绿色,台湾、澎湖是黄色"。另有一幅地图涂的颜色"把琉球画为黄色,把中国本土和钓鱼岛等岛屿画为淡红色,把台湾画为灰色,而把日本画为绿色"。(第47页)

井上清教授讲到,林子平是日本近代民族意识的先驱者,他认为详细了解日本周围的地理,对于日本国防,是当务之急。他还认为,这种急需的知识不应仅为幕府、各藩官员或武士垄断,必须"不分贵贱,不分文武",扩展到"本国人"即整个日本民族。于是他著述和出版了《三国通览图说》和《海国兵谈》,但他一介书生竟然敢向日本人民呼吁日本的防卫,终于触怒了德川幕府的封建统治者,因此他的著述遭到幕府的处罚,这些书的原版都被没收了。但人们还竞相阅读、谈论、传抄他的著作,从而得以广泛传播开来。(第47—48页)

井上清教授依据的中国古代文献有,一、明朝嘉靖十一年(1532),明朝派往琉球那霸册封尚清为中山王的册封使陈侃撰《使琉球录》(1534年序)。此前,即自公元1372年以来,元朝、明朝册封使到琉球来过10次,但其使录没有保存下来。因为钓鱼岛等岛屿处于从中国福州去琉球那霸的必经之路上。陈侃等搭乘的船,1532年5月8日(农历)从福州闽江口梅花所出海,向东南航行,驶至台湾鸡笼头(基隆)的外海即转向东北方向,10日经过钓鱼屿。他写道:

　　　　十日,南风甚迅,舟行如飞,然顺流而下,亦不甚动,过平嘉山(现称彭佳屿),过钓鱼屿,过黄毛屿(现称黄尾屿),过赤屿(现称赤尾屿),目不暇接。一昼夜兼三日之程,夷舟(琉球船)帆小不能及,相失在后。十一日夕,见古米山(现称久米岛),乃属琉球者。夷人鼓舞于舟,喜达于家。

据此,证明陈侃把今久米岛作明朝与琉球的分界处,以西包括今彭嘉屿、钓鱼屿、黄尾屿、赤尾屿皆属明朝,以东才算琉球。

二、是继陈侃以后于嘉靖四十年(1561)出使琉球的册封使郭汝霖撰《重刻使琉球录》。郭汝霖记载,1561 年 5 月 29 日自福州梅花所出海:

三十日过黄茅(今棉花屿?),闰五月初一日,过钓鱼,初三日至赤屿焉,赤屿者界琉球地方山也,再一日之风,即可往姑米山(久米岛)矣。

也明确记载赤尾屿以西才是琉球境土。

三、是清朝康熙二十年(1681)的册封使汪楫撰《使琉球杂录》(译者邹念之先生考证,汪楫于康熙二十一年被任命为册封使,往返琉球时间为康熙二十二年)。汪楫记载:

二十四日天明,见山则彭佳山也。……辰刻过彭佳山,酉刻遂过钓鱼屿,船如凌空而行……

二十五日见山,应先黄尾后赤屿,无何遂至赤屿,未见黄尾屿也。薄暮过郊(或作沟),风涛大作,投生猪羊各一,泼五斗米粥,焚纸船,鸣钲击鼓,诸军皆甲,露刃,俯舷作御敌状,久之始息。问郊之义何取?曰中外之界也。界于何辨?曰悬揣耳。然顷者恰当其处,非臆度也,食之复兵也,恩威并济之义也。

井上清教授据此分析,这一段是汪楫和船长或某人的问答,其中提到赤屿和久米岛之间的"中外之界"。由此可见,"中国方面是把自福州至赤屿之间的所有岛屿都看成是本国领土,而决没有认为是无主之地,这一点是毫无疑问的。而且琉球方面也完全承认中国方面这一看法"。(第8页)

四、是清朝康熙五十八年(1719)的册封使徐葆光(据译者邹念之先生边注说,徐葆光为册封副使,正使为海宝)撰《中山传信录》,引琉球大学者程顺则著《指南广义》(1708年序),说久米岛是琉球的西界。《中山传信录》卷1《针路》章引《指南广义》的一段记载:

> 福州往琉球,由闽安镇出五虎门东沙外,开洋,用单(或作乙)辰真十更,取鸡笼头(见山即从山边过船,以下诸山皆同)、花瓶屿、彭家山,用乙卯并单卯针十更,取钓鱼台,用单卯针四更,取黄尾屿,用甲寅(或作卯)针十(或作一)更,取赤尾屿,用乙卯针六更,取姑米山(琉球西南方界上镇山),用单卯针,取马齿(现称庆良间列岛)甲卯及甲寅针,收入琉球那霸港。

井上清教授依据这一段前后文字分析,"姑米山"的小注是徐葆光所加,徐葆光"肯定是经过详细调查的"。(第3、第5页)

井上清教授分析,第一、中国明朝、清朝派往琉球国的册封使臣们,他们的记录不是单纯的个人旅行记,而是具有公务出差报告的性质,是明确地意识到要对当时的中国政府和后代的对琉球政策起参考作用而写的。因此,在往返航道的记载中,不仅记有风向和方位,而且记有航海中的活动以及对领土关心的说明,与单纯的航程指南相比,就其所写内容而言,量虽不多,但具有重要的质的区别。第二、使臣们从当时中国人的领土意识来说,整个琉球都是臣属中国帝王的中山王的国土,是中国的一种属地。在他们看来,这些岛屿是中国的领土本是不言自明的,没有必要特别着重地向后人说明这个问题。(第7页)

五、是明朝嘉靖四十一年(1562)胡宗宪编写的《筹海图编》(茅昆

撰序）。胡宗宪官至兵部尚书，曾督师抗击倭寇。他的这部书是总结
自己的经验，说明防御倭寇的战略、战术和城堡、哨所等部署以及武器、
船舰的制造等。卷1《沿海山沙图》的"福七"到"福八"标出了福建省
罗源县和宁德县的沿海岛屿，其中鸡笼山、彭加山、钓鱼屿、化瓶山、黄
尾山、橄榄山、赤屿等岛屿是从西向东依次相连的。这幅图表明了钓鱼
岛等岛屿是包括在福建沿海中国领有的岛屿之内的。（第37页）

　　我此处查阅该书，还发现卷2《王官使倭事略》①中，有关于钓鱼岛
的地图。

　　在《福建使往日本针路》中，他描述：

　　　　小琉球套北过船，见鸡笼屿及梅花瓶、彭嘉山。彭嘉山北边过
　　船，遇正南风，用乙卯针，或用单卯镇，或用单乙针；西南风，用单卯
　　针；东南风，用乙卯针十更船，取钓鱼屿。
　　　　钓鱼屿北边过十更船，……至黄麻屿……赤屿…赤坎屿。
　　　　赤坎屿北边过船，南风，用单卯针及甲寅针；西南风，用艮寅
　　针；用甲卯针十五更船，至古米山②。

　　到古（姑）米山，便到琉球境了。

　　至于日本方面把钓鱼岛及其周围岛屿称为"尖阁列岛"，是什么回
事呢？井上清教授在《所谓的"尖阁列岛"，不仅名称互不一致，所属范
围也不明确》一节中指出：对于钓鱼岛等岛屿中的个别岛屿，尽管琉球
人曾经用琉球语称之为Yokon(Yicun)，或者称为Kuba，但在1900年以
前他们从来未曾使用过"尖阁列岛"这个名称。所谓"尖阁列岛"，实际
上是以西洋人给这个群岛中的一部分定的名称为基础，于1900年开始
使用的。这是因为钓鱼岛东部岩礁群的中心岩礁，其形状颇似塔尖，所
以英国人把这个岩礁群命名为Pinnacle Islands。后来日本海军又把它

①　文渊阁《四库全书》第584册，台北商务影印本，第14页。
②　文渊阁《四库全书》第584册，台北商务影印本，第48页下—49页上。

译成尖阁群岛或尖头诸屿。（第64页）

　　日本方面,也是在1894年,日清战争(即甲午战争)日本获胜以后,日本才将台湾、澎湖列岛及其附属岛屿包括"尖阁列岛"和赤尾屿划为日本的领土。（第20页）此时日本方面还不知钓鱼岛为何名。六年以后,即1900年(明治三十三年),才由冲绳师范学校教员黑岩恒在《尖阁列岛探险记事》(载《地学杂志》第12辑第140—141卷)把钓鱼岛、尖阁群岛(尖头诸屿)和黄尾屿统称为"尖阁列岛"。但他并没有将赤尾屿包括在内。尽管如此,当时他的命名"从未被日本这个国家所公认过"。（第68页）

　　井上清教授还批驳了日本方面把钓鱼岛及其附属岛屿当成"无主地",指出他们强词夺理地说:尽管明、清时代的中国人就知道有钓鱼岛等岛屿的存在,并以中国语命了名,而且留有记载,但当时中国政权的统治"没有达到过这里的痕迹",就是说,所谓国际法上领土先占的重要条件亦即有效统治,没有达到过这里,所以是"无主之地"等等。（第49页）井上清教授指出,明朝政府把钓鱼岛等岛屿划入了自己的海上防御区域之内,在系统阐述防御倭寇的措施的书籍《筹海图编》中说明了它的位置及其管辖区域和隶属关系。这就十分有力的驳斥了所谓钓鱼岛及其附属岛屿是"无主地"的谬论。

　　必须提到,日本共产党、社会党与日本政府都持"尖阁列岛"是日本领土的主张。（第29—31页）1973年2月,邹念之先生的译本只能作为"内部参考",不能公开发行,可能上面考虑到与兄弟党关系问题有关。（井上清教授提到日本共产党有人提出:"尖阁列岛既不是日本的,也不是中国的,而是人民的! 我们对于日本和中国这两个国家权利之间的领土之争,哪一方都反对。"第109页）

　　井上清教授认为,在第二次世界大战后,日本接受了波茨坦公告,向中国在内的盟国投降。关于日本的领土,波茨坦公告规定:"开罗宣言的条件必将实施",而开罗宣言中说,美、中、英"三大盟国之宗旨""在使日本所窃取于中国之领土,例如满洲、台湾、澎湖群岛等归还中华民国"。这里的中华民国,在1949年10月1日中华人民共和国成立后,当然应该读作中华人民共和国。既然如此,就应该同日本接受波茨坦公告投降后,自动将台湾归还给中华民国(现在的中华人民共和国)一样,完全根据同一个理由,自动将钓鱼岛等岛屿归还中国。因此,日本投降后,继续占领琉球的美国没有把钓鱼岛等岛屿归还中国,而一直占领到现在,是非法的,不合理的。即使日、美两国政府签约,将对钓鱼岛等岛屿的所谓施政权与琉球列岛的施政权一并"归还"给日本,那也是无效的,因为这是日、美之间,拿既不是美国领土又不是日本领土的中国领土的领有权进行交易。最后指出:历史的唯一结论是,必须立即、无条件地承认所谓"尖阁列岛"和赤尾屿,都是中国的领土。(第20页)

二

在这里,我查阅中国古代文献,还可以替井上清教授补充三个证据。第一,是明朝嘉靖初年(1522)贡生、昆山人郑若曾撰《郑开阳杂著》(见图)。

该书卷7《福建使往大琉球针路》记载:

> 梅花东外山开船,用单辰针、乙辰针,或用辰巽针,十更船取小琉球。
>
> 小琉球套北过船,见鸡笼屿及花瓶与、彭嘉山。
>
> 彭嘉山北边过船,遇正南风,用乙卯针,或用单卯针,或用单乙针;西南风,用单卯针;东南风,用乙卯针。十更船取钓鱼屿。
>
> 钓鱼屿北边过十更船,南风,用单卯针;东南风,用单卯针,或用乙卯针。四更船至黄麻屿。
>
> 黄麻屿北边过船,便是赤屿……五更至古米山①。

---

① 文渊阁《四库全书》,台北商务印书馆影印本,第584册,第615页下。

　　同卷《硫球考》记载："明洪武初（1368），行人杨载使日本归，道硫球，遂招之。其王首先归附，率子弟来朝，太祖嘉其忠顺，赐符印、章服及闽人之善操舟者三十六姓；令往来朝贡。又许其遣子及陪臣之子来学于国学。"①同卷《风俗》又记载硫球"既遣人学于国学，故习稍变。奉正朔，设官职，被服冠裳，陈奏表章，著作篇什，有华风焉"。这说明硫球从明朝初年起，成为明朝的一个附属国，接受明朝的册封，使用明朝的正朔即年号等。同书卷4《福建使往日本针路》，前半段航路与《福建使往大硫球针路》相同，说明当时明朝人从福州赴日本的航路，经过钓鱼岛，过古米山，到澎湖，再往北去日本。

　　第二，是明末旧钞本《顺风相送》。该书原藏于英国牛津大学图书馆，原书未写书名，封面上题有"顺风相送"四字，副页上由拉丁文题记一行，说此书是坎德伯里主教、牛津大学校长劳德大主教于1639年所赠。1639年为明崇祯十二年。说明此书成书于1639年以前，据著名历史学家向达先生考订，"此书很可能成于十六世纪"。此书《福建往硫球》篇记载：

　　　　太武放洋，用甲寅针七更船取乌坵。用甲寅并甲卯针正南东墙开洋。用乙辰取小硫球头。又用乙辰取木山。北风东涌开洋，用甲卯取彭佳山。用甲卯及单卯取钓鱼屿。南风东涌放洋，用乙辰针取小硫球头，至彭佳花瓶屿在内②。

　　第三，是约十八世纪成书的《指南正法》一书，也是旧钞本。该书原藏英国鲍德林图书馆。据向达先生考订，该书成于约清朝康熙末年（1722）。该书《福建往硫球针路》篇记载：

　　　　梅花开船，用乙辰七更取圭笼长。用辰巽三更取花矸屿。单

① 文渊阁《四库全书》，台北商务印书馆影印本，第584册，第611页下。
② 向达校注：《两种海道针经》一《两种海道针经序言》、二《海道针经（甲）顺风相送》，中华书局1961年初版、1982年版，第3—4页、第95—96页。

卯六更取钓鱼台北边过。用单卯四更取黄尾屿北边。……用假冒
寅去濠灞港，即硫球也。

据向达先生研究，花矸屿就是花瓶屿。由福建至硫球的针路，从闽
江口长乐的梅花所放洋，取西偏南以及正西、西微偏北方向至硫球的冲
绳群岛，入那霸即濠霸、豪霸。

三

依照国际法有关土地、岛屿的主权谁属的界定，不外乎三条原则，
即发现、转让、征服。以上史实，证明中国最早发现、开发钓鱼岛，并列
入福建的海防管辖区域以内，因此通过先占原则取得了主权。所以，钓
鱼岛及其附属岛屿自古以来是中国固有的神圣领土。

1945 年日本战败投降后，钓鱼岛及其附属岛屿本应作为台湾的附
属岛屿，根据 1943 年 12 月中、美、英三国签订的《开罗宣言》归还给中
国。(1945 年的《波茨坦公告》规定，日本的主权"限于本州、北海道、九
州、四国及吾人所决定其他小岛之内"。)但是，"二战"后，美国依旧占
领冲绳，并根据所谓"日美旧金山合约"，于 1953 年 12 月以划经纬线的
方式把钓鱼岛划入冲绳。而中国政府早就宣布所谓"日美旧金山合
约"是非法的、无效的。然而，美国从 1970 年起，就酝酿把钓鱼台随琉
球群岛一并交给日本。当年 11 月 23 日，台湾留学美国的学生胡卜凯
等七人得悉后，在普林斯顿大学集会，抗议美国的这一荒唐计划。这是
保钓运动的滥觞。到 1971 年 6 月 17 日，美、日签订"归还冲绳协定"，
执意将钓鱼岛及其附属岛屿列入"归还区域"，交给日本。原来并非自
己的东西，美国却用来送人，这种行为，中国古话称是"私相授受"，显
然是非法的。当天，台湾大学生自动发动游行，到美、日大使馆前抗议
美国将钓鱼台列屿"送给日本"①。12 月 30 日，中国外交部发表声明，

① 《参考消息》2010 年 9 月 28 日,第 10 版。

指出："美日两国在'归还'冲绳协定中,把我国钓鱼岛等岛屿列入'归还区域',这完全是非法的,这丝毫不能改变中华人民共和国对钓鱼岛等岛屿的领土主权。"美国政府也表示:"把原从日本取得的对这些岛屿的行政权归还给日本,毫不损害有关主权的主张","对次等岛屿任何争议的要求均为当事者所应彼此解决的事项。"可见,美国所谓从日本取得对钓鱼岛的行政权,再将该岛的行政权"归还"给日本,都是不能成立的。即使如此,日本从美国得到的仅仅是钓鱼岛的"行政权",根本不是主权,所以,日本据此主张对钓鱼岛的主权也是没有国际法效力的①。

1978 年 4 月,中国一百余艘渔船驶入钓鱼岛附近海域捕鱼,日本保安厅进行了有组织的拦截。12 日,日本方面报道东海钓鱼岛附近海域出现了许多渔船,"共有 108 艘"。其中 16 艘渔船进入钓鱼岛 12 海里范围内。日本巡逻艇以中国渔船进入所谓日本"领海 12 海里内"为由,要求中国渔船退出。中国渔民则在船头木板上写出"这是中国的领土"、"我们有权在此作业"等字样进行抗议,这种情况一直维持到晚上 8 时。此后,中国渔船多次进出钓鱼岛海域。这就是著名的"钓鱼岛事件"。日本方面认为这是中国大陆第一次采取这种大规模的宣示行动。

自 1987 年 2 月 17 日开始,中国和日本非正式商谈签署和平友好条约。不少日本政客借此机会,要求中国承认钓鱼岛属于日本,将签约与钓鱼岛归属挂钩,向中国政府施压。5 月 19 日,邓小平接受美国合众社编辑和发行人时严正指出:日本对钓鱼岛享有主权的说法是站不住脚的,这就是说,中国对钓鱼岛享有主权的说法是站得住脚的。

这时,日本部分媒体也对事件进行反思。4 月 15 日,日本工人党机关报《工农战报》,发表"通过战争掠夺来尖阁列岛,要通过缔结友好和平条约友好地解决"一文,列举事实说明钓鱼岛是日本借甲午战争非法从中国掠夺的,从历史和地形看,该岛属于中国台湾附属岛屿。4

————————————

① 《人民日报》2010 年 10 月 7 日载贾宇文。

月 20 日,《工农战报》又发表了"坚决谴责践踏日中联合声明精神的福田内阁"一文。

中国政府在坚持原则前提下,采取了灵活的办法来平息这场危机。经过努力,中、日双方政府都同意不涉及钓鱼岛问题,搁置争议,于 5 月 27 日双方重启友好条约谈判,8 月 12 日正式签订条约。中国方面,10 月 25 日,邓小平指出:

> 在实现中日邦交正常化和这次谈判《中日和平友好条约》的时候,我们双方约定不涉及这一问题。倒是有些人想在这个问题上挑些刺,来阻碍中日关系的发展。我认为两国政府把这个问题避开是比较明智的。这样的问题放一下不要紧,放 10 年也没有关系。我们这一代人智慧不够,这个问题谈不拢,我们下一代人总比我们聪明,总会找到一个大家都能接受的方式来解决这个问题。

邓小平的这次讲话为中国方面在处理钓鱼岛问题上的政策定下了基调。次年(1979 年)5 月,邓小平在会见来访的自民党议员铃木善幸时又强调说:

> 可考虑在不涉及领土主权情况下,共同开发钓鱼岛附近资源。

同年 6 月,中国政府通过外交渠道正式向日本提出共同开发钓鱼岛附近资源的设想,首次公开表明了中国愿以"搁置争议,共同开发"模式解决同周边邻国间领土和海洋权益争端的立场①。

(本文刊载于《程应镠先生百年诞辰纪念文集》,

上海古籍出版社 2016 年版)

---

① 金点强:《1978 年中日冷静处理钓鱼岛事件》,载《扬子晚报》2010 年 9 月 25 日,第 B7 版,转自《环球时报》。

嘉定义士黄淳耀力主见义勇为

笔者早年在嘉定西大街老家收集到一册题为《语不惊人死不休》的手稿，线装，封面左上角写"天崇三十五篇"，封里正面左上角朱批"天崇"二字，中间墨书"大文章自□□□得来"；反面题"书于疑解翻成悟，文到无意始见奇"。从该书所收明代天启（1621—1627年）、崇祯（1628—1644年）年间三十五篇文章看，其中有明末清初嘉定抗清义士黄淳耀的文章十一篇。这十一篇文章并不见后人所编黄淳耀的文集《陶庵集》十五卷，幸而作为范文即供举人参加科举考试而效仿的优秀作文，收入了清初文渊阁四库全书的《钦定四书文·启祯四书文》卷2，才得以保存。

这十一篇文章，分别题为《所谓齐其家一章》《诗云节彼南山二节》《人而无信一节》《见义不为无勇也》《鬼神之为德一章》《庄暴见孟子曰一章》《得百里之地而君之至皆不为也》《诸侯放恣处士横议》《子产听郑国之政一章》《乃若其情二节》《高子曰小弁一章》等。书后收藏者题有："文章本天成，妙手偶得之，粹然无瑕疵，岂复须人为！古人所谓豪杰之士，必有过人之节、人情有所不能忍者。匹夫见辱，而拔剑而起、挺身而斗，此不足为勇也。天下有大勇者，粹然临之而不惊，无故加之而不怒。"记下了阅读此书后的心得。该书中有一篇黄淳耀题为《见义不为无勇也》的文章，该文说："圣人以取义望天下，而激其本明之心焉。盖勇生于义，义立于为，第曰见之而已，吾何望哉？夫人有识以明内，则可帅气使必行；有气以充外，亦可扶识使必达。"提出"气"与"识"

两个命题,认为两者之间密切相关,人们内心有了认识,便应"帅气",使之必定付诸实践。又说:"吾终不敢谓天下大事,皆取办于识多气少之人。夫非气与识离而为二也。识尝主乎事之发,而气尝主乎事之成。事不可以有发而无成,故人不可有识而无气也。"认为人们的"气"与"识"不可分离,唯有"有气",而后"识多"才能事有竟成。不然,有"识"而无"气",仍然一事无成。他进一步提出:"今天下事会多矣,名教亦凛矣,使是非之所存,必不与利害相反,则古今安得有忠良?使好恶之所寄,必不与诽誉相违,则人心安得有廉耻!"认为有些人"居平私忧窃叹,以究当世之利病;事至,则循循然去之,曰将有待也。逮所待者既至矣,则又自诬其平日之议论以为狂愚,此其力尚足仗哉?凤昔引绳批根,以刺他人之去就,身临,则缩缩然处之;曰期有济也,至所济则网闻矣,则又反訾乎贤豪之树立,以为矫激,此其气尚可鼓哉?"批评这些平时说话激昂慷慨、不可一世的人,到关键时候却畏缩不前,这种人怎么可能依靠他们来鼓舞士气呢?所以,他主张要有气识,有勇气,两者兼备,方能见义勇为。

黄淳耀于崇祯十六年(1643年)考中进士,返回嘉定后,"益研经籍,缊袍粝食,萧然一室",过着十分清苦的生活。及至明朝南京被清军攻破,嘉定城也失陷,黄淳耀带了弟弟渊耀来到城西一所佛寺,准备自尽。一名和尚劝他说,你没有做官,可以不死。黄淳耀答道:"城亡与亡,岂以出处贰心!"然后取来一纸写下遗书:"弘光元年七月二十四日,进士黄淳耀自裁于城西僧舍。呜呼,进不能宣力王朝,退不能洁身自隐,读书寡益,学道无成,耿耿不能寐此心而已。"遂与其弟相对缢死,年四十一。

弘光元年是南明福王朱由崧的年号,公元1645年。弘光元年,也就是清朝顺治二年。黄淳耀使用"弘光"年号,表示始终忠于明朝,决心不做清朝的臣民。黄淳耀宁死不屈、视死如归,最后以自己的死难,实践了见义勇为的主张。

（本文刊载于《嘉定报》2016年6月7日）

作　裙

　　"作裙",顾名思义,是人们工作时穿的裙子。对于生活在城市里的人来说,特别是年轻人,现在可能已经不太了解,他们会问:既然干活,男人怎么可能穿裙子?据我所知,过去嘉定男人在干活时,确实也穿裙子,不过这种裙子称"作裙"。因为这种服装太普通了,所以各种嘉定县志或历代生活用具辞典、服饰史都付阙如,仅周关东、沈云娟先生主编《嘉定方言词语汇集》提到并予解释:"粗布制成的围裙。"(上海辞书出版社 2013 年版,第 187 页)记得小时候家里开粮食店,祖父和父亲、叔父及伙计都穿作裙,所以并不稀罕。作裙用蓝色或青色的棉布做成,腰部有裙裥;裙子较长,遮到脚面上。有时从练祁河来了运粮船,船工在水桥上搭好板子,大家将作裙搭在肩上,再将装粮的麻袋扛在肩上,用来防止麻袋磨坏衣服。到过了阴雨季节,还要将粮食搬到天井翻晒。粮食从船里搬到水桥后,安放屋里。一般不干活时,各自将束在腰间的带子解下,直接卷在一起,搭在肩部,放在身边,十分方便。不知现在还有居民制作和使用作裙的吗?

(本文刊载于《嘉定报》2016 年 8 月 2 日)

纻 布 衫

　　小时候,嘉定流行一种纻布衫。纻布。是用纻麻织成的布。现在已不大能看到纻麻了。上世纪六、七十年代,曾随中科院(即后来的中国社会科学院)干校下放河南省信阳专区息县,这是一大片荒地,地势低洼,每年雨季,必成泽国。当我们在息县安营扎寨后,见到地里有一片植物不认识,问当地老乡,说是纻麻。纻麻的杆比较高,一般不怕水。麻杆外皮呈红色或黄色,老乡收割后,将它们捆起,放在小河里浸泡,过一段时间捞起,剥皮、晒干。到时候,会有人上门逐家收购。收购者可能再卖给专门的纺织厂,织成麻布。纻布的纤维,可以染白或其他颜色。我记得小时候穿的纻布衫就呈白色,对襟,袖子不长。纻布衫的优点是透气性能好,夏天穿着感觉凉爽一些,而且经磨,不易弄破。

(本文刊载于《嘉定报》2016 年 8 月 16 日)

练祁河"臭水"记

　　小时候,家住西大街,最早门牌是22号,后面是练祁河。家里喝水主要用井水,淘米、洗菜、洗衣则到自家水桥,直接在练祁河里淘洗,十分方便。从水桥往东,到隔壁王家豆腐店的水桥,再到秦家、薛家水桥,因为河水较浅,形成一个比较长的浅滩,连小孩都可以涉水过去。

　　每年夏、秋季,总有几次,练祁河水出现"臭水"。时间在早晨,居民在水边会发现许多小鱼、小虾、小乌龟、小甲鱼等,正在河面垂死挣扎。甚至黄鳝、鳗鲡也从水桥的洞里探头探脑,到河面透气。于是大家就直接用手捉一些鱼、虾到篮子里,它们到篮子里后还活蹦乱跳的。这时,小孩子是最兴高采烈的,不仅奔走相告,而且纷纷下河捕捞。记得这些鱼有颜色漂亮的鳑鲏及塘鲤、草鞋底、茅柴虾(棕黑色)、青虾、水晶虾,有时还有小乌龟、小甲鱼。鳑鲏鱼体型不大,身材扁扁的,但有红、黄、白等色。人们捉到后,自己是不吃的,只在饭锅里蒸熟后,拌一些米饭喂猫。草鞋底据说人是不能吃的(不知是否有毒),捉到后,一般仍旧扔回河里。

　　有一次,我在河滩上捉到一只比较大的茅柴虾,立即跑上水桥,经过客堂,到前天井里,交给父亲。当时,他养着一只小鸟,正需要用虾来喂鸟。我跑在前天井里时,因为心太急,给客堂的门限绊了一下,结果摔了一大跤,磕破了左膝,留下了终身的印记。此事回忆起来,差不多有七十年了吧,令人不胜感慨。

　　长大以后,慢慢知道,练祁河水之所以出现"臭水",是因为每逢农历 J 半、初一，海水倒灌长江、浏河，再涌进练祁河，由于河水的盐分增加，平日习惯淡水的鱼虾，便受不了，它们无奈纷纷游到河面上透气，于是给河边的居民多了一个大肆捕捉和一饱口福的机会，小孩子们则像过节一样得到喜出望外的收获。

（本文刊载于《嘉定报》2016 年 10 月 4 日）

附录:朱瑞熙论著编年

张剑光

1958 年

《学生觅土,发现一座宋墓》(未署姓名,作"本报讯"),《新民晚报》1958 年 4 月 14 日。

1959 年

《热心人》(署名烽火),《新民晚报》1959 年 1 月 20 日。

《陈化成和吴淞炮台》,《解放日报》1959 年 7 月 18 日。

《四不象》(署名朱熙),《新闻日报》1959 年 6 月 13 日。

《"红头"起义》,《新闻日报》1959 年 6 月。

1960 年

《太平天国的女军》,《新民晚报》1960 年 3 月 6 日。

1963 年

《宋代的"科配"不是差役》,《光明日报》1963 年 10 月 23 日。

1964 年

《关于北宋乡村下户的差役和免役钱问题》,《史学月刊》1964 年第 9 期。

1965 年

《试论唐代中期以后佃客的社会地位问题》,《史学月刊》1965 年第 6 期。

《关于北宋乡村上户的差役和免役钱问题》,《史学月刊》1965 年第 7 期。

《宋代佃农所受地租剥削及其抗租斗争》,《历史教学》1965 年第 10 期。

1977 年

《"四人帮"歪曲王安石变法历史的险恶用心》,《文史哲》1977 年第 4 期。

1978 年

《中国通史》(第五册)(与蔡美彪、李瑚、卞孝萱、王会安合作),人民出版社 1978 年版。

《朱熹是投降派、卖国贼吗?》,《历史研究》1978 年第 9 期。又收入《暧城集》,华东师大出版社 2001 年版。

《论北宋末年梁山泊的农民起义与宋江》,《中国农民战争史论丛》编辑委员会编:《中国农民战争史论丛》第 1 辑,山西人民出版社 1978 年版。

1979 年

《中国通史》(第六册)(与蔡美彪、周清澍、丁伟志、王忠合作),人民出版社 1979 年版。

《历史上的宋江是否投降尚难定论》(署名张嘉栋),中国农民战争研究会编:《中国农民战争史研究》第一辑,上海人民出版社 1979 年版。

《北宋王小波、李顺起义的几个问题》,《南开学报》1979 年第 1 期。

《再谈宋墓出土的太学生牒》,《考古》1979 年第 3 期。又收入《暧城集》,华东师大出版社 2001 年版。

《论方腊起义与摩尼教的关系》,《历史研究》1979 年第 9 期。

1980 年

《南宋广西李接起义》,《中国农民战争史论丛》编辑委员会编:《中国农民战争史论丛》第 2 辑,河南人民出版社 1980 年版。

《"三面保义"辨》,《南开学报》1980 年第 4 期。

《宋代人对古莲子的认识和使用》,《地理知识》1980 年第 3 期。

《王安石晚年信佛》(署名朱石之),《北京晚报》1980 年 4 月 22 日。

《菠菜来自尼泊尔》(署名朱石之),《北京晚报》1980 年 5 月 6 日。

《太平天国的童子兵》(署名朱石之),《北京晚报》1980 年 6 月 1 日。

《“莫须有”和“莫须”》(署名朱石之),《北京晚报》1980 年 7 月 23 日。

《轿子和花轿》(署名朱石之),《妇女》1980 年第 8 期。

1981 年

《两宋时期的台湾》,《中国古代史论丛》编委会:《中国古代史论丛》第 1 辑,福建人民出版社 1981 年版。又收入《疁城集》,华东师大出版社 2001 年版。

《关于〈容斋逸史〉的作者》,《中国农民战争史论丛》编辑委员会编:《中国农民战争史论丛》第 3 辑,河南人民出版社 1981 年版。

《最早纸币始于宋》(署名朱石之),《新民晚报》1981 年 6 月 11 日。

1982 年

《宋代选举制度中的“削”》,《中国历史大辞典通讯》1982 年第 2 期。

《宋代俗语“踏逐”新解》,《中国历史大辞典通讯》1982 年第 4 期。

《宋代官员致仕制度》,《北京晚报》1982 年 4 月 3 日。又收入《百家言》,陕西人民出版社 1984 年版。

《武松脸上刺的字》(署名朱石之),《北京晚报》1982 年 4 月 13 日。

《寇准并未服药白头》,《北京晚报》1982 年 10 月 9 日。

《南宋人关于飞碟的记载》,《飞碟探索》1982 第 6 期。

《排挤宗泽的不是秦桧》(署名朱石之),《北京晚报》1982 年 12 月 29 日。

1983 年

《宋代社会研究》,中州书画社 1983 年版。后经少量删节,台北弘文馆出版社 1986 年再版。书中"宋代的家族组织"节,后收入戴建国、陈国灿编:《朱瑞熙教授八秩寿庆文集》,中国商务出版社 2017 年版。

《中国通史》(第七册)(与蔡美彪、周良霄、周清澍、张岂之、范宁、严敦杰合作),人民出版社 1983 年版。

《岳飞》,《中华民族杰出人物传(第二辑)》,中国青年出版社 1983 年版。

《宋代官员致仕制度概述》,《南开学报》1983 年第 3 期。又收入《疁城集》,华东师大出版社 2001 年版。

《宋代的"借借"》,《中国史研究》1983 年第 4 期。又收入《疁城集》,华东师大出版社 2001 年版。

《南宋福建晏梦彪起义》,中州书画社编:《宋史论集》,中州书画社 1983 年版。

《〈春渚纪闻〉的作者何薳父子》(署名朱石之),《中国史研究》1983 年第 4 期。

《宋代诉讼制度中的"务"与"务限"法》,《中国历史大辞典通讯》1983 年第 2 期。

《"蟋蟀宰相"贾似道》,《文史知识》1983 年第 9 期。

《中国何时有折扇》(署名朱石之),《北京晚报》1983 年 7 月 3 日。

1984 年

《论宋代国子学向太学的演变》(与张邦炜合作),邓广铭、郦家驹等主编:《宋史研究论文集》,河南人民出版社 1984 年版。

《关于江阴北宋墓的墓主孙四娘子》,《文物》1984 年第 9 期。

《唐代已有印刷书籍》,《北京晚报》1984 年 5 月 31 日。

《辽宋西夏金史》,《中国历史学年鉴·史学研究》,人民出版社 1984 年版。

《钱法》,《中国大百科全书·法学卷》,中国大百科全书出版社1984年版。

《中国历史大辞典·宋史卷》(邓广铭、程应镠主编,任编委,撰写700余条),上海辞书出版社1984年版。

1985 年

《范文澜》(与刘仁达、徐曰彪合作),《中国史学家评传》下册,中州古籍出版社1985年版。

《宋代的北食和南食》,《中国烹饪》1985年第11期。

《宋代中央官署、官职简介》,《文史杂志》1985年第1期。

《宋代官署、官职的简称和别称》,《上海师范大学学报》1985年第4期。

《宋史研究傲视群雄的佳作——〈岳飞新传〉》,《上海出版工作》1985年第10期。

《台湾发现南宋活字印刷史料》,《文汇报》1985年1月21日。

《拨霞供——最早的涮羊肉》(署名朱石之),《中国烹饪》1985年第12期。

1986 年

《宋代商人的社会地位及其历史作用》,《历史研究》1986年第2期。又收入《暷城集》,华东师大出版社2001年版。又收入戴建国、陈国灿编《朱瑞熙教授八秩寿庆文集》,中国商务出版社2017年版。

《官僚政治制度的产物——复杂多变的宋朝官制(一)》,《文史知识》1986年第1期。

《官僚政治制度的产物——复杂多变的宋朝官制(二)》,《文史知识》1986年第2期。

《官僚政治制度的产物——复杂多变的宋朝官制(三)》,《文史知识》1986年第3期。

《官僚政治制度的产物——复杂多变的宋朝官制（四）》,《文史知识》1986 年第 4 期。

《官僚政治制度的产物——复杂多变的宋朝官制（五）》,《文史知识》1986 年第 7 期。

《封建政治制度的产物——复杂多变的宋朝官制（六）》,《文史知识》1986 年第 8 期。上述 6 篇文章后又收入杨志玖主编:《中国古代官制讲座》,中华书局 1992 年版。

《正确理解经典作家对王安石的论述》,《光明日报》1986 年 2 月 19 日第 3 版。《新华文摘》1986 年第 4 期全文转发。又收入《瞭城集》,华东师大出版社 2001 年版。

《宋代幕职州县官的荐举制度》,《文史》第 27 辑,中华书局 1986 年版。又收入《瞭城集》,华东师大出版社 2001 年版。

《南宋赵善誉"墓志"考辨》(署名张迅),《宋史研究通讯》1986 年第 3 期。

《宋史研史的佳作——〈岳飞新传〉》(署名朱石之),《宋史研究通讯》1986 年第 1 期。

《宋人传记的佳作——评〈文天祥传〉》,《中州学刊》1986 年第 3 期。又收入《宋史研究通讯》1986 年第 1 期。

《〈中国古代著名哲学家评传〉"程颐程颢"篇辩正》(署名张迅),《宋史研究通讯》1986 年第 2 期。

《〈宋元语言词典〉宋代部分评介》,《宋史研究通讯》1986 年第 2 期。又收入《辞书研究》1987 第 3 期。

1987 年

《宋代的节日》,《上海师范大学学报》1987 年第 3 期。

《唐宋之际社会阶级关系的变动与农民战争》,《中国农战史论丛》第 5 辑,山西人民出版社 1987 年版。

《宋代佃客法律地位再探索》,《历史研究》1987 年第 5 期。又收入邓广铭、徐规主编:《宋史研究论文集》,浙江人民出版社 1987 年版。又收入《瞭城集》,华东师大出版社 2001 年版。

《宋代饮食著作〈膳夫录〉》,《中国烹饪》1987 年第 3 期。

《王安石〈字说〉钩沉》,《抚州社会学刊》1987 年第 3 期。

《宋代"苏湖熟,天下足"谚语的形成》,《农业考古》1987 年第 2 期。

1988 年

《中国大百科全书·辽宋西夏金史》(邓广铭主编,任副主编),中国大百科全书出版社 1988 年版。

《唐宋之际地主阶级身份地位的演变》,历史研究编辑部:《中国封建地主阶级研究》,中国社科出版社 1988 年版。

《宋代的避讳习俗》,《上海师范大学学报》1988 年第 4 期。

《宋代的婚姻礼仪》,《文史知识》1988 年第 12 期。

《〈须江郎峰祝氏族谱〉是伪作》,《学术月刊》1988 年第 3 期。又收入《瞭城集》,华东师大出版社 2001 年版。

1989 年

《一论朱熹的政治主张》,《朱熹与中国文化》,学林出版社 1989 年版。

《宋代理学家唐仲友》,《刘子健博士颂寿纪念宋史研究论集》,日本同朋舍 1989 年版。又收入《瞭城集》,华东师大出版社 2001 年版。

《岳飞思想述论》,岳飞研究会选编:《岳飞研究论文集》第二集,《中原文物》特刊 1989 年版。又收入《瞭城集》,华东师大出版社 2001 年版。

《朱熹的"通变"主张》,《白鹿洞书院通讯》1989 年第 1 期。

《宋代的押字或花押》,台北《历史月刊》1989 年第 1 期。

《宋代的服装风尚》,《文史知识》1989 年第 2 期。

《北宋军事家王韶墓址考》（与孙家骅合作），《江西文物》1989 年第 2 期。

《江西发现的南宋女遗体》，台北《历史月刊》1989 年第 2 期。

《宋朝官制》（署名邓广铭等），《百科知识》1989 年第 5 期。

《〈皮蛋史考〉质疑》，《中国烹饪》1989 年第 8 期。

《辽朝和宋朝人最早发明牙刷》，台北《历史月刊》1989 年第 8 期。又收入别府大学史学研究会《史学话丛》第 23 号，徐秀凤、友永植译，平成五年二月发行。

《范文澜》（与徐曰彪合作），刘启林主编《当代中国社会科学名家》，社会科学文献出版社 1989 年版。

1990 年

《二论朱熹的政治主张》，《朱熹与闽学渊源》，上海三联书店 1990 年版。

《范仲淹与泰州捍海堰》，台北《大陆杂志》81 卷，1990 年第 1 期。又收入《暍城集》，华东师大出版社 2001 年版。

《范仲淹“庆历新政”行废考实》，《学术月刊》1990 年第 2 期。又收入《暍城集》，华东师大出版社 2001 年版。

《宋元的时文——八股文的雏形》，《历史研究》1990 年第 3 期。又收入《暍城集》，华东师大出版社 2001 年版。又收入戴建国、陈国灿编《朱瑞熙教授八秩寿庆文集》，中国商务出版社 2017 年版。

《宋代官民的称谓》，《上海师范大学学报》1990 年第 3 期。

《范仲淹和庆历新政研究中的一些问题》，《苏州大学学报》“纪念范仲淹诞生一千周年学术讨论会论文专辑”，1990 年。又收入台北《大陆杂志》81 卷，1990 年第 4 期；又收入《范仲淹研究论文集》，苏州大学出版社 1995 年版。

《宋代的甜食》，《中国烹饪》1990 年第 7 期。

《宋代为何将“牢丸”写成“牢九”》，《中国烹饪》1990 年第 8 期。

《王安石〈字说〉钩沉续》,《抚州学刊》1990 年第 11 期。

1991 年

《朱熹·教育和中国文化》(主编),北京燕山出版社 1991 年版。

《宋朝政治制度》(第八章第一至五节、八至九节),《中国政治制度史》,天津人民出版社 1991 年版。修订本,天津人民出版社 2002 年版。

《宋代笔记小说选译》(与程君健合作),巴蜀书社 1991 年版,凤凰出版社 2011 年再版。

《宋代官员回避制度》,《中华文史论丛》第 48 辑,上海古籍出版社 1991 年。又收入《〓城集》,华东师大出版社 2001 年版。

《宋代社会风尚概述》,《抚州师专学报》1991 年第 1 期。

《朱子对时文——八股文雏形的批判》,《朱子学刊》第 2 期,黄山书社 1991 年版。又收入《朱熹·教育和中国文化》,北京燕山出版社 1991 年版。又收入《〓城集》,华东师大出版社 2001 年版。

《评〈南宋反道学的斗争〉》,《朱子学新论——纪念朱熹诞辰 860 周年国际学术会议论文集》,上海三联书店 1991 年版。

《南宋的纸钞——金银见钱关子》,台北《历史月刊》1991 年第 2 期。

《挂面始于南宋》,《中国烹饪》1991 年第 7 期。

《宋代的酒瓶与瓶酒》,《中国烹饪》1991 年第 8 期

《中国人最早发明牙刷》,《太原晚报》1991 年 9 月 5 日。

1992 年

《宋代司法制度》(王云海主编,任第一副主编),河南大学出版社 1992 年版。

《宋朝的岁币》,岳飞研究会编:《岳飞研究》第 3 辑,中华书局 1992 年版。又收入《〓城集》,华东师大出版社 2001 年版。

《历史上最早的一首〈上海〉诗》,台北《历史月刊》1992 年第 48

期。又收入《上海民革》1992 年 6 月 30 日。

1993 年

《中国文明史(宋辽金时期)》,台北地球出版社 1993 年版。

《宋朝官员子弟初探》,《上海师范大学学报》1993 年第 1 期。又收入邓广铭等主编:《国际宋史研讨会论文选集》,河北大学出版社 1992 年版。又收入《嘐城集》,华东师大出版社 2001 年版。

《〈陈亮集(增订本)〉点校质疑》,《宋史研究通讯》1993 年第 2 期。

《陈亮之死及其原因探索》,《宋史研究通讯》1993 年第 2 期。

《读〈赵普评传〉》,《历史研究》1993 年第 4 期。

《文通师治宋史》,蒙默编:《蒙文通学记》,生活・读书・新知三联书店出版社 1993 年版。

《中国古代的"签"》,《中国烹饪》1993 年第 6 期。又收入《中国食苑》第六集,中国社会科学出版社 1996 年版。

1994 年

《中华文明史・民俗文化史》(第 1—10 卷副主编,撰第 6 卷第 17 章《民俗文化》),河北教育出版社 1994 年版。

《宋朝的宫廷制度》,《学术月刊》1994 年第 4 期。又收入《嘐城集》,华东师大出版社 2001 年版。

《陈亮与科举》,《陈亮研究论文集》,杭州大学出版社 1994 年版。

《南宋留光禅寺残碑——嘉定最古的一块碑刻》,《嘉定春秋》,上海社科院出版社 1994 年版。

《〈赵彦櫹、王棐奏建嘉定县省札〉点校正误》,《嘉定春秋》,上海社科院出版社 1994 年版。

《〈高衍孙创县记略〉点校正误》,《嘉定春秋》,上海社科院出版社 1994 年版。

《嘉定五乡改名时间再考》,《嘉定春秋》,上海社科院出版社 1994

年版。

《中国八股文的起源》,台北《中央日报》1994 年 8 月 19 日。

《大运河与唐、宋帝国的统一》,台北《历史月刊》1994 年第 7 期。

《宋朝皇帝"圣旨"的形成与颁布》,台北《中央日报》1994 年 10 月 14 日。

《米线考》,《中国烹饪》1994 年第 11 期。

1995 年

《白鹿洞书院古志五种》(点校,主编),中华书局 1995 年版。

《论朱熹的公私观》,《上海师范大学学报》1995 年第 4 期。又载《朱子研究》第 2 期,黄山书社 1995 年版。又收入《暧城集》,华东师大出版社 2001 年版。

《十至十三世纪湖南地区经济开发的地区差异与原因》(与徐建华合作),杨渭生主编:《徐规教授从事教学科研工作五十周年纪念论文集》,杭州大学出版社 1995 年版。又收入《暧城集》,华东师大出版社 2001 年版。

《大陆地区"宋代家族与社会"研究的回顾》,台北《大陆杂志》50 卷,1995 年第 2 期。

《八股文的形成与没落》,台北《历史月刊》1995 年第 3 期。

《大运河与唐宋帝国的统一》,《中国历史上的分与合学术研讨会论文集》,台北联经出版公司 1995 年版。又收入《暧城集》,华东师大出版社 2001 年版。

《钱大昕、钱大昭著作续考》,张振德、倪所安主编:《嘉定纵横》,华东理工大学出版社 1995 年版。又收入顾吉辰主编:《钱大昕研究》,华东理工大学出版社 1997 年版。

《钱大昕题跋初探》,张振德、倪所安主编:《嘉定纵横》,华东理工大学出版社 1995 年版。又收入顾吉辰主编:《钱大昕研究》,华东理工大学出版社 1997 年版。

《钱大昕佚文五则》,张振德、倪所安主编:《嘉定纵横》,华东理工大学出版社 1995 年版。又收入顾吉辰主编:《钱大昕研究》,华东理工大学出版社 1997 年版。

《评〈北方移民与南宋社会变迁〉》,《历史研究》1995 年第 2 期。

《北宋人已发明牙刷》,台北《历史月刊》1995 年第 6 期。

1996 年

《中国政治制度通史》(第 6 卷),人民出版社 1996 年版,社会科学文献出版社 2011 年修订版。书中"宋朝的宰辅制度"节,后收入戴建国、陈国灿编:《朱瑞熙教授八秩寿庆文集》,中国商务出版社 2017年版。

《传世藏书·宋金元别集》(点校,主编),海南国际新闻出版中心1996 年版。

《宋代的生活用具》,《上海师范大学学报》1996 年第 3 期。

《宋高宗时期中央决策系统及其运行机制》,《岳飞研究》第 4 辑,中华书局 1996 年版。又收入《嚠城集》,华东师大出版社 2001 年版。

《宋朝经筵制度》,《中华文史论丛》第 55 辑,上海古籍出版社 1996年版。又收入《第二届宋史学术研讨会论文集》,中国文化大学 1996 年版。又收入《嚠城集》,华东师大出版社 2001 年版。

《朱熹〈观书有感〉二首诗考》,《白鹿洞书院学报》1996 年第 1 期。

《〈陈亮与南宋浙东学派研究〉序》,人民出版社 1996 年版。

1997 年

《宋代的民俗文化》,《中华历史通鉴·民俗史卷(第 2 部)》,国际文化出版公司 1997 年版。

《宋代的丧葬习俗》,《学术月刊》1997 年第 2 期。

《宋朝官员行政奖惩制度》,《上海师范大学学报》1997 年第 2 期。

《十至十三世纪湖南地区的经济开发》(与徐建华合作),田余庆主编:《庆祝邓广铭教授九十华诞论文集》,河北教育出版社 1997 年版。
又收入《嘤城集》,华东师大出版社 2001 年版。

《宋代的刺字和文身习俗》,《宋史研究论文集》,云南民族出版社
1997 年版。又收入《中国史研究》1998 年第 1 期。

《宋代人物与学术流派综合研究的新途经——读〈陈亮与南宋浙
东学派研究〉》(署名施宗璜),《史学史研究》1997 年第 4 期。

《最早的一首〈上海〉诗》,《新民晚报》1997 年 9 月 14 日。

《也谈"帅府守卫牌"》,《新民晚报》1997 年 7 月 12 日。

《宋代的点茶技艺》,《新民晚报》1997 年 10 月 13 日。

《宋代的石烛不是石油》,《新民晚报》1997 年 12 月 21 日。

1998 年

《两宋文化史研究》(杨渭生主编,撰第五、六、七章),杭州大学出
版社 1998 年版。

《辽宋西夏金社会生活史》(与张邦炜、刘复生、蔡崇榜、王曾瑜合
作),中国社会科学出版社 1998 年版。

《一个常盛不衰的官僚家族:宋代江阴葛氏家族初探》,《中国近世
家族与社会学术研讨会论文集》,"中研院史语所会议论文集之五,
1998 年版。该文上编后收于《江阴文博》,1999 年创刊号,下编收于
《江阴文博》2000 年第 2 期。

《朱熹和陈亮"义利之辩"的启示》,《上海师范大学学报》1998 年
第 3 期。

《胡铨不是武将》,《新民晚报》1998 年 6 月 12 日。

《朱熹是南宋反对求和主张主守的爱国者》,《朱子学讯(江苏)》
1998 年第 9 期。

《宋代的"排档"》,《中国烹饪》1998 年第 11 期。又以《宋代"排
档"考》为题收于《团结报》1998 年 12 月 5 日。

1999 年

《宋代官员公费用餐制度概述》,《上海师范大学学报》1999 年第 4 期。

《宋朝的休假制度》,《学术月刊》1999 年第 5 期。

《宋代官员公费用餐制度初探》,《文史》第 49 辑,中华书局 1999 年第 4 辑。

《弥足珍贵的半篇朱鉴墓志铭》,《朱子研究》99 年第 2 期。

《朱熹之曾孙朱潜及其父朱钜考》,《宋史研究通讯》1999 年第 2 期。又收入《韩国研究》第四辑,学苑出版社 2000 年版。

《宋代官制研究的又一重要收获——评李昌宪著〈宋代安抚使考〉》(与范平合作),《中国史研究》1999 年第 3 期。

《究百家书,成一家言——评〈宋夏关系史〉》,《中国图书评论》1999 年第 9 期。

《看宋代官员如何公费用餐(上)》,《观察与思考》1999 年第 11 期。

《看宋代官员如何公费用餐(下)》,《观察与思考》1999 年第 12 期。

《韩国朱潜并非朱子的后裔》,《团结报》1999 年 12 月 25 日。

2000 年

《宋代皇储制度研究》(与祝建平合作),《宋旭轩教授八十荣寿论文集》,论文集编委会编辑,2000 年版。

《陈国灿等著〈浙江古代城镇史研究〉序》,安徽师范大学出版社 2000 年版。

《徐建平主编〈胡瑗〉序》,中国文史出版社 2000 年版。

《大宋饺子》,《中国烹饪》2000 年第 8 期。

《宋代角子考》,《中国烹饪》2000 年第 1 期。

《纠误两则》,《新民晚报》2000 年 9 月 10 日。

2001 年

《嘐城集》,华东师大出版社 2001 年版。

《南宋时期白鹿洞书院学田的一桩公案》,闵正国主编:《中国书院论坛》第 2 辑,中国戏剧出版社 2001 年版。

《宋代官员礼品馈赠管理制度》,《学术月刊》2001 年第 2 期。

《宋代皇储制度研究(上)》(与祝建平合作),《文史》第 57 辑,2001 年第 4 辑。

《朱熹的服装观》,朱杰人主编:《迈入 21 世纪的朱子学——纪念朱熹诞辰 870 周年、逝世 800 周年论文集》,华东师大出版社 2001 年版。

《范文澜的〈诸子略义〉》,《文汇读书周报》2001 年 11 月 3 日。

《宋代官员的公费用餐制度》,《反腐败导刊》2001 年第 3 期。

《硫磺与人体自燃》,《新民晚民》2001 年 7 月 31 日。

2002 年

《宋代皇储制度研究(下)》(与祝建平合作),《文史》第 58 辑,2002 年第 1 辑。

《宋代官场祀品馈赠制度初探》,《燕京学报》新第 12 期,北京大学出版社 2002 年版。

《宋仁宗朝"奏邸狱"考述》,《漆侠先生纪念文集》,河北大学出版社 2002 年版。

《陈国灿〈宋代江南城市研究〉序》,中华书局 2002 年。

《北宋人已经发明牙刷》,《新民晚报》2002 年 8 月 13 日。

2003 年

《安亭志》(点校),上海古籍出版社 2003 年版。

《南翔志》(点校),上海古籍出版社 2003 年版。

《20 世纪中国王安石及其变法的研究》,《安徽师范大学学报》2003 年第 2 期。

《宗泽佚文、佚诗考述》，云南大学中国经济史研究所、云南大学历史系：《李埏教授九十华诞纪念文集》，云南大学出版社2003年版。

《〈南翔镇志〉前言》，《上海志鉴》第5期，2003年。

《〈朱秉衡画集〉〈丹青艺长〉序》，新疆美术摄影出版社2003年版。

2004 年

《岳飞研究一百年（1901—2000）》，《岳飞研究》第5辑，中华书局2004年版。

《浦江吴氏〈中馈录〉不是宋人著作》，《饮食文化研究》2004年第1期。

《筚路蓝缕，初结硕果》，《中华读书报》2004年6月2日。

《中国宋史研究会第十届年会暨唐末五代宋初西北史研讨会开幕词》，朱瑞熙等主编：《宋史研究论文集》第十辑，兰州大学出版社2004年版。

《中国古代的鞞韝》，《饮食文化研究》2004年第2期。

2005 年

《论南宋中期四川的官员安丙》，《暨南史学》2005年。

《蒙文通先生在中国宋史学上的开创之功》，《蒙文通先生诞辰110周年纪念文集》，线装书局2005年版。

2006 年

《宋史研究》（与程郁合作），福建人民出版社2006年版。

《宋代土地价格研究》，《中华文史论丛》2006年第2期。

《重新认识宋代的历史地位》，《河北学刊》2006年第5期。

2007 年

《宋高宗朝科举制度的重建和改革》，《科举学论丛》2007年第2

期。又收入《宋代文化研究》第 18 辑,2010 年版。

《不可割断的南宋史》,《杭州研究》2007 年第 2 期。

2008 年

《宋朝"敕命"的书行和书读》,《中华文史论丛》2008 年第 1 期。

《国内大学最早开设宋史课的准确时间》,《四川大学学报》2008 第 5 期。

《简评〈永嘉学派与温州区域文化崛起研究〉》,光明日报 2008 年 11 月 15 日。

2009 年

《关于宋高宗的评价问题》,《南宋史及南宋都城临安研究》上册,人民出版社 2009 年版。

《宋朝〈贡举条式〉研究》,《科举学的形成与发展》,华中师大出版社 2009 年版。

《〈南宋史及南宋都城临安研究〉序》,人民出版社 2009 年版。

2010 年

《勤政廉政的一生——南宋岭南名臣崔与之》,朱泽君主编:《崔与之与岭南文化研究》,人民出版社 2010 年版。

《传世范仲淹画像研究》,《范仲淹研究》2010 年第 1 期。

《讲述宰相的历史——王瑞来〈宰相故事——士大夫政治下的权力场〉》评介,《光明日报》2010 年 6 月 23 日。

《讲述宰相的历史》,《光明日报》2010 年 6 月 23 日。

《由清嘉庆〈南翔镇志〉探索云翔寺的发展轨迹》,慧禅主编:《立信求实的探索——云翔寺志论文集》,上海辞书出版社 2010 年版。又收入张建华主编:《练川古今谈》第五辑,内部发行,2010 年版。

2011 年

《朱子与中国文化》,《国际社会科学杂志(中文版)》2011 年第 4 期。

《论宋朝的礼乐教化》,《宋代文化研究》第 19 辑,四川文艺出版社 2011 年版。

《〈宋史〉点校本地名标点订正》,《中国史研究》2011 年第 3 期。

《范文澜没有"史谏""大跃进"》(与王灿合作),《炎黄春秋》2011 第 2 期。

2012 年

《宋朝的礼乐教化》,《河北大学学报》2012 年第 2 期。

《评杨渭生教授新编〈沈括全集〉》,《中国史研究动态》2012 年第 1 期。

《评〈中国妇女通史·宋代卷〉》,《中国史研究动态》2012 年第 4 期。

《嘉定碑刻集》(张建华、陶继明主编,点校、注释碑刻二百多通),上海古籍出版社 2012 年版。

2013 年

《西夏史研究的四点想法》,《浙江学刊》2013 年第 4 期。

《南宋理学家林栗研究——兼论林栗与朱熹的争论》,《宋代文化研究》第 20 辑,四川大学出版社 2013 年版。又收入《第三届海峡两岸"宋代社会文化"学术研讨会论文集》,浙江大学出版社 2013 年版。

《〈嘉定方言词语汇集〉补正》,嘉定方志办编:《嘉定古今谈》,2013 年版。

《田志光〈北宋宰辅政务决策与运作研究〉序》,人民出版社 2013 年版。

《沈括:中国科技史上的里程碑》,《中华读书报》2013 年 6 月

12 日。

《弹眼落睛》,《嘉定报》2013 年 6 月 18 日。

《黎澍看戚本禹》,《炎黄春秋》2013 年第 6 期。

《南宋临安府的饮食文化》,《生活品质》2013 年第 4 期。

2014 年

《新兴的官僚地主阶级的首次全面改革尝试——北宋范仲淹"庆历新政"》,《浙江学刊》2014 年第 1 期。

《宋朝举人的科举梦》,《科举学论丛》2014 年第 1 期。又收入《宋代文化研究》第 21 辑,四川大学出版社 2014 年版。

《宋代历史文献研究新成果》,《中国新闻出版报》2014 年 3 月 7 月。

2015 年

《明朝的嘉定闲话》,嘉定地方志办公室编:《嘉定古今谈》第十辑,内部刊行,2015 年版。又收入《嘉定报》2015 年 10 月 27 日。

2016 年

《钓鱼岛是中国固有的领土——以日本井上靖〈关于钓鱼岛等岛屿的历史和归属问题〉为中心》,《程应镠先生百年诞辰纪念文集》,上海古籍出版社 2016 年版。

《宋朝乡村催税人的演变——兼论明代粮长的起源》,《河北大学学报》2016 年第 1 期。

《造福后代　嘉惠后世》,《历史文献研究》第 37 期,中国历史文献研究会 2016 年版。

《嘉定义士黄淳耀力主见义勇为》,《嘉定报》2016 年 6 月 7 日。

《作裙》,《嘉定报》2016 年 8 月 2 日。

《纻布衫》,《嘉定报》2016 年 8 月 16 日。

《练祁河"臭水"记》,《嘉定报》2016 年 10 月 4 日。

2017 年

《〈朱瑞熙教授八秩寿庆文集〉序》,中国商务出版社 2017 年版。

2018 年

《"王韶研究丛书"总序》,江西高校出版社 2018 年版。